THE LANGUAGE GYM

SPANISH GCSE REVISION

SELF, FAMILY & FRIENDS

LEISURE & DAILY ACTIVITIES

Copyright © G. Conti and D. Viñales

All rights reserved

ISBN: 9798590765065

Imprint: Independently Published

Edited by Jaume Llorens & Verónica Palacín

THE LANGUAGE GYM

DEDICATION

For Catrina

- Gianfranco

For Ariella and Leonard

- Dylan

ACKNOWLEDGEMENTS

Our heartfelt thanks to our two editors, Jaume Llorens and Verónica Palacín, who both worked tirelessly at editing and proofreading the manuscript. Their contributions have ensured not only a highly accurate book but also our best ever in terms of choice of lexis. Thank you for your consistent patience, good-humour and professionalism.

Thanks to all the wonderful, supportive and passionate educators on Twitter who have helped enhance our book with their suggestions and comments, and to the members of the Global Innovative Language Teachers (GILT) Facebook group for their engagement and input into our polls. We consider ourselves very lucky to have such colleagues to inspire and spur us on.

ABOUT THIS BOOK

Welcome,

If you're reading this, it means you've either bought, or are contemplating buying this book.

Either way, thank you.

As with all Language Gym books, our small team has gone to great efforts to produce a high-quality, affordable, no frills resource. Feedback from the three international and three UK-based schools on the content of this book has been overwhelmingly positive. As with our previous publications, the evidence shows that the E.P.I. method really does produce excellent results. As full-time teachers who use these resources across all levels they teach, Dylan, Verónica (and also Ronan and Julien on the French team) can vouch for the method first-hand. We know that the care taken throughout the creation process will reflect in the quality of the resource and do hope that you and your students enjoy using it!

This book is meant as a revision resource for GCSE Spanish. It can be used independently by students as well as for teacher-directed classroom practice. It contains 16 units which focus mainly on the themes: *myself, family and relationships, daily activities, my role model, hobbies and leisure.*

Each unit consists of a knowledge organiser recapping the target sentence patterns and lexical items, a series of receptive vocab-building activities; a set of narrow reading texts and activities; a set of translation tasks. The tasks are graded in order to pose an increasingly demanding but manageable cognitive load and challenge and are based on Dr Conti's P.I.P.O. framework:

Pre-reading tasks (activation of prior knowledge and pre-teaching)

In-reading tasks (intensive exploitation of texts)

Post-reading tasks (consolidation)

Output (pushed-output tasks)

Consistent with Dr Conti's E.P.I. approach, each of the 16 units in the book provide extensive recycling of the target lexical items both within each unit and throughout the book, across all the dimensions of receptive and productive processing, i.e.: orthography (single letters and syllables), lexis (both words and chunks), grammar/syntax (with much emphasis on functional and positional processing), meaning and discourse. The recycling occurs through input-flooding and forced retrieval through a wide range of engaging, tried and tested, classic Conti tasks (more than 20 per unit). These include student favourites such as slalom writing, faulty translation, spot the missing detail, sentence puzzles, etc.

Thanks,

Gianfranco & Dylan

THE LANGUAGE GYM

TABLE OF CONTENTS

UNIT	TITLE	PAGE
1	Introducing myself	1
2	Describing myself, my family and friends	14
3	Talking about my hobbies and interests	25
4	Describing a typical day in school	35
5	Describing what I do after school	45
6	Talking about a typical weekend	56
7	Talking about what I did last weekend	67
8	Talking about when I was younger	77
9	Discussing the qualities of a good friend	88
10	Describing the qualities of a good partner	100
11	Saying why I don't get along with people	111
12	Saying why I get along with people	122
13	Saying why I argue with my parents	132
14	Discussing why couples break up	140
15	Talking about a person I admire	151
16	Bringing it all together – PT1	163
	Bringing it all together – PT2	167
	Bringing it all together – PT3	171
	Bringing it all together – PT4	175
	Bringing it all together – PT5	179

THE LANGUAGE GYM

Unit 1. Introducing myself

Vivo en *[I live in]*	Manchester, *[Manchester]*	que es una ciudad *[which is a town]*	industrial *[industrial]*	en el norte *[in the north]*	de Inglaterra *[of England]*

En mi familia *[In my family]*		hay *[there is/are]*	cuatro *[four]*	personas *[people]*

Mi padre *[My father]*	es *[is a]*	abogado *[lawyer]*	dependiente *[sales assistant]*	peluquero *[hairdresser]*	médico *[doctor]*
Mi madre *[My mother]*	trabaja como *[works as a]*	abogada	dependienta	peluquera	médica

Me llevo bien *[I get on well]*	con *[with]*	mi hermano *[my brother]* mi hermana *[my sister]* mis padres *[my parents]*	porque es *[because he/she is]* porque son *[because they are]*	simpático *[nice -masc-]* simpática *[nice -fem-]* simpáticos *[nice -m. plural-]* simpáticas *[nice -f. plural-]*

Yo soy *[I am]*	alto/a *[tall]* bajo/a *[short]*	y *[and]*	tengo el pelo... *[I have ... hair]* tengo los ojos... *[I have ... eyes]*	rubio *[blond]* azules *[blue - plural]*	En cuanto a mi carácter, *[With regard to my character,]*	soy *[I am]*	hablador/a *[talkative]* tímido/a *[shy]*

Tengo *[I have]*	muchos/as *[a lot of]*	amigos/as *[friends]*	Mi mejor amigo *[My best friend -masc-]* Mi mejor amiga *[My best friend -fem-]*	se llama *[is called]*	David Ángela

En mi tiempo libre *[In my free time]*	me gusta *[I like]*	jugar con mi ordenador *[to play on my computer]* salir con mis amigos/as *[to go out with my friends]*

Mi deporte favorito *[My favourite sport]*	es *[is]*	la escalada *[rock climbing]* el fútbol *[football]*	la equitación *[horseriding]* la natación *[swimming]*

Mi comida favorita *[My favourite food]*	es la comida... *[is... food]*	china *[Chinese]* india *[Indian]*	italiana *[Italian]* japonesa *[Japanese]*

Me encanta comer *[I love to eat]*	pasteles *[cakes]* verduras *[vegetables]*	pasta *[pasta]* pizza *[pizza]*

Me gusta estudiar *[I like to study]*	La asignatura que más me gusta *[The subject I like the most]*	es *[is]* son *[are]*	el dibujo *[art]* las matemáticas *[maths]*

Una persona *[A person]*	a la que *[that]*	admiro *[I admire]*	es *[is]*	Ariana Grande Greta Thunberg	Rosalía Leo Messi

THE LANGUAGE GYM

1. Complete (general recap)

a. Me_____ Susana.
b. Tengo quince _____.
c. _____ en Cádiz, en España.
d. _____ española.
e. En mi familia _____ cinco personas.
f. Mi padre _____ policía.
g. Mi madre es _____ en una tienda.
h. Soy alta y tengo los _____ marrones.
i. En cuanto a mi carácter soy bastante tranquila y un poco _____.
j. No tengo muchos _____.
k. Mi _____ amiga se llama Natasha.
l. En mi tiempo libre me gusta _____ deporte.
m. Mi deporte favorito es la _____.
n. Me encanta la _____ italiana.
o. Mi _____ preferido es la pizza.
p. Una persona ___ ___ _____ admiro mucho es Rosalía. Ella es mi cantante favorita.

comida	tímida	es	dependienta
a la que	hacer	llamo	mejor
soy	años	amigos	hay
plato	ojos	vivo	natación

2. Match (adjectives recap)

amable	nice
de mente abierta	shy
simpático	stubborn
aburrido	kind
hablador	clumsy
tímido	boring
terco	sporty
segura de sí misma	talkative
bajo	open-minded
seguro de sí mismo	short
antipático	tall
torpe	self-confident (masc)
alto	unfriendly
deportista	self-confident (fem)

3. Categories (adjectives recap)

Físico	Carácter
	1

1. cabezota   2. hablador   3. moreno
4. alto   5. delgado   6. aburrido
7. guapo   8. fuerte   9. esbelto
10. gordo   11. seguro de sí mismo   12. feo
13. deportista   14. simpático   15. bajo

4. Translate into English (Describing people – recap)

a. Tengo el pelo castaño
b. Mi padre es alto
c. Mi madre es baja
d. Mi hermano es gordo
e. Tengo los ojos verdes
f. Mi hermana es terca
g. Soy tímido
h. Mis padres son estrictos
i. Mi padre es calvo
j. Mi amigo Pedro es simpático
k. Mi hermano es seguro de sí mismo
l. Mis amigos son muy habladores

5. Multiple-choice quiz (general recap)

	a	b	c
1. La comida	past time	food	school subject
2. El pelo	eyes	hair	friends
3. Los ojos	hair	clothes	eyes
4. Guapo	fat	lazy	good-looking
5. De mente abierta	open-minded	strong	fair
6. Jugar	to read	to play	to watch
7. Leer	to speak	to read	to swim
8. El peluquero	plumber	hairdresser	doctor
9. El dependiente	waiter	nurse	sales assistant
10. Treinta	thirty	forty	twenty
11. La médica	lawyer	doctor	doorman
12. Diecisiete	twenty-seven	seventeen	eighteen
13. La abogada	doctor	engineer	lawyer
14. La pasta	cakes	vegetables	pasta
15. Las verduras	vegetables	cakes	sweets

6. Tick the words in the list below which are names of food

a. el tiempo

b. las cartas

c. la pasta

d. el pescado

e. el ordenador

f. las verduras

g. el helado

h. la dependienta

i. el médico

j. el fontanero

k. las manzanas

l. la carne

m. el jardín

n. la cara

o. el pavo

7. Faulty translation. Spot the words which have been translated incorrectly and correct them (general recap) – Not all are incorrect!

a. En mi familia hay cuatro personas:
In my family there are five people

b. Tengo el pelo rubio: *I have black hair*

c. No tengo hermanos: *I have one brother*

d. Llevo gafas: *I wear a hat*

e. Mi padre es alto y gordo: *My father is tall and slim*

f. Mi madre es dependienta: *My mother is a lawyer*

g. Mis padres son muy simpáticos: *My parents are very nice*

h. Odio las verduras: *I hate meat*

i. En cuanto a mi carácter: *With regard to my body*

j. Mi pasatiempo favorito es salir con mis amigos:
My favourite pastime is to go out with my friends

8. Match questions and answers (general recap)

a. ¿Cómo te llamas?	Cuatro personas
b. ¿Cuántos años tienes?	La equitación
c. ¿Dónde vives?	Marco
d. ¿Cuántas personas hay en tu familia?	Salgo con mi novia
e. ¿Cuántos hermanos tienes?	Tengo un hermano
f. ¿Cómo eres, físicamente?	Quince años
g. Y en cuanto a tu carácter, ¿cómo eres?	Hablador, divertido y agradable
h. ¿Cuál es tu deporte favorito?	La comida italiana
i. Aparte del deporte, ¿qué haces en tu tiempo libre?	En Valencia, en el este
j. ¿Qué tipo de comida te gusta?	Es profesor
k. ¿Cuál es tu plato favorito?	Soy de estatura media y bastante delgado
l. ¿De qué trabaja tu padre?	El pollo asado

9. Match (food and drinks recap)

el pollo	juice
la carne	potatoes
la pasta	apples
el agua	fish
el zumo	pasta
el vino tinto	lamb
las verduras	water
las manzanas	meat
el pescado	vegetables
el cordero	watermelon
la sandía	red wine
el arroz	rice
las patatas	chicken

10. Complete (numbers from 1 to 100 - recap)

a. trein _ _ *[thirty]*
b. ses _ _ _ _ *[sixty]*
c. _ _ _ renta *[forty]*
d. _ _ _ enta *[eighty]*
e. no _ _ nta *[ninety]*
f. cinc _ _ _ _ _ *[fifty]*
g. vein _ _ *[twenty]*
h. c _ _ _ *[one hundred]*
i. diecin _ _ _ _ *[nineteen]*
j. qu _ _ _ _ *[fifteen]*
k. cat _ _ _ _ *[fourteen]*
l. dieci _ _ _ _ *[sixteen]*

11. Translation (age, food and description recap)

a. Soy de mente abierta
b. Tengo el pelo pelirrojo
c. Me encanta el cordero
d. No como comida frita
e. Mi padre tiene cuarenta años
f. Soy hijo único
g. Soy hablador
h. Mi hermana tiene veintidós años
i. Mi tío tiene cincuenta años
j. Mi madre es bastante terca
k. Mi hermano es muy molesto
l. Mi hermana es muy agradable
m. Mi novio es muy guapo
n. Mis padres son amables
o. Tenemos dieciséis años
p. Yo como carne
q. Yo no bebo vino blanco
r. Me encanta el zumo de piña

12. Match the opposites (adjectives recap)

Guapo/a	Gracioso/a
Simpático/a	Delgado/a
Seguro/a de sí mismo/a	Malo/a
Fuerte	Feo/a
Gordo/a	Débil
Bueno/a	Tímido/a
Alto/a	Antipático/a
Serio/a	Bajo/a

13. Complete with the missing words (general recap)

a. Me _____ Felipe.

b. Tengo quince_____.

c. No tengo _____ ni hermanas. Soy hijo único.

d. V_____ en Bogotá, en Colombia.

e. _____ mi familia hay cuatro personas.

f. Físicamente, yo _____ alto y delgado.

g. En cuanto a mi _____ soy bastante seguro de mí mismo.

h. En mi _____ libre hago deporte, _____ la tele y _____ novelas de ciencia ficción.

i. Mi deporte _____ es la natación.

j. Una persona a la que _____ es Leo Messi.

14. Spot and correct the grammar/spelling errors (general recap) – Not all are incorrect!

a. Tengo el pelo negros.

b. Mi madre te llama María.

c. Vivo en el norte de España.

d. Mi amigo Pedro es muy simpática.

e. Mi novia es bajo.

f. La carne es delicioso.

g. Mi hermana tímida.

h. Yo el pelo rubio.

i. Un persona a la que admiro es mi padre.

j. No tengo muchos amigo.

15. Translate into English (general recap)

a. Mis padres son amables, justos y de mente abierta.

b. No tengo muchos amigos.

c. Mi mejor amigo es gracioso y simpático.

d. Mi novia es muy guapa y amable.

e. Mi padre es bastante terco.

f. Mi comida favorita es la carne.

g. Odio las verduras porque son asquerosas.

h. Mi padre no trabaja, está en el paro.

i. Mi madre es dependienta en una zapatería.

j. Mi hermano es estudiante, pero trabaja a tiempo parcial en un restaurante como camarero.

16. Change the adjectives below to the feminine form

Masculine	Feminine
Generoso	
Hablador	
Mono	
Trabajador	
Alto	
Simpático	
Guapo	

17. Complete the translation

a. E____ m__ f_____ h____ c_____ p_____.
[In my family there are four people]

b. E____ m__ t_____ l_____ h_____ m_____ d_____.
[In my free time I do a lot of sport]

c. M___ p_____ e___ m_____ t_____. *[My father is very hard-working]*

d. M___ h_____ t_____ e___ p_____ m_____ y l_____ o_____ a_____.
[My brother has dark/black hair and blue eyes]

e. V_____ e___ e___ s_____ d___ E_____. *[I live in the south of Spain]*

f. M___ d_____ f_____ s_____ l___ n_____ y l___ e_____.
[My favourite sports are swimming and rock climbing]

g. M___ p_____ s___ a_____, p_____ y d___ m_____ a_____.
[My parents are kind, patient and open-minded]

h. M___ h_____ e____ m_____ s_____. *[My brother is very nice]*

i. E___ c_____ a m c_____, s_____ b_____ g_____.
[With regard to my character, I am quite funny]

j. U___ p_____ a l___ q___ a_____ e___ m_____ p_____.
[A person whom I admire is my father]

18. Translate into Spanish (general recap)

a. In my family there are five people: my parents, my two sisters and me.

b. My parents are very kind and open-minded.

c. My sister Elena is tall and a bit fat. She is talkative and very nice.

d. I am quite short and muscular. My friends say that I am quite funny and generous.

e. I have light brown (chestnut) hair and green eyes. I wear glasses.

f. In my free time I go out with my friends, I read novels and I use social media.

g. My favourite sports are swimming and weightlifting.

h. I love Italian cuisine. My favourite food is pasta.

i. A person whom I admire is Cristiano Ronaldo, because he plays football very well and he is rich.

THE LANGUAGE GYM

Me llamo Gabriel. Tengo dieciséis años y vivo en Mérida, en el oeste de España, cerca de Portugal. Vivo aquí desde hace diez años con mis padres y dos hermanos. Mi padre es abogado y mi madre es profesora. Mis hermanos son estudiantes universitarios. Ambos son mayores que yo.

Físicamente, soy bastante guapo, alto y delgado, pero también musculoso. Paso mucho tiempo en el gimnasio. ¡Voy todos los días! Me encanta levantar pesas. En cuanto a mi carácter, soy sociable, de mente abierta y seguro de mí mismo. Mis amigos dicen que soy un poco terco y arrogante. Tal vez soy un poco terco, ¡pero no soy nada arrogante! Eso es totalmente mentira. Me llevo bien con mis padres porque no son demasiado estrictos ni mandones. Son realmente agradables. Mis hermanos también son bastante amables. Son trabajadores y respetuosos. Aparte de mis padres, una persona a la que admiro es Leo Messi, porque en mi opinión es el mejor futbolista del mundo y es muy rico.

Realmente no me gusta la escuela o estudiar. ¡Es aburrido! Se me da bien el inglés, pero se me dan un poco mal las otras asignaturas. No estudio lo suficiente y nunca hago mis deberes. Es una pena, porque mis profesores dicen que soy muy inteligente. Afortunadamente, mis padres son bastante tolerantes.

Me gusta la comida china. Mi plato favorito es el pato pekinés. ¡Me encanta! También me gusta la comida italiana. Como pasta todos los días y me flipa la pizza.
(Gabriel, 16 años)

20. Answer the questions below in Spanish

a. What jobs do Gabriel's parents do?

b. How does he describe himself? (4 details)

c. What does he say about his parents? (3)

d. How does he describe his brothers? (3)

e. Why does he admire Leo Messi? (2)

f. Why does he not like school?

g. How often does he do his homework?

h. What do his teachers say about him?

i. What is his favourite Chinese dish?

19. Find in the text the Spanish equivalent for the following

a. in the west

b. I have been living here for ten years

c. teacher (f)

d. older than me

e. I spend a lot of time

f. with regard to my character

g. I go (there) every day

h. open-minded and self-confident

i. my friends say

j. maybe

k. I get along with

l. kind (pl.)

m. in my opinion

n. the best (m)

o. I am good at

p. I'm a bit bad at the other subjects

q. it's a pity

r. fortunately

s. my favourite dish

t. I eat pasta

Me llamo Sara. Tengo quince años y vivo en Santiago de Compostela, en el noroeste de España, en la costa. Vivo allí desde hace doce años, con mis padres y mi hermana mayor. Mi padre es mecánico y mi madre es peluquera. Mi hermana mayor se llama Leticia y es estudiante universitaria.

Físicamente, soy bastante guapa, de estatura media y delgada. En cuanto a mi carácter, soy sociable, de mente abierta, comunicativa y segura de mí misma. Mis amigos también dicen que soy generosa. Me llevo bien con mis padres porque no son ni demasiado estrictos ni demasiado mandones. Son realmente amables, cariñosos y positivos. Siempre tienen tiempo para mí y están dispuestos a ayudarme. Mi hermana, en cambio, es realmente molesta. Es antipática, terca y egoísta. Además de mis padres, una persona a la que admiro es Taylor Swift porque, en mi opinión, es la mejor cantante del mundo y también es muy hermosa, moderna y rica.

Me encanta la escuela y estudiar. ¡Es genial! Se me dan bien el francés, el inglés, la historia y el dibujo, pero se me dan mal las matemáticas y las ciencias. Estudio mucho y siempre hago mis deberes. Mis padres están contentos conmigo porque mis profesores dicen que soy muy trabajadora e inteligente. Mis padres no estudiaron mucho, por eso están orgullosos de mí.

Me gusta mucho la comida valenciana. Mi plato favorito es la paella, un plato de arroz con marisco. ¡Me encanta! También me gusta la comida india, porque es sabrosa y picante. **(Sara, 15 años)**

22. Complete the sentences below based on Sara's text

a. She has lived there for twelve years…

b. Her mother works as…

c. Physically she is… (3 details)

d. Character-wise she is… (4)

e. Her friends say that she is…

f. Her sister is… (4)

g. She admires Taylor Swift because she is… (4)

h. The school subjects she is good at are… (4)

i. Her teachers say that she is… (2)

21. Translate into English

a. in the north-west

b. on the coast

c. my older sister

d. hairdresser

e. student

f. I am quite pretty

g. with regard to my character

h. self-confident

i. neither too strict nor too bossy

j. I get along with

k. really kind

l. on the other hand

m. the best singer in the world

n. cool/trendy

o. I am very bad at maths

p. I study a lot

q. therefore

r. they are proud of me

s. my favourite dish

t. a rice dish with seafood

u. tasty and spicy

23. Match (function words recap)

en	too
desde	on the other hand
como	very
también	in
por otra parte	with
demasiado	my (plural)
muy	since
con	all, every
mis	also
todo	as, like

24. Translate

a. Me llevo bien con

b. Vivo allí desde hace dos años

c. En cuanto a mi carácter

d. Mis amigos dicen que

e. Soy seguro de mí mismo

f. Se me da muy mal el francés

g. Se me da bien el español

25. Complete

Me llamo Alejandro. Tengo dieciséis a _ _ _ . Yo v _ _ _ en Lima, la c _ _ _ _ _ _ _ de Perú, con m__ madre, m__ padre y m _ _ dos hermanos. Mi padre e__ abogado y mi m _ _ _ _ es profesora en un instituto. Mis dos hermanos s _ _ estudiantes, como y__ .

Físicamente, s _ _ alto y gordo. Tengo el p _ _ _ castaño y los o _ _ _ azules. En cuanto a mi c _ _ _ _ _ _ _ _ , soy b _ _ _ _ _ _ _ simpático y de mente abierta. Mis amigos d _ _ _ _ que soy un poco t _ _ _ _ _ . Me llevo b _ _ _ con mis padres porque no son d _ _ _ _ _ _ _ _ _ estrictos.

Me gusta el colegio y estudiar. Mis asignaturas f _ _ _ _ _ _ _ _ son las ciencias y las matemáticas. Se me d__ bien el inglés también. Me encanta la comida i _ _ _ _ porque es picante y deliciosa. Sobre todo, me g _ _ _ _ el curry de pollo. Lo como t _ _ _ _ los días.

26. Complete the sentences with a suitable word

a. V_____ en León desde hace cinco años.

b. T_____ dieciséis años.

c. En cuanto a mi _____, soy hablador.

d. Físicamente, soy bastante_____ y _____.

e. Un deporte que me gusta es ___ _____.

f. Me gusta _____ a la Play.

g. También me gusta _____ novelas de ciencia ficción.

h. Me_____ el colegio. Siempre _____ mis deberes.

i. Se me dan_____ las matemáticas y el inglés.

27. Spot and add in the missing word

a. Me llamo María y tengo quince.

b. Vivo en Bilbao mis padres y mi hermana.

c. En cuanto mi carácter, soy habladora.

d. Físicamente, soy bajo gordo.

e. Mi padre médico.

f. En mi libre me gusta hacer ejercicio.

g. Mi pasatiempo favorito es salir con mis.

h. Mi novia llama Rosa. Es muy independiente.

i. Me encanta comida japonesa.

28. Translate into Spanish

a. I am 15.

b. I have been living in Buenos Aires for ten years.

c. Physically I am tall.

d. With regard to my character, I am kind and talkative.

e. My father is a plumber.

f. My mother is a sales assistant in a clothes store.

g. In my free time I play on my PlayStation and on the computer.

h. I also go to the gym three times a week.

i. My favourite food are hamburgers and French fries.

j. I am bad at maths and science.

29. Write a paragraph for Roberto in the FIRST person singular (yo soy, vivo, etc.) and for Inés in the THIRD person singular (ella es, vive, etc.)

Name	Roberto	Inés
Age	16	15
Residence	Tarragona, northeast of Spain	Madrid, centre of Spain
Parents	Julia, 42 and Carlos, 52	Estefanía, 38 and Juan, 42
Siblings	None	A younger sister
Father's job	Teacher	Nurse
Mother's job	Lawyer	Doctor
Self-description	Tall, slim, nice, intelligent	Short, skinny, shy, kind
Parents' description	Hard-working and strict	Funny, kind, open-minded
Siblings' description	-	Annoying and selfish
Hobbies	Reads books, plays on computer	Goes out with friends, chats on social media, watches YouTube
Sports	Swimming and weightlifting	Running and horse-riding
Attitude towards school	Loves it	Likes it
Favourite subjects	French, English, art	Maths, science
Favourite food	Italian cuisine: pasta	Japanese cuisine: sushi

Key questions

¿Cómo te llamas?	*What is your name?*
¿Dónde vives?	*Where do you live?*
¿Cuántas personas hay en tu familia? ¿Quiénes son?	*How many people are there in your family? Who are they?*
¿A qué se dedican tus padres?	*What do your parents do for a living?*
¿De qué trabajan tus padres?	*What job do your parents do?*
¿Te llevas bien con tus padres?	*Do you get on well with your parents?*
¿Te llevas bien con tu hermana / hermano?	*Do you get on well with your sister / brother?*
¿Cómo eres, físicamente?	*What are you like physically?*
¿Cómo eres, en cuanto a tu carácter?	*What is your character like?*
¿Quién es tu mejor amigo/amiga?	*Who is your best friend?*
Cuéntame un poco sobre él/ella.	*Tell me about him (her) a bit.*
¿Qué haces en tu tiempo libre?	*What do you do in your free time?*
¿Qué deportes practicas? ¿Con qué frecuencia? ¿Dónde? ¿Con quién?	*What sports do you do? How often? Where? With whom?*
¿Cuál es tu deporte preferido? ¿Por qué?	*What is your favourite sport? Why?*
¿Cuál es tu comida favorita?	*What is your favourite food?*
¿Cuál es tu asignatura favorita en la escuela?	*What is your favourite school subject?*
¿Quién es una persona a la que admiras?	*Who is a person you admire?*

ANSWERS – Unit 1

1. Complete: a) llamo b) años c) vivo d) soy e) hay f) es g) dependienta h) ojos i) tímida j) amigos
k) mejor l) hacer m) natación n) comida o) plato p) a la que

2. Match: amable – kind **de mente abierta** – open-minded **simpático** – nice **aburrido** – boring **hablador** – talkative **tímido** – shy **terco** – stubborn **torpe** – clumsy **deportista** – sporty **alto** – tall **bajo** – short **antipático** – unfriendly **seguro de sí mismo** – self-confident (masc) **segura de sí misma** – self-confident (fem)

3. Categories: Físico : 3 ; 4 ; 5 ; 7 ; 8 ; 9 ; 10 ; 12 ; 15   Carácter : 1 ; 2 ; 6 ; 11 ; 13 ; 14

4. Translate into English: a) I have light brown/chestnut hair b) my father is tall c) my mother is short
d) my brother is fat e) I have green eyes f) my sister is stubborn g) I am shy h) my parents are strict i) my father is bald
j) my friend Pedro is nice k) my brother is self-confident l) my friends are very talkative

5. Multiple-choice quiz: 1) b ; 2) b ; 3) c ; 4) c ; 5) a ; 6) b ; 7) b ; 8) b ; 9) c ; 10) a ; 11) b ; 12) b ; 13) c ; 14) c ; 15) a

6. Tick the words: c ; d ; f ; g ; k ; l ; o

7. Faulty translation: a) four people b) blond hair c) I don't have any brothers or sisters d) glasses e) and fat
f) sales assistant g) - h) vegetables i) with regard to my character j) -

8. Match questions and answers: a) Marco b) quince años c) en Valencia, en el este d) cuatro personas
e) tengo un hermano f) soy de estatura media y bastante delgado g) hablador, divertido y agradable h) la equitación
i) salgo con mi novia j) la comida italiana k) el pollo asado l) es profesor

9. Match: el pollo – chicken **la carne** – meat **la pasta** – pasta **el agua** – water **el zumo** – juice **el vino tinto** – red wine **las verduras** – vegetables **las manzanas** – apples **el pescado** – fish **el cordero** – lamb **la sandía** – watermelon
el arroz – rice **las patatas** – potatoes

10. Complete: a) treinta b) ses**enta** c) **cu**arenta d) **och**enta e) noventa f) cinc**uenta** g) veint**e** h) c**ien**
i) diecin**ueve** j) qu**ince** k) cat**orce** l) diecis**éis**

11. Translation: a) I am open-minded b) I have red hair c) I love lamb d) I don't eat fried food e) my father is forty
f) I am an only child (m.) g) I am talkative h) my sister is twenty two i) my uncle is fifty j) my mother is quite stubborn
k) my brother is very annoying l) my sister is very pleasant m) my boyfriend is very handsome n) my parents are kind
o) we are sixteen p) I eat meat q) I don't drink white wine r) I love pineapple juice

12. Match the opposites: guapo/a – feo/a simpático/a – antipático/a seguro/a de sí mismo/a – tímido/a fuerte – débil
gordo/a – delgado/a bueno/a – malo/a alto/a – bajo/a serio/a – gracioso/a

13. Complete with the missing words: a) llamo b) años c) hermanos d) vivo e) en f) soy g) carácter
h) tiempo / veo / leo i) favorito j) admiro

14. Spot and correct the grammar/ spelling errors: a) negro b) se c) - d) simpático e) baja f) deliciosa g) es tímida
h) tengo i) una persona j) amigos

15. Translate into English: a) my parents are kind, fair and open-minded b) I don't have many friends
c) my best friend is funny and nice d) my girlfriend is very pretty and kind e) my father is quite stubborn
f) my favourite food is meat g) I hate vegetables because they are disgusting h) my father doesn't work, he is unemployed
i) my mother is a sales assistant in a shoe shop j) my brother is a student but he works part-time in a restaurant as a waiter

16. Change the adjectives: generosa ; habladora ; mona ; trabajadora ; alta ; simpática ; guapa

17. Complete the translation: a) en mi familia hay cuatro personas b) en mi tiempo libre hago mucho deporte
c) mi padre es muy trabajador d) mi hermano tiene el pelo moreno y los ojos azules e) vivo en el sur de España
f) mis deportes favoritos son la natación y la escalada g) mis padres son amables, pacientes y de mente abierta
h) mi hermano es muy simpático i) en cuanto a mi carácter, soy bastante gracioso
j) una persona a la que admiro es mi padre

18. Translate into Spanish:
a) En mi familia hay cinco personas: mis padres, mis dos hermanas y yo.
b) Mis padres son muy amables y de mente abierta.
c) Mi hermana Elena es alta y un poco gorda. Ella es habladora y muy simpática.
d) Soy bastante bajo y musculoso. Mis amigos dicen que soy bastante gracioso y generoso.
e) Tengo el pelo castaño y los ojos azules. Llevo gafas.
f) En mi tiempo libre salgo con mis amigos, leo novelas y utilizo las redes sociales.
g) Mis deportes favoritos son la natación y levantar pesas.
h) Me encanta la comida italiana. Mi comida favorita es la pasta.
i) Una persona a la que admiro es Cristiano Ronaldo, porque juega al fútbol muy bien y es rico.

19. Find in the text: a) en el oeste b) vivo aquí desde hace diez años c) profesora d) mayores que yo
e) paso mucho tiempo f) en cuanto a mi carácter g) voy todos los días h) de mente abierta y seguro de mí mismo
i) mis amigos dicen j) tal vez k) me llevo bien con l) amables m) en mi opinión n) el mejor o) se me da bien
p) se me dan un poco mal las otras asignaturas q) es una pena r) afortunadamente s) mi plato favorito t) como pasta

20. Answer the questions: a) su padre es abogado y su madre es profesora b) bastante guapo, alto y delgado, pero también musculoso c) no son demasiado estrictos ni mandones, son agradables d) amables, trabajadores y respetuosos
e) porque es el mejor futbolista y es muy rico f) es aburrido g) nunca h) que es muy inteligente i) el pato pekinés

21. Translate: a) en el noroeste b) en la costa c) mi hermana mayor d) peluquera e) estudiante f) soy bastante guapa
g) en cuanto a mi carácter h) segura de mí misma i) ni demasiado estrictos ni demasiado mandones j) me llevo bien con
k) realmente amables l) en cambio m) la mejor cantante del mundo n) moderna o) se me dan mal las matemáticas
p) estudio mucho q) por eso r) están orgullosos de mí s) mi plato favorito t) un plato de arroz con marisco u) sabrosa y picante

22. Complete the sentences: a) with her parents and her sister b) a hairdresser c) quite pretty, average size, and slim
d) sociable, open-minded, talkative, self-confident e) generous f) annoying, unfriendly, mean and selfish
g) the best singer in the world, very pretty, cool and rich h) French, English, history and art i) hard-working and intelligent

23. Match: en – in   **desde** – since   **como** – as, like   **también** – also   **por otra parte** – on the other hand   **demasiado** – too
muy – very   **con** – with   **mis** – my (plural)   **todo** – all, every

24. Translate: a) I get on well with b) I have been living there since two years ago c) character-wise
d) my friends say that e) I am self-confident f) I am very bad at French g) I am good at Spanish

25. Complete: años ; vivo ; **c**apital ; **m**i ; **m**i ; **m**is ; **e**s ; **m**a**d**re ; **s**o**n** ; **y**o ; **s**o**y** ; **p**e**l**o ; **o**j**o**s ; **c**a**r**á**c**ter ; **b**astante ; **d**icen ; **t**ímido ; **b**ien ; **d**emasiado ; **f**avoritas ; **d**a ; **i**ndia ; **g**usta ; **t**odos

26. Complete: a) vivo b) tengo c) carácter d) alto/a, delgado/a *(or any adjective)* e) la natación *(or any sport)* f) jugar
g) leer h) gusta/encanta, hago i) bien o mal

27. Spot and add in the missing word: a) quince **años** b) **con** mis c) en cuanto **a** mi carácter d) bajo **y** gordo
e) **es** médico f) **tiempo** libre g) mis **amigos/amigas** h) **se** llama i) **la** comida

28. Translate: a) tengo quince años b) vivo en Buenos Aires desde hace diez años c) físicamente, soy alto/a
d) en cuanto a mi carácter, soy amable y hablador/a e) mi padre es fontanero f) mi madre es dependienta en una tienda de ropa g) en mi tiempo libre, juego con mi PlayStation y con el ordenador h) también voy al gimnasio tres veces a la semana
i) mi comida favorita son las hamburguesas y las patatas fritas j) se me dan mal las matemáticas y las ciencias

29. Write a paragraph:
Roberto: Yo me llamo Roberto y tengo dieciséis años. Vivo en Tarragona, en el noreste de España. Mi madre se llama Julia y tiene cuarenta y dos años. Mi padre se llama Carlos y tiene cincuenta y dos años. No tengo hermanos ni hermanas. Mi padre es profesor y mi madre es abogada. Soy alto, delgado, simpático e inteligente. Mis padres son trabajadores y estrictos. En mi tiempo libre, leo libros y juego con el ordenador. Los deportes que me gustan son la natación y levantar pesas. Me encanta el colegio y mis asignaturas favoritas son francés, inglés y dibujo. Mi comida favorita es la comida italiana, sobre todo la pasta.

Inés: Ella se llama Inés y tiene quince años. Vive en Madrid, en el centro de España. Su madre se llama Estefanía y tiene treinta y ocho años, y su padre se llama Juan y tiene cuarenta y dos años. Ella tiene una hermana pequeña. Su padre es enfermero y su madre es médica/doctora. Ella es baja, delgada, tímida y amable. Sus padres son graciosos, amables y de mente abierta. En su tiempo libre, sale con sus amigos, utiliza las redes sociales y ve videos de YouTube. Ella practica la equitación y va a correr. Le gusta la escuela y sus asignaturas favoritas son matemáticas y ciencias. Su comida favorita es la comida japonesa, sobre todo el sushi.

Unit 2. Describing myself, my family and friends

Tengo [I have]	el pelo [hair]	rubio [blond] moreno [dark brown] castaño [light brown]	gris [grey] pelirrojo [red] violeta [purple]	y	a media melena [mid-length] corto [short] largo [long]
Tiene [He/she has]	los ojos [eyes]	azules [blue] grises [grey] marrones [brown]	negros [black] color avellana [hazel] verdes [green]		liso [straight] ondulado [wavy] rizado [curly]

En cuanto a mi carácter, soy [In terms of character, I am] En cuanto a su carácter, él/ella es [In terms of character, he/she is] Me gustaría ser más/menos [I would like to be more/less] La gente dice que soy [People say that I am] La gente dice que él/ella es [People say he/she is]	un poco [a bit] bastante [quite] muy [very] realmente [really] increíblemente [tremendously]	amable [kind] antipático/antipática [unfriendly] atento/atenta [caring] de mente abierta [open-minded] egoísta [selfish] estúpido/estúpida [stupid] leal [loyal] generoso/generosa [generous] gracioso/graciosa [funny] hablador/habladora [talkative] perezoso/perezosa [lazy] simpático/simpática [nice] tacaño/tacaña [stingy] terco/terca [stubborn] tímido/tímida [shy] trabajador/trabajadora [hard-working]
Le gustaría ser más/menos [He/she would like to be more/less]		

Mi mejor cualidad es mi... [My best quality is my...] Su mejor cualidad es su... [His/her best quality is his/her]	amabilidad [kindness] fuerza de voluntad [will power] generosidad [generosity] honestidad [honesty] humildad [humility] lealtad [loyalty] sentido del humor [sense of humour]

Me gustaría tener más confianza en mí mismo [I would like to have more self-confidence]	Le gustaría tener más confianza en sí mismo [He/she would like to have more self-confidence]

Author's note: You use "Mi confianza en mí mismo" to speak about yourself and "Su confianza en sí mismo" to speak about someone else. It literally translates to "my confidence in myself" and "his/her confidence in him/herself".

1. Match

delgado	muscular
feo	pretty
hablador	fat
bonito/lindo	unfriendly
amable	stubborn
antipático	loyal
leal	talkative
gordo	selfish
musculoso	ugly
terco	kind
egoísta	nice
simpático	slim

2. Spot and fix the wrong translations

a. Soy delgado: *I am slim*

b. Soy guapo: *I am fat*

c. Soy egoísta: *I am selfish*

d. Soy tacaño: *I am stubborn*

e. Soy gordo: *I am good-looking*

f. Soy simpático: *I am mean*

g. Soy hablador: *I am unfriendly*

h. Soy fuerte: *I am strong*

i. Soy gracioso: *I am annoying*

j. Soy feo: *I am loyal*

k. Soy leal: *I am tall*

3. Complete the words (masculine)

a. gor _ _   [fat]

b. simpát _ _ _   [nice]

c. delga _ _   [slim]

d. antipát _ _ _   [unfriendly]

e. _ go _ st _   [selfish]

f. gu _ _ _   [good-looking]

g. habl _ _ _ _   [talkative]

h. more _ _   [dark brown]

i. cast _ _ _   [chestnut/l.brown]

j. fue _ _ _   [strong]

k. graci _ _ _   [funny]

4. Anagrams: rewrite the jumbled-up word correctly as shown in the example

a. Soy **rcteo**: terco

b. No soy **trjadabaor**:

c. Ella es muy **ella**:

d. No soy **estagoí**:

e. Es bastante **dadelga**:

f. Soy un poco **toont**:

g. Mi padre es bastante **grodo**:

h. Mi madre es muy **haborlada**:

i. Tengo el pelo **romeno**:

j. Ella tiene el pelo **grola**:

5. Translate into English

a. Soy

b. Tú eres

c. Él es

d. Ella es

e. Nosotros somos

f. Vosotros sois

g. Ellos son

h. Ellas son

6. Complete the Spanish translation

a. You are talkative!: ¡ _ _ _ _ **hablador**!

b. She is short: **Ella** _ _ **baja**.

c. We are old: **Nosotros** _ _ _ _ _ **viejos**.

d. They (fem) are pretty: **Ellas** _ _ _ **guapas**.

e. I (masc) am not fat: **Yo no** _ _ _ **gordo**.

f. They (fem) are hard-working: **Ellas** _ _ _ **trabajadoras**.

USEFUL VOCABULARY

FAMILY

Mi abuela: my grandmother
Mi abuelo: my grandfather
Mis abuelos: my grandparents
Mi hermana: my sister
Mi hermano: my brother
Mi madre: my mother
Mi padre: my father
Mi tía: my aunt
Mi tío: my uncle

FRIENDS

Mis amigos: my friends
Mis colegas: my mates
Mis compañeros/as de clase: my classmates
Mi mejor amiga: my best (female) friend
Mi mejor amigo: my best (male) friend
Mi novia: my girlfriend
Mi novio: my boyfriend
Mi vecina: my (female) neighbour
Mi vecino: my (male) neighbour

7. Complete

a. Mi _____ es vieja *[My grandmother is old]*

b. Mi _____ es alta *[My sister is tall]*

c. Mis _____ de clase son ruidosos *[My classmates are noisy]*

d. Mi _____ _____ es fuerte *[My best friend -masc- is strong]*

e. Mi _____ es hablador *[My boyfriend is talkative]*

f. Mi _____ mayor es molesto *[My older brother is annoying]*

g. Mi _____ _____ es muy guapa *[My best (female) friend is very pretty]*

h. Mi _____ es un poco gordo *[My uncle is a bit fat]*

i. Mi _____ Gina es guapa *[My aunt Gina is good-looking]*

8. Choose the correct version of the adjectives as shown in the example

	1	2
a. Mi padre es	**hablador**	habladora
b. Mi hermana es	alta	alto
c. Mis padres son	amables	amable
d. Mi tía es	trabajador	trabajadora
e. Mi tío es	guapa	guapo
f. Mi padre es	terco	terca
g. Mi abuela es	vieja	viejo
h. Mi hermano menor es	lista	listo

THE LANGUAGE GYM

9. Translate into English

a. Mi madre es estricta.

b. Mi padre es divertido.

c. Mis padres son de mente abierta.

d. Mis abuelos son trabajadores.

e. Mi hermana menor es pesada.

f. Mi hermano mayor es muy egoísta.

g. Mi tío es amable.

h. Mi tía es gorda y habladora.

i. Mi mejor amigo es muy generoso.

j. Mis compañeros de clase son un poco tontos.

10. Complete the table

Masculine	Feminine
a. gordo	
b. trabajador	
c. guapo	
d. gracioso	
e. fuerte	
f. moreno	
g. tacaño	
h. mentiroso	
i. alto	
j. perezoso	
k. bajo	
l. deportista	
m. viejo	

11. Translate into English

a. Tengo el pelo moreno.

b. Ella tiene el pelo liso.

c. Tenemos los ojos marrones.

d. Ellas tienen los ojos azules.

e. ¡Eres calvo!

f. ¿Tienes los ojos verdes?

g. Es alto y guapo.

h. Es bajo pero musculoso.

i. Es alto y gordo.

j. Es flaco (delgado).

12. Wordsearch: find the Spanish translation of the words/phrases below

e	m	u	y	g	u	a	p	a	j	a	u	m	e	v	a	l	t	o	g
d	f	s	i	m	p	á	t	i	c	a	g	e	a	l	t	r	n	g	r
é	c	j	r	a	f	u	e	r	t	e	u	r	t	r	i	o	a	i	a
b	v	e	r	o	u	m	a	l	r	n	a	a	a	g	t	n	d	a	c
i	u	a	t	e	i	d	y	l	a	n	p	b	k	r	e	d	a	n	i
l	a	n	f	s	w	l	o	s	o	j	o	s	v	e	r	d	e	s	o
t	o	g	p	i	n	g	ü	i	n	o	n	t	r	a	c	p	l	a	s
t	r	a	b	a	j	a	d	o	r	a	h	o	l	a	o	e	f	r	a

nice (f): s _ _ _ _ _ _ _ _   weak: d _ _ _ _   ugly (m): f _ _
strong: f _ _ _ _ _   tall (m/f): a _ _ _   green eyes: l _ _ o _ _ _ v _ _ _ _
handsome (m): g _ _ _ _   funny (f): g _ _ _ _ _ _ _   hardworking (f): t _ _ _ _ _ _ _ _ _
stupid (m): t _ _ _ _   stubborn (m): t _ _ _ _   very pretty (f): m _ _ g _ _ _ _

13. Correct the spelling /grammar mistakes in the words highlighted below

a. Mi madre es muy **guapo**.
b. Yo soy **mui** alto y gordo.
c. Mi padre **son** bastante terco.
d. Mi hermano y yo **son** rubios.
e. **Soy** el pelo castaño.
f. Mi mejor amigo es **rubia**.
g. Mi hermana es **egoista**.
h. No somos **trabajador**.
i. Mis compañeros de clase son **molesto**.

14. Correct the spelling/grammar mistakes in the sentences below

a. Mi madre es trabajador.
b. Mi padre y yo son rubios.
c. Mi amigo y yo no somos egoista.
d. Mis padres son estricto.
e. Soy los ojos azules.
f. Mi hermana es alto y delgada.
g. Mi mejor amiga soy muy fuerte.
h. Tengo el pelo largos y morenos.
i. Mi hermana es muy terco.

15. Gapped sentences – complete with a suitable word

a. Me_____ Juanita.
b. _____ española.
c. _____ en Alicante.
d. Soy _____ y delgado.
e. Tengo el pelo _____.
f. En cuanto a mi carácter, soy _____.
g. Tengo dos hermanas y un _____.
h. Mis hermanas_____ muy amables.
i. Mi hermano es bastante_____.
j. Mis padres son agradables pero _____.
k. Mi mejor _____ se llama Alejandra.
l. _____ novia se llama Paula.

16. Translate into Spanish

a. *My mother is very nice:* M_ m _ _ _ _ e_ m _ _ s _ _ _ _ _ _ _ _

b. *My father is quite kind:* M_ p _ _ _ _ e_ b _ _ _ _ _ _ _ a _ _ _ _

c. *My sister is talkative:* M_ h _ _ _ _ _ _ e_ h _ _ _ _ _ _ _ _

d. *My parents are very caring:* M _ _ p _ _ _ _ _ s _ _ m _ _ a _ _ _ _ _ _

e. *I have blond hair:* T _ _ _ _ e_ p _ _ _ r _ _ _ _

f. *I have green eyes:* T _ _ _ _ l _ _ o _ _ _ v _ _ _ _ _

g. *My father is bald:* M_ p _ _ _ _ e_ c _ _ _ _

h. *My best (male) friend is handsome:* M_ m _ _ _ _ a _ _ _ _ e_ g _ _ _ _

---

17. Match

el optimismo	self-confidence
la mente abierta	will power
la generosidad	loyalty
la honestidad	open mind
la bondad	sense of humour
la fuerza de voluntad	kindness (goodness)
la lealtad	optimism
la confianza en sí mismo	honesty
el sentido del humor	patience
la humildad	positivity
la paciencia	generosity
la positividad	humility

---

18. Complete the table

Noun	Adjective
paciencia	paciente
lealtad	
	generoso
optimismo	
	positivo
	honesto
humildad	
inteligencia	

---

19. Spot the missing word in each sentence and add it in

a. Tengo pelo moreno.

b. No hermanos.

c. Tengo una hermana se llama María.

d. Mi hermana llama Daisy.

e. Paco catorce años.

f. Mis padres estrictos pero muy atentos.

g. Yo no muy trabajador.

h. Mi mejor cualidad es humildad.

i. También tengo un buen sentido humor.

---

20. Translate into Spanish

a. will power

b. sense of humour

c. self-confidence

d. humility

e. loyalty

f. positivity

g. open mind

h. honesty

i. kindness

j. patience

Me llamo Rafael. Tengo dieciséis años. Vivo en Barcelona, la capital de Cataluña. Físicamente soy bastante alto y delgado, pero musculoso. Soy muy atlético. Tengo el pelo moreno y los ojos azules. La gente dice que soy un chico guapo. En cuanto a mi carácter, soy sociable, divertido, seguro de mí mismo y bastante perezoso. Rara vez hago mis deberes, especialmente los de matemáticas. Mis amigos dicen que, a veces, soy un poco vanidoso y terco. Dicen que siempre quiero tener la razón, y tal vez sea cierto. De todos modos, me gustaría ser más trabajador, más generoso y menos egoísta. La honestidad es, sin duda, mi mejor cualidad. Quiero a mis padres, son realmente geniales y modernos. Por otro lado, no me llevo bien con mi hermano mayor, Felipe, porque es molesto, torpe y tacaño. ¡Me fastidia! **(Rafael, 16 años)**

22. Gapped translation

My name is Rafael, I am _____ years old. I live in _____, the capital of _____. Physically, I am quite tall and _____, but muscular. I am very athletic. I have _____ hair and blue eyes. _____ say that I am a _____-_____ _____. With regard to my character, I am sociable, _____, _____-_____ and quite _____. I rarely do my _____, especially _____. My friends _____ that sometimes I am _____ vain and _____. They say that I always want to be _____, and _____ that it is true. Anyway, I would like to be more _____, more generous, and less _____. _____ is without doubt my best quality. I love my parents. They are really great and _____. ___ ____ _____ _____, I don't get along with my older brother because he is _____, _____ and _____. He _____ me!

21. Find the Spanish equivalent in the text

a. physically

b. slim but muscular

c. people say that

d. a good-looking boy

e. with regard to my character

f. I am self-confident

g. fun

h. lazy

i. sometimes

j. vain

k. stubborn

l. they say

m. I want to be right

n. cool/trendy (masc. pl.)

o. without doubt

p. annoying

q. stingy

23. Translate into English the following words/phrases from Rafael's text

a. la gente dice que

b. en cuanto a mi carácter

c. seguro de mí mismo

d. especialmente

e. a veces

f. siempre quiero tener la razón

g. tal vez

h. de todos modos

i. sin duda

j. es molesto

k. me fastidia

Andrea: Mis amigos dicen que soy de mente abierta, agradable y paciente. También dicen que tengo un buen sentido del humor y que soy muy humilde. En mi opinión, mi mejor cualidad es la lealtad.

Iván: Mis amigos dicen que soy generoso y trabajador, pero un poco engreído (vanidoso). No estoy de acuerdo. Soy muy muy guapo (imagina Zac Effron pero multiplicado por diez), ¡pero no soy nada engreído! Mi mejor cualidad, de hecho, es la humildad.

Felipe: Mis amigos dicen que soy muy fuerte, inteligente y seguro de mí mismo. ¡Creo que tienen razón! Me encanta hablar y expresar mis opiniones. Me encanta tener unos amigos tan buenos. Siempre me escuchan y me animan cuando me hace falta. Espero que sean mis amigos para siempre.

Sandra: Mis amigos siempre se burlan de mí. Dicen que soy tonta y que no tengo sentido del humor. También dicen que soy muy torpe y que nunca pienso antes de hablar. La verdad es que el problema no creo que sea yo, es que tengo unos amigos tóxicos. Necesito hacer un grupo nuevo de amigos. Es importante que sean simpáticos y leales.

Antonio: Mis amigos dicen que soy muy gracioso y que siempre hablo de temas fascinantes que les interesan mucho. Dicen que se ríen un móntón conmigo. En mi opinión, les gusto porque soy humilde y maduro, igual que ellos. Mis mejores cualidades son sin duda mi mente abierta y mi fuerza de voluntad. Soy muy trabajador, pero, sin embargo, me gustaría ser un poco más extrovertido.

24. Answer the comprehension questions about Andrea, Iván, Felipe, Sandra and Antonio

a. Whose friends say he is vain?

b. Whose friends have a good laugh with them?

c. Whose friends are nasty and make fun of her?

d. Who is really self confident?

e. What are Antonio's best qualities?

f. Who says she is very loyal?

g. Who has really good friends?

h. Who would like to be more extroverted?

i. How do Andrea's friends describe her?

j. Is Iván humble or not?

25. Find in the text the Spanish equivalent for the following

a. my friends say that

b. pleasant

c. a good sense of humour

d. my best quality is

e. vain

f. I don't agree

g. self confident (sure of myself)

h. I think they are right

i. they say I am stupid

j. I am very, very good looking

k. before speaking

l. very funny

m. toxic friends

n. mature

o. my best qualities

26. Complete using the words in the table

a. Mis amigos _____ que soy humilde y trabajador.

b. Mi padre es _____ gracioso.

c. Mis padres son bastante _____.

d. No me _____ bien con mi hermana.

e. Mi _____ cualidad es la lealtad.

f. Mi mejor amigo se _____ Luis.

g. Tengo el pelo rubio, corto y _____.

h. Tengo los _____ azules.

i. Mi novia es muy _____.

j. Mis amigos dicen que tengo un _____ sentido del humor.

k. Me _____ ser mucho más seguro de mí mismo.

l. Mis _____ de clase piensan que soy muy gracioso.

liso	gustaría
compañeros	estrictos
mejor	ojos
dicen	llama
inteligente	llevo
muy	buen

27. Gapped translation

a. *My friends say I am really kind*: Mis amigos _____ que soy muy _____.

b. *I don't get along with my parents*: No me _____ bien con mis padres.

c. *My best quality is honesty*: Mi _____ cualidad es la _____.

d. *My best friend is called Julian*: Mi _____ amigo se llama Julián.

e. *I would like to be more good-looking*: Me gustaría ser más _____.

f. *I am more hard-working than my brother*: Soy _____ trabajador _____ mi hermano.

28. Write a text for each person, in the FIRST person singular (yo)

Susana	Marco
Is 16 years old	Is 15 years old
Lives in Oviedo in the north of Spain	Lives in Granada in the south of Spain
Has long, blond, curly hair	Has short, brown, straight hair
Has green eyes	Has brown eyes
Is tall and slim	Is short and strong
Is intelligent, funny and kind	Is stupid, boring and rude
Has two brothers	Has two sisters
Her brothers are very hard-working	His sisters are annoying and lazy
Gets along with her parents because they are open-minded, patient and very affectionate	Doesn't get along with his parents because they are strict, stubborn and bossy

ANSWERS – Unit 2

1. Match: delgado – slim **feo** – ugly **hablador** – talkative **bonito/lindo** – pretty **amable** – kind **antipático** – unfriendly **leal** – loyal **gordo** – fat **musculoso** – muscular **terco** – stubborn **egoísta** – selfish **simpático** – nice

2. Spot and fix the wrong translations: a) - b) good-looking c) - d) stingy e) fat f) nice g) talkative h) - i) funny j) ugly k) loyal

3. Complete the words: a) gor**do** b) simp**á**tico c) delga**do** d) antip**á**tico e) **ego**ísta f) gu**apo** g) habl**ador** h) mor**eno** i) cast**año** j) fue**rte** k) graci**oso**

4. Anagrams: a) terco b) trabajador c) leal d) egoísta e) delgada f) tonto g) gordo h) habladora i) moreno j) largo

5. Translate: a) I am b) you are c) he is d) she is e) we are f) you (guys) are g) they (masc) are h) they (fem) are

6. Complete the Spanish translation: a) eres b) es c) somos d) son e) soy f) son

7. Complete: a) abuela b) hermana c) compañeros d) mejor amigo e) novio f) hermano g) mejor amiga h) tío i) tía

8. Choose the correct version: a) **hablador** b) alta c) amables d) trabajadora e) guapo f) terco g) vieja h) listo

9. Translate: a) my mother is strict b) my father is fun c) my parents are open-minded d) my grandparents are hard-working e) my younger sister is annoying f) my older brother is very selfish g) my uncle is kind h) my aunt is fat and talkative i) my best friend is very generous j) my classmates are a bit stupid

10. Complete the table: a) gorda b) trabajadora c) guapa d) graciosa e) fuerte f) morena g) tacaña h) mentirosa i) alta j) perezosa k) baja l) deportista m) vieja

11. Translate: a) I have brown hair b) She has straight hair c) We have brown eyes d) They have blue eyes e) You are bald! f) Do you have green eyes? g) He is tall and good-looking h) He is short but muscular i) He is tall and fat j) He is thin

12. Wordsearch: find the Spanish translation of the words/phrases below

		m	u	y	g	u	a	p	a					a	l	t	o	g
d		s	i	m	p	á	t	i	c	a	g		l					r
é					f	u	e	r	t	e	u		t					a
b				o					a	a			t					c
i			t						p				e					i
l		n			l	o	s	o	j	o	s	v	e	r	d	e	s	o
	o												c					s
t	r	a	b	a	j	a	d	o	r	a				o	e	f		a

simpática ; fuerte ; guapo ; tonto ; débil ; alta/o ; graciosa ; terco ; feo ; los ojos verdes ; trabajadora ; muy guapa

13. Correct the spelling/grammar mistakes: a) guapa b) muy c) es d) somos e) tengo f) rubio g) egoísta h) trabajadores i) molestos

14. Correct the spelling/grammar mistakes: a) trabajadora b) **somos** c) egoístas d) estrictos e) **tengo** f) alta g) **es** h) **largo** y **moreno** i) terca

15. Gapped sentences: a) llamo b) soy c) vivo d) alto/bajo e) largo/corto f) simpático/a (or any suitable adjective) g) hermano h) son i) tonto/amable (or any suitable adjective) j) estrictos (or any suitable adjective) k) amiga l) mi

THE LANGUAGE GYM

16. Translate: a) mi madre es muy simpática   b) mi padre es bastante amable   c) mi hermana es habladora
d) mis padres son muy atentos   e) tengo el pelo rubio   f) tengo los ojos verdes   g) mi padre es calvo
h) mi mejor amigo es guapo

17. Match: el optimismo – optimism   la mente abierta – open-mind   la generosidad – generosity
la honestidad – honesty   la bondad – kindness   la fuerza de voluntad – will power   la lealtad – loyalty
la confianza en sí mismo – self-confidence   el sentido del humor – sense of humour   la humildad – humility
la paciencia – patience   la positividad – positivity

18. Complete the table: leal ; generosidad ; optimista ; positividad ; honestidad ; humilde ; inteligente

19. Spot the missing word: a) **el** pelo   b) no **tengo**   c) **que** se   d) **se** llama   e) **tiene** catorce   f) **son** estrictos   g) **no** soy
h) **la** humildad   i) sentido **del** humor

20. Translate: a) la fuerza de voluntad   b) el sentido del humor   c) la confianza en sí mismo/a   d) la humildad   e) la lealtad
f) la positividad   g) la mente abierta   h) la honestidad   i) la amabilidad   j) la paciencia

21. Find the Spanish: a) físicamente   b) delgado, pero musculoso   c) la gente dice que   d) un chico guapo
e) en cuanto a mi carácter   f) soy seguro de mí mismo   g) divertido   h) perezoso   i) a veces   j) vanidoso   k) terco
l) dicen   m) quiero tener la razón   n) modernos   o) sin duda   p) molesto   q) tacaño

22. Gapped translation: sixteen ; Barcelona ; Catalonia ; slim ; dark/black ; people ; good-looking boy ; fun ;
self-confident ; lazy ; homework ; maths ; say ; a bit ; stubborn ; right ; maybe ; hardworking ; selfish ; honesty ;
cool/trendy/modern ; on the other hand ; annoying ; clumsy/thick ; stingy ; annoys

23. Translate: a) people say that   b) with regard to my character   c) self-confident   d) especially   e) sometimes
f) I always want to be right   g) maybe   h) anyway   i) without doubt   j) he is annoying   k) he annoys me

24. Answer the comprehension questions: a) Iván   b) Antonio   c) Sandra   d) Felipe
e) open-mindedness/willpower   f) Andrea   g) Felipe   h) Antonio   i) open-minded, pleasant, patient
j) this is an existential question, but no, almost definitely not, given the Zac Effron reference

25. Find in the text the Spanish equivalent for the following:
a) mis amigos dicen que   b) agradable   c) un buen sentido del humor   d) mi mejor cualidad es   e) engreído / vanidoso
f) no estoy de acuerdo   g) seguro de mí mismo   h) creo que tienen razón   i) dicen que soy tonta   j) soy muy muy guapo
k) antes de hablar   l) muy gracioso   m) unos amigos tóxicos   n) maduro   o) mis mejores cualidades

26. Complete: a) dicen   b) muy   c) estrictos   d) llevo   e) mejor   f) llama   g) liso   h) ojos   i) inteligente   j) buen
k) gustaría   k) compañeros

27. Gapped translation: a) dicen/amable   b) llevo   c) mejor/honestidad   d) mejor   e) guapo/a   f) más/que

28. Write a text for each person, in the first person singular (yo)

Susana: Me llamo Susana y tengo dieciséis años. Vivo en Oviedo, en el norte de España. Tengo el pelo rubio, largo y rizado, y tengo los ojos verdes. Soy alta y delgada. Soy inteligente, divertida y amable. Tengo dos hermanos. Ellos son muy trabajadores. Me llevo bien con mis padres porque son de mente abierta, pacientes y muy cariñosos.

Marco: Me llamo Marco y tengo quince años. Vivo en Granada, en el sur de España. Tengo el pelo corto, castaño y liso, y tengo los ojos marrones. Soy bajo y fuerte. Soy tonto, aburrido y maleducado. Tengo dos hermanas. Ellas son molestas y perezosas. No me llevo bien con mis padres porque son estrictos, tercos y mandones.

Unit 3. Talking about my hobbies and interests

Me encanta [I love]	hacer [to do]	deporte [sport] escalada [rock climbing] footing [jogging]	natación [swimming] pesas [weight-lifting] senderismo [hiking]
Me gusta [I like]	jugar [to play]	al ajedrez [chess] al baloncesto [basketball] al fútbol [football]	a las cartas [cards] a los videojuegos [videogames]
Prefiero [I prefer]	tocar [to play a musical instrument]	la batería [drums] la flauta [flute] la guitarra [guitar]	el piano [piano] el saxofón [saxophone] el ukelele [ukulele]
No me gusta [I don't like] No me gusta nada [I don't like at all] Odio [I hate]	charlar con mis amigos [to chat with friends] escuchar música [to listen to music] ir a mirar escaparates [to do window shopping] jugar con mi perro [to play with my dog] leer tebeos/una novela [to read comics/a novel]		meterme en Internet [to go on the Internet] pasar horas metido en Internet [to spend hours on the Internet] salir con mis amigos [to go out with friends] ver dibujos animados [to watch cartoons] ver series en Netflix [to watch series]

Lo hago [I do this]	en el centro [at the town centre] en el centro comercial [at the mall] en el cine [at the cinema] en la casa de mi amigo [at my friend's house] en mi casa [at my home]	en el colegio [at school] en el gimnasio [in the gym] en el parque [in the park] en la piscina [in the swimming pool] en la playa [to the beach]

Lo hago [I do this]	a menudo [often] cada domingo [every Sunday] casi todos los días [nearly every day] de vez en cuando [from time to time] los lunes y miércoles [on Mondays and Wednesdays] raramente [rarely] una vez/dos veces al mes [once/twice a month]

Es [It is]	aburrido [boring] agradable [pleasant] divertido [entertaining]	apasionante [exciting] gracioso [funny] saludable [healthy]	pero también es un poco [but it is also a bit]	agotador [tiring] caro [expensive] peligroso [dangerous]

Lo que más me gusta es... [The thing I like the most is...] Lo que menos me gusta es... [The thing I like the least is...]	bailar [dancing] cantar [singing] escalar [rock climbing] leer [reading] pasar tiempo en las redes sociales [spending time on social networks]	salir con mis amigos [going out with my friends] tocar el ukelele [playing ukelele] el atletismo [running] levantar pesas [weightlifting] la natación [swimming]

THE LANGUAGE GYM

1. Match

charlar con amigos	weightlifting
leer tebeos	to go online
agotador	online games
juegos en línea	to chat with friends
leer una novela	exciting
caro	entertaining
meterse en Internet	to read comics
entretenido	reading
la lectura	expensive
las redes sociales	tiring
apasionante	to go out with friends
levantar pesas	social media
ir en bicicleta	to read a novel
dar un paseo	to go cycling
salir a correr	to go out for a walk
salir con amigos	to go running

2. Complete with the missing verb

a. (Yo) _____ escalada
b. (Yo) _____ una novela
c. (Yo) _____ dibujos animados
d. (Yo) _____ tebeos
e. (Yo) _____ a juegos en línea
f. (Yo) _____ al centro de la ciudad
g. (Yo) _____ pesas
h. (Yo) me_____ en Internet
i. (Yo) _____ deporte
j. (Yo) _____ con mi ordenador

3. Translate into English

a. Hago escalada	
b. Voy a la casa de mi mejor amigo	
c. Me meto en Internet	
d. Me encantan las redes sociales	
e. Es apasionante, pero agotador	
f. Lo que más me gusta son los juegos en línea	
g. Paso horas metido en Internet	
h. Charlo con mis amigos	

4. Multiple choice quiz

	a	b	c
Veo	I watch	I have a laugh	I eat
Leo	I write	I listen to	I read
Me relajo	I buy	I sleep	I relax
Charlo	I chat	I play	I go out
Paso tiempo	I go clubbing	I chat	I spend time
Salgo a correr	I go out running	I go hiking	I go out
Nado	I sleep	I swim	I run
Doy un paseo	I go for a walk	I shop	I relax
Me río	I see	I have a laugh	I cry
Salgo	I eat	I visit	I go out
Descanso	I go	I rest	I sleep

THE LANGUAGE GYM

5. Slalom translation

a. I like rock climbing a lot but it can be a bit dangerous
b. I do it at the sports centre near my home
c. What I like the most is reading novels
d. I love watching cartoons on tv
e. I am crazy about going out with my friends at the weekend

Me gusta	en	con	mis	en	el fin	casa
Lo hago	**mucho**	dibujos	polideportivo	**puede ser**	la	**peligroso**
Lo que	salir	**escalar**	**pero**	es	de mi	novelas
Me encanta	más	el	gusta	cerca	leer	tele
Me flipa	ver	me	animados	amigos	**un poco**	de semana

6. Complete the words

a. Hacer _ _ _ _ _ _ _ _   [rock climbing]
b. A _ _ _ _ _ _ _ _ _   [exciting]
c. L_ g _ _ _ _ _ _ _   [the guitar]
d. L_ l _ _ _ _ _ _   [reading]
e. A _ _ _ _ _ _   [a time adverb]
f. La n _ _ _ _ _ _ _   [a sport]
g. M_ a _ _ _ _   [my friend]
h. E_ a _ _ _ _ _ _   [chess]
i. L_ p _ _ _ _   [beach]

7. Guess the phrase

a. M_ g_____ h_____ e_____
b. L_ q___ n_ m_ g_____ e__...
c. M_ g____ m_____ l_ n_____
d. P____ m_____ h____ e_ I____
e. T____ l_ g_____
f. E_ s___ p___ u_ p____ a_____
g. L_ h____ m__ a m_____
h. L_ h____ e_ l_ c____ d_ m_ a____

8. Definition game

a. Es un deporte: el f_____
b. Es un instrumento musical: la b_____
c. Es un adjetivo: d_____
d. Es un verbo: d_____
e. Es un adverbio: a m_____
f. Es un deporte: la n_____
g. Es una red social: F_____
h. Es un juego: el a_____
i. Es un adjetivo: a_____

9. Spot and correct the spelling errors

a. El ahedrez
b. La musica
c. Los vedeojuegos
d. Es diveritdo
e. Levantar pesos
f. La guitara
g. El baille
h. Los dibujos animadores
i. Agottador

10. Match

por la mañana	a novel
normalmente	to spend money
el tiempo	to go cycling
dibujos animados	to go rock climbing
nada	nothing
una novela	free time
ir en bicicleta	cartoons
escalar	once a week
gastar dinero	time
una vez a la semana	usually
el tiempo libre	in the morning

11. Anagrams

a. me gusta **caeslar**

b. es **asapintonae**

c. salgo a **corrre**

d. lo hago en la **pylaa**

e. **alsgo** con mis amigos

f. no hago **dana**

g. veo **jodibus** animados

12. Complete with the missing words

a. Normalmente _____ la mañana, doy una _____ en bicicleta.

b. En mi tiempo libre no _____ nada especial. Duermo. ¡Es relajante!

c. _____ mucho tiempo metido _____ Internet.

d. En mi _____ libre leo mucho.

e. Leo _____ o _____.

f. Lo _____ más me gusta hacer es _____.

g. Por la tarde me gusta _____ con mis amigos en el jardín _____ de mi edificio.

h. El sábado voy a mirar _____ en el centro comercial con mis_____.

i. Una vez a la _____ me gusta ver una _____ con mi padre.

j. Cada mañana, _____ un pasco en el parque. Es _____ y muy sano.

por	ciclismo	en	tiempo	hago	cerca
tebeos	jugar	vuelta	escaparates	película	paso
amigos	doy	semana	relajante	que	novelas

13. Spot and add in the missing word

a. Me gusta footing

b. Jugar al baloncesto apasionante

c. Lo que más me gusta es al fútbol

d. Siempre pesas

e. Me encanta jugar a videojuegos línea

f. Nunca juego tenis

g. Me encanta tocar ukelele

14. Rewrite the sentences in the correct order

a. Me escalar gusta

b. Lo la natación más que me gusta es

c. hago Casi equitación nunca

d. Lo hago la piscina en

e. Juego ajedrez mi padre al con

f. Paso Internet metido en horas

g. El me gusta con mis fin de semana salir amigos

Tengo unos exámenes importantes en unos meses, así que no tengo mucho tiempo libre en este momento, más o menos dos horas al día. Por lo general, cuando no estoy estudiando me encanta jugar a videojuegos en línea con mis amigos. Además, a veces escucho música hip hop o salgo con mi novia, Ariana. Me gusta salir con ella porque es muy guapa y divertida. Es una gran persona. Lo pasamos muy bien juntos. Hablamos de todo un poco. Normalmente vamos al parque cerca de mi casa o damos un paseo por el centro. Es agradable. A Ariana le gusta tocar la guitarra y cantar. Voy al gimnasio tres veces a la semana con mi hermano mayor. Hago pesas allí. Mi hermano Roberto es mucho más fuerte que yo. Está como un toro. Me encanta este deporte. Es muy apasionante y saludable, pero... ¡es agotador! Por la mañana, antes de ir a la escuela, también hago footing en el parque. Me relaja. De momento no leo mucho, pero cuando tenga más tiempo libre después de los exámenes leeré más. Me encantan las novelas de ciencia ficción, las encuentro fascinantes. **(Marco, 18 años)**

15. Find in the text the Spanish equivalent for:

a. in a few months

b. I don't have a lot of free time

c. two hours a day

d. to play online games

e. I like to go out with her

f. pretty and funny

g. together

h. we talk

i. she enjoys playing the guitar and singing

j. three times a week

k. exciting and healthy

l. in the morning

m. before going to school

16. Questions on Marco's text

a. Why doesn't Marco have a lot of free time at this moment?

b. What three things does he do when he doesn't have to study?

c. Who is Ariana?

d. What does he do with her?

e. What does she enjoy doing?

f. What does he say about his brother Roberto?

g. What effect does running have on him?

h. What will he do more of after the exams are over?

i. Why does he love sci-fi novels?

17. Gapped translation

I have important exams in a few _____, therefore, I don't have a lot of _____ _____ at the moment. More or less two hours ___ _____. Usually, when I am not _____ I love to play _____ games with my friends. Furthermore, I listen to hip hop music or ____ ____ _____ ____ _____, Ariana. I like going out with her because she is _____ and _____. She's a great person. We have a lot of fun _____. We talk a bit about everything. Normally, we go to the park _____ _____ _____ or we go for a walk in the town centre. It is _____. She enjoys _____ the _____ and _____. _____ _____ a week I go to the gym with my older brother. I do _____ there. My brother Roberto is much _____ than me. He's as strong as a _____. I love this sport. It is very _____ and _____ but…_____! In the morning, before _____ I also go jogging in the _____. It _____ me. At this moment in time I don't _____ much, but when I have more _____ _____ after the _____ I will read more. I love sci-fi novels, I find them _____. **(Marco, 18)**

No tengo mucho tiempo libre en este momento porque tengo que estudiar mucho para mis exámenes. Por lo general, solo tengo una o dos horas para mis pasatiempos. Cuando no estoy estudiando, chateo en línea con mis amigos, escucho música pop o salgo con mi novio, Alejandro. Me gusta salir con él porque es muy hablador y gracioso. Siempre me respeta. Lo pasamos genial juntos. Nos llevamos muy bien y hablamos de todo. Normalmente vamos al centro comercial cerca de mi casa o damos un paseo por el río. Es agradable. Le gusta la fotografía y me saca muchas fotos. Me encantan y las subo a mi cuenta de Instagram. Voy a la piscina tres veces a la semana con mi mejor amiga, Eva. Me gusta mucho nadar. Es muy apasionante y saludable, ¡pero realmente agotador! Siempre tengo hambre después de nadar. Por la mañana, antes de ir a la escuela, también voy en bicicleta por el parque cerca de mi casa. Me relaja. También me gusta tocar el piano, pero de momento no tengo tiempo. Cuando tenga más tiempo libre, después de los exámenes, tocaré el piano todos los días. Me encanta la música jazz, aunque algunas personas digan que es demasiada compleja. **(Leticia, 17 años)**

18. Translate into Spanish

a. a lot of free time

b. I must study a lot

c. my hobbies

d. online

e. talkative and funny

f. we get along really well

g. along the river

h. it's pleasant

i. with my best friend (f)

j. really tiring

k. I am always hungry

l. after swimming

19. Translate into English

a. en este momento

b. por lo general

c. solo tengo una o dos horas

d. me gusta salir con él

e. lo pasamos genial juntos

f. hablamos de todo

g. cerca de mi casa

h. damos un paseo

i. siempre tengo hambre

j. me relaja

k. no tengo tiempo

En mi tiempo libre no hago mucho, porque tengo que estudiar mucho para mis exámenes. Solo tengo una hora o dos al día para mis pasatiempos. Primero, hago algo de deporte. Voy al gimnasio o a la piscina dos o tres veces por semana. Me encanta levantar pesas y la natación porque son actividades que me relajan y que son saludables. También salgo a correr antes de ir al colegio. Lo hago en el parque cerca de mi casa. Además, me gusta jugar con mi perro, Bobo, en mi jardín. Bobo es muy divertido y solo quiere jugar. Lo pasamos fenomenal juntos. Tengo novio, Pedro. Ahora no lo veo tan a menudo, pero cuando tenga más tiempo, después de los exámenes, lo veré casi todos los días.
(Florencia, 18 años)

20. All the statements about Florencia below are wrong. Can you correct them?

a. In her free time she does a lot of things.

b. She only has one hour or two a week for her hobbies.

c. She likes going to the gym and swimming because she wants to become stronger.

d. She cycles before going to school.

e. The park is far from her house.

f. She plays with her dog in the park.

g. Bobo is very serious and never wants to play

h. She sees Pedro a lot.

i. When she has more time after the exams she plans to see Pedro eight times a month.

21. Complete the sentences

a. En mi tiempo _____ [In my free time]

b. Doy una vuelta en _____ [I go for a bike ride]

c. _____ al gimnasio [I go to the gym]

d. Salgo _____ mi novio [I go out with my boyfriend]

e. No _____ nada [I don't do anything]

f. _____ hago en el parque [I do it at the park]

g. Voy allí tres _____ a la semana [I go there 3 times a week]

h. _____ dos horas en Internet [I spend 2 hours online]

i. Cerca de mi _____ [Near my house]

22. Complete the words

a. char _ _ con mis amigos

b. en mi ca _ _

c. lo que más me gu _ _ _

d. leo una nov _ _ _

e. con m _ _ compañeros

f. es agra _ _ _ _ _

g. en mi t _ _ _ _ _ libre

h. todos los d _ _ _

i. normalm _ _ _ _

j. es apas _ _ _ _ _ _ _

k. lo hago a m _ _ _ _ _

l. me gusta esc _ _ _ _ _

m. pero es ag _ _ _ _ _ _

n. me gusta lev _ _ _ _ _ p _ _ _ _

o. salg _ a c _ _ _ _ _

p. es peli _ _ _ _ _

q. toco la g _ _ _ _ _ _ _

23. Translate into Spanish

a. In my free time I don't do anything

b. First of all, I enjoy running in the park

c. I also enjoy walking around town with my boyfriend

d. I also enjoy swimming and going to the gym

e. Moreover, I enjoy reading a lot

f. At this moment I don't read often

g. After the exams I will read more

h. Finally, I play the piano, the drums and the guitar

24. Write a paragraph in the FIRST person (yo) for Diana and Olivia and one in the THIRD person (ella) for Natasha, using the prompts given in the grid

Diana	Olivia	Natasha
▪ Jogs every morning before going to school	▪ Cycles every morning before going to school	▪ Goes running every morning before going to school
▪ Goes to the swimming pool twice a week	▪ Goes to the pool at her gym twice a week	▪ Goes to the sports centre twice a week to rock-climb
▪ Goes to the gym every day	▪ Goes to the park near her home every day	▪ Goes to cinema every Saturday
▪ Spends three hours a day on the Internet	▪ Spends many hours a day on the Internet	▪ Relaxes listening to music
▪ Plays online games very often	▪ Chats with her friends online very often	▪ Uses Facebook very often
▪ Loves to dance	▪ Thinks Facebook is boring	▪ Thinks hip hop music is cool
▪ Rarely watches television	▪ Rarely goes to cinema	▪ Rarely reads books

THE LANGUAGE GYM

Key questions

¿Qué haces en tu tiempo libre?	*What do you do in your free time?*
¿Qué haces los fines de semana?	*What do you do at the weekend?*
¿Cuál es tu pasatiempo favorito?	*What is your favourite hobby?*
¿Lo haces a menudo? ¿Con quién lo haces? ¿Dónde?	*Do you do this often?* *With whom?* *Where?*
¿Qué deportes te gustan? ¿Por qué? ¿Cuál es tu deporte favorito? Háblame de ese deporte. ¿Por qué te gusta tanto?	*Which sports do you like? Why?* *What is your favourite sport?* *Tell me about this sport.* *Why do you like it so much?*
¿Sales a menudo con tus amigos? ¿Cuando sales con tus amigos/amigas, adónde vais? ¿Qué hacéis?	*Do you go out with your friends often?* *When you go out with your friends, where do you go?* *What do you do?*
¿Pasas mucho tiempo en Internet? ¿Qué haces en Internet? ¿Qué redes sociales utilizas? ¿Por qué te gustan?	*Do you spend a lot of time on the Internet?* *What do you do on the Internet?* *Which social media do you use?* *Why do you like them?*
¿Te gusta la lectura? ¿Qué sueles leer? ¿Por qué?	*Do you like reading?* *What do you usually read? Why?*
¿Qué tipo de música te gusta? ¿Quién es tu cantante favorito/favorita? ¿Cuál es tu grupo favorito? ¿Tocas un instrumento musical?	*What kind of music do you like?* *Who is your favourite singer?* *What is your favourite band?* *Do you play a musical instrument?*

ANSWERS – Unit 3

1. Match: charlar con amigos – to chat with friends **leer tebeos** – to read comics **agotador** – tiring **juegos en línea** – online games **leer una novela** – to read a novel **caro** – expensive **meterse en Internet** – to go online **entretenido** – entertaining **la lectura** – reading **las redes sociales** – social media **apasionante** – exciting **levantar pesas** – weightlifting **ir en bicicleta** – to go cycling **dar un paseo** – to go out for a walk **salir a correr** – to go running **salir con amigos** – to go out with friends

2. Complete: a) hago b) leo c) veo d) leo e) juego f) voy g) levanto h) meto i) hago j) juego

3. Translate: a) I do rock climbing b) I go to my best friend's house c) I go online d) I love social media e) it's exciting but tiring f) what I like the most is online games g) I spend hours on the Internet h) I chat with my friends

4. Multiple choice quiz: veo (a) leo (c) me relajo (c) charlo (a) paso tiempo (c) salgo a correr (a) nado (b) doy un paseo (a) me río (b) salgo (c) descanso (b)

5. Slalom translation: a) Me gusta mucho escalar pero puede ser un poco peligroso
b) Lo hago en el polideportivo cerca de mi casa c) Lo que más me gusta es leer novelas
d) Me encanta ver dibujos animados en la tele e) Me flipa salir con mis amigos el fin de semana

6. Complete the words: a) escalada b) apasionante c) la guitarra d) la lectura e) a menudo f) la natación g) mi amigo/a h) el ajedrez i) la playa

7. Guess the phrase: a) me gusta hacer escalada/equitación b) lo que no me gusta es... c) me gusta mucho la natación d) paso muchas horas en Internet e) toco la guitarra f) es sano pero un poco agotador g) lo hago muy a menudo h) lo hago en la casa de mi amigo

8. Definition game: a) el fútbol b) la batería c) divertido d) descansar e) a menudo f) la natación g) Facebook h) el ajedrez i) agradable/aburrido (Accept any correct alternatives)

9. Spot and correct the spelling errors: a) el ajedrez b) la música c) los videojuegos d) es divertido e) levantar pesas f) la guitarra g) el baile h) los dibujos animados i) agotador

10. Match: por la mañana – in the morning **normalmente** – usually **el tiempo** – time **dibujos animados** – cartoons **nada** – nothing **una novela** – a novel **ir en bicicleta** – to go cycling **escalar** – to go rock climbing **gastar dinero** – to spend money **una vez a la semana** – once a week **el tiempo libre** – free time

11. Anagrams: a) escalar b) apasionante c) correr d) playa e) salgo f) nada g) dibujos

12. Complete: a) por/vuelta b) hago c) paso/en d) tiempo e) novelas/tebeos f) que/ciclismo g) jugar/cerca h) escaparates/amigos i) semana/película j) doy/relajante

13. Spot and add in the missing word: a) el/hacer footing b) es apasionante c) jugar al d) levanto pesas e) en línea f) al tenis g) el ukelele

14. Rewrite the sentences: a) me gusta escalar b) lo que más me gusta es la natación c) casi nunca hago equitación d) lo hago en la piscina e) juego al ajedrez con mi padre f) paso horas metido en Internet g) el fin de semana me gusta salir con mis amigos

15. Find in the text: a) en unos meses b) no tengo mucho tiempo libre c) dos horas al día d) jugar a videojuegos en línea e) me gusta salir con ella f) guapa y divertida g) juntos h) hablamos i) le gusta tocar la guitarra y cantar j) tres veces por semana / a la semana k) apasionante y saludable l) por la mañana m) antes de ir a la escuela

16. Questions:
a) because he is studying for important exams b) he plays online games, listens to music and goes out with his girlfriend c) his girlfriend d) they talk, go to the park or go for a walk in the town centre e) she likes to play the guitar and sing f) he is much stronger than him g) it relaxes him h) he will read more i) they are fascinating/gripping

17. Gapped translation: months ; free time ; a day ; studying ; online ; I go out with my girlfriend ; pretty ; funny ; together ; near my house ; pleasant ; playing ; guitar ; singing ; three times ; weightlifting ; stronger ; bull ; exciting ; healthy ; tiring ; school ; park ; relaxes ; read ; free time ; exams ; gripping

18. Translate: a) mucho tiempo libre   b) tengo que estudiar mucho   c) mis pasatiempos   d) en línea
e) hablador y gracioso   f) nos llevamos muy bien   g) por el río   h) es agradable   i) con mi mejor amiga
j) realmente agotador   k) siempre tengo hambre   l) después de nadar

19. Translate: a) at this moment   b) usually   c) I only have an hour or two   d) I like to go out with him
e) we have a great time together   f) we talk about everything   g) near my house   h) we go for a walk   i) I am always hungry
j) it relaxes me   k) I don't have time

20. All the statements about Florencia below are wrong: a) in her free time she doesn't do much
b) she only has one hour or two a day for her hobbies
c) she likes going to the gym because it relaxes her and it's good for her health   d) she goes jogging before going to school
e) the park is near her house   f) she plays with her dog in her garden   g) Bobo is very funny and playful
h) she doesn't see Pedro often   i) when she has more time after the exams she plans to see Pedro nearly every day

21. Complete: a) libre   b) bicicleta/bici   c) voy   d) con   e) hago   f) lo   g) veces   h) paso   i) casa

22. Complete: a) char**lo**   b) ca**sa**   c) **gusta**   d) nov**ela**   e) m**is**   f) agra**dable**   g) **tiempo**   h) d**ías**   i) normalm**ente**
j) apas**ionante**   k) **menudo**   l) esc**alar**   m) ag**otador**   n) lev**antar pesas**   o) sal**go**/**correr**   p) peli**groso**   q) **guitarra**

23. Translate into Spanish: a) en mi tiempo libre no hago nada   b) primero, me gusta salir a correr en el parque
c) también me gusta pasear por el pueblo/centro con mi novio   d) también me gusta nadar e ir al gimnasio
e) además, me gusta mucho leer   f) en este momento no leo a menudo   g) después de los exámenes leeré más
h) finalmente, toco el piano, la batería y la guitarra

Write a paragraph in the FIRST person (I) for Diana and Olivia and one in the THIRD person (he) for Juan using the prompts given in the grid

Diana: Salgo a correr todas las mañanas antes de ir al colegio. Voy a la piscina dos veces a la semana, y voy al gimnasio todos los días. Paso tres horas al día en Internet, y juego a videojuegos en línea muy a menudo. Me encanta bailar. Raramente veo la televisión.

Olivia: Voy en bicicleta todas las mañanas antes de ir al instituto. Voy a la piscina del gimnasio dos veces a la semana. Voy al parque cerca de mi casa todos los días. Paso muchas horas al día/cada día en Internet, y chateo con mis amigos muy a menudo. Pienso que Facebook es aburrido. Raramente voy al cine.

Natasha: Va a correr todas las mañanas antes de ir al colegio. Va al polideportivo dos veces a la semana, a escalar. Va al cine todos los sábados. Ella se relaja escuchando música. Utiliza Facebook muy a menudo. Piensa que la música hip hop es guay/chula. Raramente lee libros.

Unit 4. Describing a typical day in school

Me despierto [I wake up] Me levanto [I get up] Salgo de casa [I leave home] Voy al colegio [I go to school]	a las [at] a eso de las [at around]	seis [6:00am] siete y cuarto [7:15am] siete y media [7:30am]

Voy allí [I go there]	en autobús [by bus] en bici [by bike] en coche [by car]	en metro [by underground] en tren [by train]	a caballo [on horse] a pie [on foot] andando [walking]

Las clases empiezan [Lessons start] Llego al colegio [I arrive at school]	a las [at] a eso de las [around]	ocho [8:00am] ocho y cuarto [8:15am]

Tengo ... clases [I have ... lessons]	por la mañana [in the morning] por la tarde [in the afternoon]

Los lunes, [On Mondays]	a primera hora [for my first lesson] a segunda hora [for my second lesson] a tercera hora [for my third lesson] a última hora [for my last lesson]	tengo [I have]	ciencias [science] dibujo [art] español [Spanish] matemáticas [maths]

Author's note: you can also say "Mi primera clase es…" but Spanish speakers favour the above structure :)

El recreo es [Breaktime is]	a las [at] a eso de las [at around]	nueve [9:00am] nueve y media [9:30am]

Durante el recreo [During breaktime]	juego al baloncesto [I play basketball] como un bocadillo [I eat a sandwich]

La hora de comer es a [Lunch break is at]	la una [1:00pm] mediodía [midday]

Normalmente, como [Usually I eat]	un bistec [a steak] fruta [fruit]	una ensalada [a salad] patatas fritas [chips]	pasta [pasta] verduras [vegetables]

Las clases terminan a las [Lessons finish at] Salgo del colegio a eso de las [I leave school around]	tres [3:00pm] tres y media [3:30pm]

Después del cole, [After school]	suelo ir al club de [I usually go to the ... club]	ajedrez [chess] baloncesto [basketball]	música [music] teatro [drama]

1. Match

Me levanto	I leave home
Salgo de casa	I go to school
Voy al colegio	For my 1st lesson I have
Voy a pie	I go by bike
Voy en coche	During break
Voy en bici	At lunch break
A primera hora tengo	Lessons end
Durante el recreo	I go by car
A la hora de comer	Usually, I eat
Las clases terminan	After school
Normalmente, como	Lessons begin
Después del colegio	I go on foot
Las clases empiezan	For my 2nd lesson I have
A segunda hora tengo	I get up

2. Complete with the missing word using the options in the grid below

a. Me _____ [I get up]

b. A _____ hora tengo ciencias [For my first lesson I have science]

c. _____ allí a pie [I go there on foot]

d. _____ el recreo [During break]

e. Las _____ comienzan [Lessons start]

f. Voy_____ en bici [I go there by bike]

g. A segunda hora _____ inglés [For my second lesson I have English]

h. Normalmente, como a _____ [Usually I eat at midday]

durante	allí	voy	tengo
primera	clases	levanto	mediodía

3. Translate into English

a. Me levanto:

b. Salgo de casa:

c. Llego al colegio:

d. Las clases empiezan:

e. Las clases terminan:

f. Los lunes:

g. A primera hora tengo:

h. A última hora tengo:

i. Normalmente:

j. La hora de comer:

k. Durante el recreo:

l. Después del colegio:

m. Como verduras:

4. Guess the phrases and complete them

a. M___ l_____ a l__ s____

b. A p_____ h_____ t_____

c. D_____ e___ r_____

d. L__ c_____ e_____

e. V____ a__ c_____ e__ c_____

f. D_____ d___ c_____

g. S_____ d___ c_____

h. L__ c_____ t_____

5. Sort the following words into categories in the table below

1. Bici 2. Coche 3. Fruta 4. Ensalada 5. Guitarra 6. La mañana 7. El tren 8. Pasta 9. Baloncesto 10. Ajedrez 11. Teatro 12. La tarde 13. Autobús 14. Andando 15. Música 16. La noche 17. A mediodía

Cuándo [When]	Pasatiempos [Hobbies]	Comida [Food]	Medios de transporte [Means of transport]

6. Gapped translation

a. Me levanto a eso de las siete: I _____ _____ at around seven

b. Salgo de casa a eso de las ocho: I _____ _____ at around eight

c. Por la mañana tengo tres clases: In the _____ I have three lessons

d. El lunes a primera hora tengo matemáticas: My first lesson on _____ is maths

e. Después del colegio voy al club de ajedrez: After school I go to the _____ club

f. Normalmente voy al club de música: _____ I go to the music club

g. Durante el recreo charlo con mis compañeros: During break, I chat with my _____

h. El viernes, a segunda hora tengo ciencias: On Fridays, my _____ lesson is science

7. Broken words

1. aj-	a. -go [I leave]
2. co-	b. -ase [lesson]
3. norma-	c. -edrez [chess]
4. a es-	d. -rlo [chat]
5. cl-	e. -che [car]
6. sal-	f. -lmente [usually]
7. col-	g. -o de [around]
8. cha-	h. -egio [school]

8. Complete with suitable words

a. Me levanto a _ _ _ de las seis de la mañana.

b. Salgo _ _ casa a eso de las siete.

c. Voy en _ _ _ _ _ al colegio con mi padre.

d. A primera _ _ _ tengo música.

e. _ _ _ _ _ al baloncesto.

f. Las _ _ _ _ _ _ empiezan a las ocho menos veinte.

g. El _ _ _ _ _ _ es a las nueve y veinticinco.

h. Las clases terminan __ las dos y veinte.

i. Después del colegio voy al club de _ _ _ _ _ _ .

9. Multiple choice quiz

	a	b	c
I get up	me ducho	me levanto	llego
I leave my home	voy a casa	vuelvo a casa	salgo de casa
I go there	voy aquí	voy allí	no voy
lessons start	las clases terminan	la primera clase	las clases empiezan
on Mondays	la lunes	los lunes	las lunas
during	durante	de	después
lessons	las clases	compras	el clásico
school	la universidad	escolar	el colegio
I leave school	salgo del colegio	voy al colegio	vuelvo al colegio
such as	porque	en	como
usually	a eso de	durante	normalmente

THE LANGUAGE GYM

10. Rewrite the word in bold correctly in the space provided

a. El martes a **prraime** hora tengo matemáticas: _____

b. Voy al colegio a **iep**: _____

c. **danurte** el recreo charlo con mis amigos: _____

d. **sagol** de casa a las siete: _____

e. A **sgdeaun** hora tengo francés: _____

f. Por la **mnaaña**: _____

g. **nrmoantelme** como: _____

h. Después del colegio, **vuvoel** a casa a pie: _____

11. Faulty translation: spot and correct the wrong translations (not all are incorrect)

a. Me levanto: — *I wake up*

b. Voy allí: — *I go there*

c. Durante el recreo: — *After break*

d. Las clases empiezan: — *Lessons end*

e. Hay actividades extraescolares: — *There are extracurricular activities*

f. Salgo del colegio: — *I arrive at school*

g. A la hora de comer: — *At breakfast time*

h. A pie: — *By car*

12. Slalom translation: translate the following sentences ticking the relevant boxes in the grid below as shown in the example. Proceed from top to bottom

1. I get up around six thirty
2. I go to school on foot
3. I go there with my older brother
4. Every day I have five lessons
5. On Mondays my first lesson is English
6. At lunch break I eat pasta and meat

Me (1)	Voy	Voy allí	Todos los	El lunes	A
la hora de	días	al	con	a	**levanto (1)**
a eso de (1)	primera hora	comer	colegio	mi	tengo
cinco	como pasta	**las seis (1)**	hermano	tengo	a
y media (1)	pie	mayor	inglés	clases	y carne

Normalmente me levanto bastante temprano, a eso de las seis de la mañana. Luego me ducho, desayuno y me pongo el uniforme. Salgo de casa a las siete y cuarto de la mañana para ir al colegio. Normalmente voy a pie o en bicicleta, pero si llueve, voy en coche. Normalmente llego al colegio a eso de las siete y media. Por la mañana tengo tres clases y por la tarde tengo dos. Tengo un total de cinco clases al día. El lunes a primera hora tengo ciencias y a última hora tengo español. El español es mi asignatura favorita, porque mi profesor es muy divertido y aprendo mucho en clase. ¡Toca el ukelele en clase! El recreo es a las nueve y cuarto y a las doce menos cinco tenemos la hora de comer. Para el almuerzo, como un bocadillo con mis compañeros y luego jugamos al baloncesto o al fútbol. Las clases terminan a las dos y media. Después de eso, hay muchas actividades extraescolares. Voy al club de informática porque algún día quiero ser programador. Normalmente llego a casa a eso de las cuatro. **(Gonzalo, 16 años)**

13. Find in Gonzalo's text the Spanish equivalent for the following

a. Usually:

b. I get up:

c. I shower:

d. I put on:

e. I leave home:

f. I go:

g. In the morning:

h. In the afternoon:

i. Last:

j. Lunch break:

k. I eat a sandwich:

l. lessons end:

m. because:

n. one day:

o. I want to be:

p. I get back home:

14. Gapped translation

a. Usually Gonzalo gets up quite _____.

b. He leaves home at _____ in the _____.

c. He usually goes to school on foot or _____.

d. When it _____ he goes there by car.

e. Every day he has _____ lessons in total.

f. On Monday, his _____ lesson is Spanish.

g. His teacher plays _____ in class!

h. During lunch break he _____ and plays football or basketball with his classmates.

i. There are many _____ activities after school.

j. He goes to the information technology club because one day he _____.

15. Translate into English the following phrases taken from Gonzalo's text

a. Normalmente me levanto bastante temprano.

b. Luego me ducho.

c. Me pongo el uniforme.

d. Voy a pie.

e. Tengo un total de cinco clases al día.

f. A primera hora tengo ciencias.

g. El español es mi asignatura favorita.

h. Tenemos la hora de comer.

16. Answer the questions about Gonzalo in Spanish

a. ¿A qué hora se levanta?

b. ¿Cómo va al colegio cuando llueve?

c. ¿Cuántas clases tiene al día?

d. ¿Qué tiene a última hora el lunes?

e. ¿Qué hace a la hora de comer?

f. ¿A qué hora terminan las clases?

g. ¿Qué hace después del colegio?

h. ¿A qué hora llega a casa?

Por lo general, me levanto bastante temprano, a eso de las seis y media de la mañana. Luego me lavo, tomo el desayuno y me pongo el uniforme. Salgo de casa a las siete y media para ir al colegio. Normalmente voy en bici, pero si llueve voy en autobús. Normalmente llego al colegio diez minutos antes de la primera clase. Por la mañana tengo tres clases y por la tarde tengo una. Hay cuatro clases al día y cada clase dura una hora y diez minutos en total. El lunes, a primera hora tengo química y a última hora tengo alemán. El recreo es a las nueve menos cuarto y la hora de comer es a la una menos veinte. A la hora de comer, almuerzo en la cantina y charlo con mis amigos; nos reímos un montón. Las clases terminan a las tres menos veinte. Después de eso hay muchas actividades extraescolares. Voy al club de literatura porque algún día quiero ser escritora (me gustaría escribir novelas). Luego, voy al parque cerca del colegio con mi novio. Normalmente llego a casa a eso de las cuatro y media. **(Beatriz, 15 años)**

18. Spot the wrong statements and correct them

a. Beatriz se levanta muy tarde por la mañana.

b. Ella no tiene que llevar uniforme en su colegio.

c. Ella sale de casa a eso de las ocho de la mañana.

d. Beatriz va al colegio en coche.

e. Llega al colegio tres minutos antes de la primera clase.

f. Cada día hay cuatro clases.

g. La hora de comer es a las 12:40.

h. Ella no almuerza.

i. En el futuro le gustaría escribir novelas.

j. Ella llega a casa a eso de las seis.

k. Beatriz va al parque con su mejor amiga.

l. Algún día quiere escribir diccionarios.

m. Las clases duran 70 minutos.

n. Ella no estudia una lengua extranjera.

17. Answer in English

a. At what time does Beatriz get up?

b. What does she do first after getting up?

c. At what time does she leave home?

d. How does she usually go to school?

e. When does she get to school?

f. How many lessons does she have in the afternoon?

g. How long does a lesson last?

h. What is her last lesson on a Monday?

i. What does she do at lunchtime?

j. What is her extracurricular activity on Mondays?

k. What happens at 4:30?

19. Translate into English

a. me lavo

b. mi novio

c. vuelvo a casa

d. a última hora tengo…

e. algún día quiero ser…

f. a la una menos veinte

g. a la hora de comer

h. normalmente

i. me gustaría escribir novelas

j. muy temprano por la mañana

20. Translate into Spanish

a. *I get up at six:* M_ l_ _ _ _ _ a l_ _ s_ _ _ .

b. *On Mondays my first lesson is art:* E_ l_ _ _ a p_ _ _ _ _ h_ _ _ t_ _ _ _ d_ _ _ _ .

c. *I go there on foot with my friend Gabriel:* V_ _ a_ _ _ a p_ _ c_ _ m_ a_ _ _ _ Gabriel.

d. *I have three lessons in the morning:* T_ _ _ _ t_ _ _ c_ _ _ _ _ _ p_ _ l_ m_ _ _ _ _ .

e. *During break I eat in the canteen:* D_ _ _ _ _ _ _ e_ r_ _ _ _ _ c_ _ _ e_ l_ c_ _ _ _ _ _ .

f. *Lessons end at three thirty:* L_ _ c_ _ _ _ _ _ t_ _ _ _ _ _ _ _ a l_ _ t_ _ _ y m_ _ _ _ .

g. *Afterwards, I go to the chess club:* D_ _ _ _ _ _ _ , v_ _ a_ c_ _ _ d_ a_ _ _ _ _ _ .

---

21. Translate into Spanish

a. Usually I get up very early.
b. I leave home at 7:30 to go to school.
c. I go to school on foot or by bike.
d. However, if it's rainy I go by bus.
e. I usually arrive at school at 7:45.
f. Lessons start at 8:10.
g. On Thursdays, my first lesson is English.
h. My last lesson is chemistry, I hate this subject.
i. After school I go to the art club.
j. When I get home I have a shower, I listen to music, then I do my homework for two hours.

22. Correct the spelling/grammar errors

a. A primer hora tengo matemáticas.
b. Me levanto eso de las seis.
c. Voy al colegio en pie.
d. La lunes a segunda hora tengo ciencias.
e. A ultima hora tengo educación física.
f. Normalmente, durante el recreo juego al baloncesto con mi amigos.
g. La hora comer es a mediodia.
h. Las clases termina a las tres.

---

23. Write a paragraph in the FIRST person (yo) for Leticia and the THIRD person (él) for Martín using the prompts given in the grid

	Morning	**Afternoon**	**Evening**
Leticia	<ul><li>Wakes up at 6:30</li><li>Leaves home to go to school at 7:30</li><li>On Mondays first lesson is English</li></ul>	<ul><li>Lunch break is at 12:20</li><li>Last lesson is French</li><li>Lessons finish at 3:20</li><li>After school goes to music club</li><li>Goes back home at 4:30</li></ul>	<ul><li>Rests a bit</li><li>Does homework for two hours</li><li>Chats with boyfriend</li><li>Has dinner with family</li><li>Watches a movie</li></ul>
Martín	<ul><li>Wakes up at 6:45</li><li>Leaves home to go to school at 7:30</li><li>On Fridays first lesson is Art</li><li>Second lesson is Physical Education</li></ul>	<ul><li>Lunch break is at 12:45</li><li>Last lesson is geography</li><li>Lessons finish at 3:45</li><li>After school goes to cooking club</li><li>Goes back home around five</li></ul>	<ul><li>Drinks tea</li><li>Does homework for one hour</li><li>Goes to the gym</li><li>Has dinner with friends</li><li>Goes on social media</li></ul>

Key questions

Háblame de un día típico en tu colegio	*Tell me about a typical school day*
¿A qué hora te levantas?	*At what time do you get up?*
¿A qué hora sales de casa por la mañana para ir al colegio?	*At what time do you leave home in the morning to go to school?*
¿Cómo vas al colegio?	*How do you go to school?*
¿A qué hora llegas al colegio?	*At what time do you get to school?*
¿A qué hora empiezan y terminan las clases?	*At what time do lessons start and finish?*
¿Cuántas clases tienes al día?	*How many lessons a day do you have?*
¿Qué clase tienes el lunes a primera hora?	*What is your first lesson on Mondays?*
¿A qué hora es el recreo?	*At what time is break?*
¿Qué haces durante el recreo?	*What do you do during break?*
¿A qué hora es la hora de comer?	*At what time is lunch break?*
¿Qué haces durante la hora de comer?	*What do you do during lunch break?*
¿Qué clase tienes el lunes a última hora?	*What is your last lesson on Mondays?*
¿Qué actividades extraescolares hay en tu colegio?	*What extracurricular activities are there in your school?*
¿Qué actividad extraescolar haces tú?	*What extracurricular activities do you do?*

ANSWERS – Unit 4

1. Match: me levanto – I get up **salgo de casa** – I leave home **voy al colegio** – I go to school **voy a pie** – I go on foot **voy en coche** – I go by car **voy en bici** – I go by bike **a primera hora tengo** – for my first lesson I have **durante el recreo** – during break **a la hora de comer** – at lunch break **las clases terminan** – lessons end **normalmente, como** – usually, I eat **después del colegio** – after school **las clases empiezan** – lessons begin **a segunda hora tengo** – for my second lesson I have

2. Complete with the missing word: a) levanto b) primera c) voy d) durante e) clases f) allí g) tengo h) mediodía

3. Translate: a) I get up b) I leave home c) I arrive at school d) lessons start e) lessons finish f) on Mondays g) my first lesson is h) my last lesson is i) usually j) lunch break k) during break l) after school m) I eat vegetables

4. Guess the phrases: a) me levanto a las seis b) a primera hora tengo c) durante el recreo d) las clases empiezan e) voy al colegio en coche f) después del colegio g) salgo de casa h) las clases terminan

5. Sort the words: Cuándo: 6 ; 12 ; 16 ; 17 **Pasatiempos:** 5 ; 9 ; 10 ; 11 ; 15 **Comida:** 3 ; 4 ; 8 **Medios de transporte:** 1 ; 2 ; 7 ; 13 ; 14

6. Gapped translation: a) get up b) leave the house c) morning d) Monday e) chess f) usually g) friends h) second

7. Broken words: 1) c 2) e 3) f 4) g 5) b 6) a 7) h 8) d

8. Complete: a) eso b) de c) coche d) hora e) juego f) clases g) recreo h) a i) música

9. Multiple choice quiz: I get up (b) I leave my home (c) I go there (b) lessons start (c) on Mondays (b) during (a) lessons (a) school (c) I leave school (a) such as (c) usually (c)

10. Rewrite the word: a) primera b) pie c) durante d) salgo e) segunda f) mañana g) normalmente h) vuelvo

11. Faulty translation: a) I get up b) - c) during break d) lessons start e) - f) I leave school g) at lunch break h) on foot

12. Slalom translation: 1) me levanto a eso de las seis y media 2) voy al colegio a pie 3) voy allí con mi hermano mayor 4) todos los días tengo cinco clases 5) el lunes a primera hora tengo inglés 6) a la hora de comer como pasta y carne

13. Find: a) normalmente b) me levanto c) me ducho d) me pongo e) salgo de casa f) voy g) por la mañana h) por la tarde i) última j) la hora de comer k) como un bocadillo l) las clases terminan m) porque n) algún día o) quiero ser p) llego a casa

14. Gapped translation: a) early b) at 7.15 in the morning c) bike d) rains e) five f) last/favourite g) ukulele h) eats a sandwich i) extracurricular j) wants to become a programmer

15. Translate: a) normally I get up quite early b) then I take a shower c) I put on my uniform d) I go (there) on foot e) I have five lessons in total f) for my first lesson I have science g) Spanish is my favorite subject h) we have lunch break

16. Answer: a) a eso de las seis b) en coche c) cinco d) español e) come un bocadillo con sus compañeros y luego juegan al baloncesto o a fútbol f) a las dos y media g) va al club de informática h) a eso de las cuatro

17. Answer: a) around 6.30 a.m. b) she washes herself c) 7.30 a.m. d) by bike e) 10 minutes before lessons start f) one g) 1 hour 10 minutes h) German i) she eats pasta in the canteen and has a laugh with her friends j) reading/book club k) she goes home

THE LANGUAGE GYM

18. Spot the wrong statements: a) bastante temprano b) sí tiene que llevar uniforme c) sale de casa a las siete y media d) en bici e) diez minutos antes f) - g) - h) ella almuerza en la cantina i) - j) a eso de las cuatro y media k) con su novio l) quiere escribir novelas m) - n) ella estudia alemán

19. Translate: a) I wash myself b) my boyfriend c) I go back home d) my last lesson e) one day I want to be f) 12.40 g) during lunch break h) usually i) I would like to write novels j) very early in the morning

20. Translate into Spanish: a) me levanto a las seis b) el lunes a primera hora tengo dibujo c) voy allí a pie con mi amigo Gabriel d) tengo tres clases por la mañana e) durante el recreo como en la cantina f) las clases terminan a las tres y media g) después, voy al club de ajedrez

21. Translate: a) Normalmente me levanto muy temprano b) Salgo de casa a las siete y media para ir al colegio c) Voy al colegio a pie o en bicicleta d) Sin embargo, si llueve voy en autobús e) Normalmente llego al colegio a las ocho menos cuarto f) Las clases empiezan a las ocho y diez g) El jueves, a primera hora tengo inglés h) A última hora tengo química, odio esta asignatura i) Después del colegio voy al club de dibujo j) Cuando llego a casa me ducho, escucho música, luego hago mis deberes durante dos horas

22. Correct the spelling/grammar errors: a) **primera** b) **a** eso c) **a** pie d) **el** lunes e) **última** f) mi**s** g) **de** comer / a mediodí**a** h) termina**n**

23. Write a paragraph in the FIRST person (yo) for Leticia and the THIRD person (él) for Martín using the prompts given in the grid

Leticia: Por la mañana me despierto a las seis y media y salgo de casa a las siete y media para ir al colegio. El lunes a primera hora tengo inglés. La hora de comer es a las doce y veinte. A última hora tengo francés y las clases terminan a las tres y veinte. Después del colegio voy al club de música y llego a casa a las cuatro y media. Por la tarde descanso un poco, hago mis deberes durante dos horas y chateo con mi novio. Ceno con mi familia y luego veo una película.

Martín: Por la mañana, él se despierta a las siete menos cuarto. Sale de casa a las siete y media para ir al colegio. El viernes a primera hora tiene dibujo y a segunda hora educación física. La hora de comer es a la una menos cuarto. A última hora tiene geografía y las clases terminan a las cuatro menos cuarto. Después del colegio va al club de cocina. Llega a casa a eso de las cinco. Por la tarde bebe té, hace sus deberes durante una hora y va al gimnasio. Cena con sus amigos y luego usa/utiliza las redes sociales.

Unit 5. Describing what I do after school

Vuelvo a casa [I go back home]	**a eso de** [at around] **a** [at]	**las tres y cuarto** [3.15] **las cuatro y media** [4.30] **las seis menos cuarto** [5.45]

Vuelvo [I go back]	**en autobús** [by bus] **en coche** [by car]	**a pie** [by foot] **en bicicleta** [by bike]

Después [After]	**juego en el ordenador** [I play on my computer] **leo un libro** [I read a book] **me ducho** [I shower] **me relajo un poco** [I relax a bit] **meriendo** [I have a snack] **miro las redes sociales** [I go on social media] **paseo al perro** [I walk the dog] **salgo con mi amigo/amiga** [I go out with my friend - fem/masc] **salgo con mis amigos** [I go out with my friends] **voy al gimnasio** [I go to the gym]

Para la merienda, como [For snack I eat]	**galletas** [some biscuits] **un trozo de pastel** [a piece of cake] **una fruta** [a fruit] **un bocadillo** [a sandwich]	**y** [and]	**bebo** [I drink]	**un café** [a coffee] **un coca-cola** [a coke] **un té** [a tea]

Luego [Then]	**hago mis deberes** [I do my homework] **monto en bicicleta** [I ride my bike] **ceno** [I have dinner] **veo a mi amigo/amiga** [I see my friend - fem/masc]

Después de cenar [After dinner]	**lavo los platos** [I do the washing-up] **me relajo escuchando música** [I relax while listening to music] **veo la tele** [I watch TV] **salgo con mis amigos** [I go out with friends]

Antes de acostarme [Before going to bed]	**escucho música** [I listen to music] **juego en mi móvil** [I play on my phone] **leo una novela** [I read a novel]	**me baño** [I take a bath] **me cepillo los dientes** [I brush my teeth] **me ducho** [I shower]

Me acuesto [I go to bed]	**a** [at] **a eso de** [around]	**las diez y media** [10.30] **las once** [11.00] **medianoche** [00.00]

THE LANGUAGE GYM

1. Match

vuelvo a casa	I rest
no hago nada	I do my homework
me relajo	I come back home
descanso	I go for a walk
hago mis deberes	I have a bath
doy un paseo	I don't do anything
juego a juegos en línea	I sleep
duermo	I do the washing-up
me echo la siesta	I help my mother
lavo los platos	I have a nap
me baño	I play online games
ayudo a mi madre	I relax
hago las tareas domésticas	I do the house chores

2. Complete the verbs with the missing letters

a. Ayu _ _ *[I help]*

b. V _ y *[I go]*

c. Jue _ _ *[I play]*

d. _ _ go *[I do]*

e. L _ _ *[I read]*

f. Duer _ _ *[I sleep]*

g. Doy un pas _ _ *[I go for a walk]*

h. Co _ _ *[I eat]*

i. Me rel _ _ _ *[I relax]*

j. Desca _ _ _ *[I rest]*

k. Me e _ _ _ la siesta *[I have a nap]*

l. Me d _ _ _ _ *[I have a shower]*

m. Escu _ _ _ *[I listen to]*

n. Vu _ _ _ _ *[I return]*

o. Me ac _ _ _ _ _ *[I go to bed]*

3. Faulty translation: spot and correct the wrong translations

a. Siempre hago mis deberes: *I always do the washing-up.*

b. A veces, ayudo a mi madre: *Sometimes, I help my father.*

c. A eso de las tres, me echo la siesta: *At two o'clock, I have a nap.*

d. Antes de acostarme, me ducho y leo una novela:

Before going to bed, I have a bath and I read a magazine.

e. Paso una hora en el ordenador: *I spend an hour on the Internet.*

f. No hago nada: *I don't do anything.*

g. Miro las redes sociales: *I go shopping.*

h. Voy al centro comercial: *I go to the shopping mall.*

4. Tangled translation: some words in the sentences below have been left in English. Translate them into Spanish

a. Paso una hora on my computer.

b. A veces lavo the plates.

c. I come back home a eso de las cuatro.

d. Antes de going to bed leo una novela.

e. Por la tarde, después de cenar, miro the social media.

f. Me go to bed a eso de medianoche.

g. Por la afternoon, después del colegio, yo play with my friends o voy al shopping mall.

h. At about three me echo the siesta.

THE LANGUAGE GYM

5. Break the flow

a. Normalmente vuelvo del colegio a pie

b. Luego me relajo escuchando música

c. Para la merienda no como mucho

d. Tomo un café y como un trozo de pastel

e. Hago mis deberes de cinco a seis

f. Entonces salgo con mi mejor amigo

g. A menudo vamos al centro comercial

h. A veces voy al parque con mi novia

i. Antes de acostarme me ducho y leo una novela

6. Translate into English

a. Me baño

b. Antes de acostarme

c. Vuelvo a casa

d. Descanso

e. Me echo una siesta

f. Me relajo

g. Juego a juegos en línea

h. No hago nada

i. Me lavo los dientes

j. Meriendo algo

7. Fill the gaps

a. _____ del colegio, vuelvo a _____ en autobús. *[After school, I go back home by bus]*

b. _____ mis deberes _____ cinco_____ seis. *[I do my homework from five to six]*

c. No hago_____. Me_____ escuchando música. *[I don't do anything. I relax listening to music]*

d. Para la _____ como una tostada con _____. *[For snack I have a toast with jam]*

e. Luego, _____ con mi _____ amigo. *[Then I go out with my best friend]*

f. A menudo, voy de _____ al _____ _____ con mi novia.
[I often go shopping to the mall with my girlfriend]

g. Después de la _____ lavo los _____. *[After dinner I wash the dishes]*

h. _____ de _____, _____ una novela. *[Before going to bed I read a novel]*

8. Spot the missing word and add it in

a. Después cenar, lavo los platos

b. Hago mis deberes de cinco seis

c. No nada

d. Después de cena me relajo

e. Voy al parque con novia

f. Antes acostarme leo una novela

g. Después del colegio voy gimnasio

h. Juego juegos en línea

i. Relajo escuchando música

j. Siempre baño antes de acostarme

k. Veo una serie la televisión

l. Doy vuelta en bici

9. Match questions and answers

¿A qué hora te levantas? (1)	Tres horas al día.
¿Qué comes? (2)	Con mi novia.
¿A qué hora sales del colegio? (3)	A eso de medianoche.
¿Cómo llegas a casa? (4)	Lavo los platos.
¿Cuándo haces los deberes? (5)	De seis a siete.
¿Qué haces para ayudar a tus padres en casa? (6)	Miro las redes sociales.
¿Adónde vas a dar un paseo? (7)	En autobús.
¿Con quién vas? (8)	A eso de las tres de la tarde.
¿Qué haces en Internet? (9)	Una novela.
¿Cuánto tiempo pasas en tu ordenador? (10)	**A eso de las seis de la mañana. (1)**
¿A qué hora te vas a dormir? (11)	Cereales con leche.
¿Qué lees antes de acostarte? (12)	Voy al jardín cerca de mi casa.

10. Split sentences: form logical sentences joining one bit from each column

Leo	nada
Antes de	redes sociales
Me relajo	a casa
No hago	una novela
Miro las	deberes
Hago mis	acostarme, me ducho
Vuelvo	escuchando música
Como	baño
Me echo la	una galleta
Me	siesta

11. Complete as appropriate

a. Me_____ a las seis.

b. Como cereales con _____ .

c. Hago mis _____ .

d. Doy una _____ en bicicleta.

e. Salgo con mi _____ .

f. Antes de acostarme ____ ducho.

g. Me _____ escuchando música.

h. Antes de _____ leo una novela.

12. Arrange these actions in the correct order in which they usually occur

Me despierto	1
Después del desayuno me ducho	
Tomo el desayuno	
Voy al colegio	
Las clases empiezan	
Me levanto	
Vuelvo a casa	
Las clases terminan	
Meriendo algo en casa	
Ceno	
Me acuesto	
Antes de acostarme leo una novela	

13. Translate into Spanish

a. I get up

b. After dinner

c. I go to bed

d. I shower

e. I have the afternoon snack

f. I have a nap

g. I go out with my friends

h. I relax listening to music

i. I go back home

j. I read a novel

14. Slalom translation: translate the sentences in the grey column by selecting and numbering off the appropriate boxes as shown in the example

Salgo (1)	hago	mi	deberes	**I go out with my girlfriend (1)**
Nunca	colegio	mis	a pie	I never do my homework (2)
Juego	**con (1)**	una vuelta	sociales	I go on social media (3)
Miro	con	redes	móvil	I play on (with) my mobile phone (4)
Me relajo	las	**mi (1)**	en bici	I relax going for a bike ride (5)
Después del	no	me echo	**novia (1)**	I come back home on foot (6)
Por la tarde	la cena	casa	la siesta	After school I have a nap (7)
Vuelvo	dando	hago	los platos	After dinner I do the washing-up (8)
Después de	a	lavo	nada	In the afternoon I don't do anything (9)

15. Match

Una vuelta en bici	My girlfriend
Las redes sociales	The washing-up
Antes de la cena	Usually
Una siesta	Before dinner
Un móvil	In the afternoon/evening
Por lo general	A mobile phone
Mi novia	A nap
Después del colegio	A bike ride
Lavar los platos	I have a bath
Por la tarde	Social media
Me baño	After school

16. Guess the mystery phrases

a. A _ _ _ _   d_ a_ _ _ _ _ _ _

b. P _ _ l_ t_ _ _ _

c. U_ _ v_ _ _ _ _   e_ b_ _ _

d. M_ a_ _ _ _ _ _

e. M_ d_ _ _ _

f. L_ _ u_ _ n_ _ _ _ _

g. L_ _ r_ _ _ _ s_ _ _ _ _ _ _

h. P_ _ l_ g_ _ _ _ _ _

17. Sentence puzzle: arrange the words below in the correct order

a) tarde me ducho y Por la la me siesta echo

b) la una novela tarde me relajo Por leyendo

c) tomo una tostada la merienda con mermelada Para

d) Antes la cena miro de las redes sociales

e) a casa a pie Por general vuelvo lo

f) mi acostarme juego Antes de con móvil

g) doy vuelta en Después una bici por del colegio el parque

h) de medianoche general me acuesto Por lo antes

Pregunta: ¿Qué haces después del colegio?

Respuestas:

Antonio: Me relajo en casa escuchando música o jugando a videojuegos en línea.

Fernando: Me ducho enseguida, luego meriendo algo y me echo la siesta.

Susana: Llamo a mi novio y luego ayudo a mis padres con las tareas domésticas.

Guillermo: Doy una vuelta en bici con mis amigos.

Esmeralda: Salgo a correr en el parque cerca de mi casa.

Alejandra: Voy al centro comercial cerca del colegio con mis amigas.

Jimena: Voy a mirar escaparates en el centro comercial cerca de mi casa.

Pedro: Vuelvo a casa y hago mis deberes.

18. Find someone who

a. Who has some food and a nap after school?

b. Who goes running?

c. Who goes to the shopping mall with their friends?

d. Who goes window-shopping in a shopping centre near their house?

e. Who does their homework after returning home?

f. Who goes for a bike ride?

g. Who showers immediately?

h. Who plays online games?

i. Who does the house chores?

19. Find the Spanish equivalent in the texts

a. I go for a bike ride

b. I go running

c. I go to the shopping mall

d. I go window shopping

e. I come back home

f. With my friends

g. I help my parents

h. Whilst listening to music

i. With the house chores

j. I have the afternoon snack

k. I have a nap

l. I relax

20. Translate into Spanish

a. *After school I take a shower*: D_____ d____ c_____ t_____ u___ d_____ .

b. *I help my parents at home*: A_____ a m___ p_____ e__ c_____ .

c. *I go to the shopping mall with my friend*: V____ a__ c_____ c_____ c____ m__ a_____ .

d. *I go for a bike ride*: D____ u____ v_____ e__ b_____ .

e. *I relax listening to music*: M__ r_____ e_____ m_____ .

f. *I have the afternoon snack around four*: M_____ a e_____ d__ l__ c_____ .

Normalmente me levanto a eso de las seis y media. Después, me ducho, me peino y me lavo los dientes. Luego, me pongo el uniforme y preparo mi mochila. A eso de las siete, desayuno con mi hermano y mi hermana. A eso de las siete y media, salimos de casa para ir al colegio. Normalmente vamos a pie, pero si llueve vamos en autobús.

Las clases empiezan a las ocho y veinte y terminan a las tres y veinte. ¡Es un día largo! Después del colegio suelo ir al club de informática. Dura una hora. Cuando termina, voy al centro comercial cerca de mi colegio con mi novia. Tomamos algo de beber, un café, un zumo de naranja o una coca cola. Luego vamos al parque a dar un paseo. Es agradable.

A eso de las cinco, vuelvo a casa. Hago mis deberes enseguida. Lo odio. No me gusta estudiar. Odio particularmente las tareas de matemáticas y ciencias. Por lo general, termino mis deberes a las siete en punto. Luego miro las redes sociales, especialmente Facebook y TikTok. Hablo con mis amigos y compartimos fotos y videos divertidos.

Por lo general, cenamos a eso de las ocho. No como mucho: carne o pescado con patatas fritas o verduras. ¡Eso es todo! Luego, voy a mi habitación y veo una película o serie en Netflix. Finalmente, a eso de las diez, me ducho y me relajo leyendo un libro o escuchando música. Luego, a eso de las once, me acuesto.
(Santiago, 16 años)

21. Find the Spanish equivalent in the text

a. I brush my hair:

b. Afterwards:

c. We leave the house:

d. We go there on foot:

e. If it rains:

f. They finish:

g. I usually go:

h. It lasts an hour:

i. Shopping mall:

j. Near my school:

k. Something to drink:

l. A coffee:

m. To go for a walk:

n. Immediately:

o. I go on social media:

p. Vegetables:

q. That's all:

r. Into my room:

s. I relax whilst reading a book:

t. I go to bed:

22. Answer the questions

a. List five things Santiago does before leaving for school:

b. When does Santiago go to school by bus?

c. What does he do with his girlfriend? (3 details)

d. List four things he does before dinner:

e. How much does he eat, usually?

f. How does he relax before going to bed? (2 details)

23. Complete the translation (there are two extra words in the grid)

Después del colegio, por lo _____ voy al club de teatro. _____ casi una hora. Después de eso, voy al _____ comercial cerca de mi colegio _____ mi novio. _____ algo de beber, un _____, un zumo de manzana o una coca cola. Después, vamos al parque cerca de _____ para dar un paseo. _____ muy agradable.

A eso de las seis, _____ a casa. Hago mis _____ enseguida. Me gusta mucho estudiar. Me gustan sobre todo los deberes de francés e _____. Normalmente, _____ mis deberes hasta las ocho. Ceno a _____ de las ocho. Luego miro las _____ sociales, especialmente Tiktok e Instagram. Chateo con mis_____ y compartimos fotos, memes y videos graciosos. Me _____ a eso de medianoche. Antes de acostarme, me _____ y me relajo escuchando _____.

(Mónica, 17 años)

deberes	acuesto
general	pingüino
con	redes
café	mi casa
vuelvo	centro
dura	eso
hago	tomamos
parque	amigos
música	ducho
inglés	es

24. Translate into Spanish

a. I come back from school

b. I shower

c. I do my homework

d. I read a novel

e. I rest

f. I don't do anything

g. I relax whilst listening to music

h. I call my boyfriend

i. I go to the gym

j. I have the afternoon snack

k. I go to the shopping centre

l. I go on social media

25. Write a paragraph for Lucía and Martín using FIRST person and for Pablo using THIRD person

Lucía	Martín	Pablo
• Comes back home at 4	• Comes back home at 5	• Comes back home at 4
• Showers and relaxes listening to music	• Showers and relaxes reading a book	• Showers and relaxes watching cartoons
• Does her homework	• Does his homework	• Goes for a bike ride with friends
• Goes to the gym	• Goes for a bike ride	• Does his homework
• Has dinner at 8	• Has dinner at 7	• Has dinner at 8.30
• Goes on social media	• Goes on social media	• Watches television
• Calls her boyfriend	• Calls his girlfriend	• Calls his girlfriend
• Goes to bed at 11	• Goes to bed at 10.30	• Goes to bed at midnight
• Before going to bed has a hot bath and reads a book	• Before going to bed has a hot shower and reads a book	• Before going to bed has a hot bath and reads a novel

Key questions

Háblame de un día típico.	*Tell me about a typical day of yours.*
¿Qué haces después del colegio?	*What do you do after school?*
¿A qué hora sales del colegio?	*At what time do you leave school?*
¿Adónde vas?	*Where do you go?*
¿Con quién?	*Who with?*
¿Qué haces allí?	*What do you do there?*
¿Cómo vuelves a casa?	*How do you go back home?*
¿A qué hora llegas a casa?	*At what time do you get back home?*
¿Qué haces cuando vuelves a casa?	*What do you do after returning home?*
¿Qué comes?	*What do you eat?*
¿A qué hora haces tus deberes?	*At what time do you do your homework?*
¿De qué hora a qué hora?	*From what time to what time?*
¿Cuánto tiempo pasas haciendo tus deberes?	*How long do you spend doing your homework?*
¿Qué haces cuando terminas tus deberes?	*What do you do once you have finished your homework?*
¿Qué haces para ayudar en casa?	*What do you do to help at home?*
¿A qué hora cenas normalmente?	*At what time do you usually dine?*
¿Con quién?	*Who with?*
¿Dónde?	*Where?*
¿Qué cenas?	*What do you eat for dinner?*
¿Qué haces después de la cena?	*What do you do after dinner?*
¿A qué hora te acuestas?	*At what time do you go to bed?*
¿Qué haces antes de acostarte?	*What do you do before going to bed?*
¿Qué hiciste ayer por la tarde?	*What did you do yesterday evening?*

ANSWERS – Unit 5

1. Match: vuelvo a casa – I come back home **no hago nada** – I don't do anything **me relajo** – I relax **descanso** – I rest **hago mis deberes** – I do my homework **doy un paseo** – I go for a walk **juego a juegos en línea** – I play online games **duermo** – I sleep **me echo la siesta** – I have a nap **lavo los platos** – I do the washing-up **me baño** – I have a bath **ayudo a mi madre** – I help my mother **hago las tareas domésticas** – I do the house chores

2. Complete the verbs with the missing letters: a) ayu**do** b) v**oy** c) jue**go** d) **hago** e) l**eo** f) duer**mo** g) pas**eo** h) co**mo** i) rela**jo** j) desca**nso** k) me e**cho** l) d**ucho** m) escu**cho** n) vu**elvo** o) ac**uesto**

3. Faulty translation: a) my homework b) my mother c) at around three d) I shower / a novel (allow: book) e) I spend one hour on my/the computer f) - g) I go on social media h) -

4. Tangled translation: a) en mi ordenador b) los platos c) vuelvo a casa d) acostarme e) las redes sociales f) acuesto g) tarde/juego con mis amigos/centro comercial h) a eso de las tres/la

5. Break the flow: a. Normalmente vuelvo del colegio a pie b. Luego me relajo escuchando música c. Para la merienda no como mucho d. Tomo un café y como un trozo de pastel e. Hago mis deberes de cinco a seis f. Entonces salgo con mi mejor amigo g. A menudo vamos al centro comercial h. A veces voy al parque con mi novia i. Antes de acostarme me ducho y leo una novela

6. Translate into English: a) I have a bath b) before going to bed c) I come back home d) I rest e) I take a nap f) I relax g) I play online games h) I don't do anything i) I brush my teeth j) I have a snack

7. Fill the gaps: a) después/casa b) hago/de/a c) nada/relajo d) merienda/mermelada e) salgo/mejor f) compras/centro comercial g) cena/platos h) antes/acostarme/leo

8. Spot the missing word and add it in: a) **de** cenar b) **a** seis c) no **hago** nada d) **la** cena / de **cenar** e) **mi** novia f) **de** acostarme g) **al** gimnasio h) **a** juegos i) **me** relajo j) **me** baño k) **en** la l) **una** vuelta

9. Match questions and answers: (1) a eso de las seis de la mañana (2) cereales con leche (3) a eso de las tres de la tarde (4) en autobús (5) de seis a siete (6) lavo los platos (7) voy al jardín cerca de mi casa (8) con mi novia (9) miro las redes sociales (10) tres horas al día (11) a eso de medianoche (12) una novela

10. Split sentences: **leo** una novela ; **antes de** acostarme, me ducho ; **me relajo** escuchando música ; **no hago** nada ; **miro las** redes sociales ; **hago mis** deberes ; **vuelvo** a casa ; **como** una galleta ; **me echo la** siesta ; **me** baño

11. Complete as appropriate: a) levanto b) leche c) deberes d) vuelta e) novio/novia f) me g) relajo h) acostarme

12. Arrange these actions in the correct order: 1 ; 4 ; 3 ; 5 ; 6 ; 2 ; 8 ; 7 ; 9 ; 10 ; 12 ; 11

13. Translate into Spanish: a) me levanto b) después de la cena c) me acuesto d) me ducho e) meriendo f) me echo la siesta g) salgo con mis amigos h) me relajo escuchando música i) vuelvo a casa j) leo una novela

14. Slalom translation: (1) salgo con mi novia (2) nunca hago mis deberes (3) miro las redes sociales (4) juego con mi móvil (5) me relajo dando una vuelta en bici (6) vuelvo a casa a pie (7) después del colegio me echo la siesta (8) después de la cena lavo los platos (9) por la tarde no hago nada

15. Match: una vuelta en bici – a bike ride **las redes sociales** – social media **antes de la cena** – before dinner **una siesta** – a nap **un móvil** – a mobile phone **por lo general** – usually **mi novia** – my girlfriend **después del colegio** – after school **lavar los platos** – the washing-up **por la tarde** – in the afternoon/evening **me baño** – I have a bath

16. Guess the mystery phrases: a) antes de acostarme b) por la tarde c) una vuelta en bici d) me acuesto
e) me ducho f) leo una novela g) las redes sociales h) por lo general

17. Sentence puzzle:
a) Por la tarde me ducho y me echo la siesta
b) Por la tarde me relajo leyendo una novela
c) Para la merienda tomo una tostada con mermelada
d) Antes de la cena miro las redes sociales
e) Por lo general vuelvo a casa a pie
f) Antes de acostarme juego con mi móvil
g) Después del colegio doy una vuelta en bici por el parque
h) Por lo general me acuesto antes de medianoche

18. Find someone who: a) Fernando b) Esmeralda c) Alejandra d) Jimena e) Pedro f) Guillermo g) Fernando
h) Antonio i) Susana

19. Find in the text the Spanish equivalent: a) doy una vuelta en bici b) salgo a correr c) voy al centro comercial
d) voy a mirar escaparates e) vuelvo a casa f) con mis amigas g) ayudo a mis padres h) escuchando música
i) con las tareas domésticas j) meriendo k) me echo la siesta l) me relajo

20. Translate into Spanish: a) después del colegio tomo una ducha b) ayudo a mis padres en casa
c) voy al centro comercial con mi amigo/a d) doy una vuelta en bici e) me relajo escuchando música
f) meriendo a eso de las cuatro

21. Find the Spanish equivalent in the text: a) me peino b) luego c) salimos de casa d) vamos a pie e) si llueve
f) terminan g) suelo ir h) dura una hora i) el centro comercial j) cerca de mi colegio k) algo de beber l) un café
m) dar un paseo n) enseguida o) miro las redes sociales p) las verduras q) eso es todo r) a mi habitación
s) me relajo leyendo un libro t) me acuesto

22. Answer the questions:
a) gets up, showers, styles his hair, brushes his teeth, puts his uniform on, prepares his bag, has breakfast (any 5)
b) when it's raining c) they go to the shopping mall, they have a drink and they go for a walk in the park
d) homework, social media, chat with friends, share photos and videos e) not much f) he reads a book or listens to music

23. Complete the translation: general ; dura ; centro ; con ; tomamos ; café ; mi casa ; es ; vuelvo ; deberes ; inglés ; hago ; eso ; redes ; amigos ; acuesto ; ducho ; música

24. Translate into Spanish: a) vuelvo del colegio b) me ducho c) hago mis deberes d) leo una novela
e) descanso f) no hago nada g) me relajo escuchando música h) llamo a mi novio i) voy al gimnasio j) meriendo
k) voy al centro comercial l) miro las redes sociales

25. Write a paragraph for Lucía and Martín using FIRST person and for Patricia using THIRD person

Lucía: Vuelvo a casa a las cuatro, después me ducho y me relajo escuchando música. Hago mis deberes y voy al gimnasio. Ceno a las ocho, y luego miro las redes sociales y llamo a mi novio. Me acuesto a las once. Antes de acostarme, tomo un baño caliente y leo un libro.

Martín: Vuelvo a casa a las cinco, después me ducho y me relajo leyendo un libro. Luego hago mis deberes y doy una vuelta en bici. Ceno a las siete, luego miro las redes sociales y llamo a mi novia. Me acuesto a las diez y media. Antes de acostarme, tomo una ducha caliente y leo un libro.

Pablo: Él vuelve a casa a las cuatro, después se ducha y se relaja viendo dibujos animados. Luego da una vuelta en bici con sus amigos y hace sus deberes. Cena a las ocho y media, luego ve la televisión y llama a su novia. Se acuesta a medianoche. Antes de acostarse, toma un baño caliente y lee una novela.

Unit 6. Talking about a typical weekend

Los sábados [On Saturdays] Los domingos [On Sundays] Los fines de semana [At weekends]	me levanto [I get up]	a las nueve [at nine] a mediodía [at noon] tarde [late] temprano [early]
	duermo hasta tarde [I have a lie-in]	

Después [After]	desayuno [I have breakfast] me ducho [I have a shower] me lavo la cara y las manos [I wash my face and my hands] me cepillo los dientes [I brush my teeth]

Para el desayuno tomo [For breakfast I have]	cereales [cereals] huevos revueltos [scrambled eggs] pan [bread] pan tostado [toast]	con [with]	mermelada [jam] mantequilla [butter] miel [honey] nocilla [nutella] sal [salt]

y [and]	un zumo de fruta [a fruit juice] una taza de café [a cup of coffee] una taza de té [a cup of tea] un vaso de leche [a glass of milk]	con	azúcar [sugar] leche [milk]

Luego [Then]	ayudo a mi padre [I help my father] ayudo con las tareas domésticas [I help with the house chores] hago mi cama [I make my bed] juego a la PlayStation [I play on my PS] juego en el ordenador [I play on the computer]	monto en bicicleta [I ride a bike] lavo los platos [I do the washing-up] voy al centro comercial [I go to the mall] voy a la iglesia [I go to church] voy a la piscina [I go to the pool]

Por la tarde [In the afternoon]	descanso [I rest] duermo la siesta [I take a nap] hago mis deberes [I do my homework] hago deporte [I do some sport]	no hago nada [I do nothing] leo el periódico [I read the news] leo un poco [I do some reading] veo una serie [I watch a series]

Por la noche [In the evening]	escucho música [I listen to music] quedo con mis amigos [I meet up with my friends] salgo con mi novio/novia [I go out with boyfriend/girlfriend] salgo de marcha [I go clubbing]	veo la tele [I watch telly] voy a una fiesta [I go to a party] voy a casa de mi amigo/amiga [I go to my friend's house (fem/masc)] voy al parque [I go to the park] voy al restaurante [I go to the restaurant]

Me acuesto a [I go to bed at]	las diez [10 pm] medianoche [midnight] la una de la madrugada [1 am]	Antes de acostarme [Before going to bed]	leo una novela [I read a novel] me cepillo los dientes [I brush my teeth] me ducho [I shower]

THE LANGUAGE GYM

1. Match

huevos	bread
verduras	eggs
mermelada	honey
mantequilla	milk
miel	vegetables
pan	juice
leche	an apple
zumo	jam
una manzana	a toast
una tostada	sausages
salchichas	butter
yogur	yogurt

2. Fill in the gaps with the options in the box

a. _____ con mis amigos
b. _____ ducho
c. _____ hasta tarde
d. _____ pan con mermelada
e. _____ una novela
f. Me _____ los dientes
g. _____ a una fiesta
h. _____ a mi padre
i. _____ música
j. _____ videos en YouTube

ayudo	voy	cepillo	me	como
escucho	veo	salgo	leo	duermo

3. Gapped translation: complete with the missing pieces

a. Hago mi cama: *I make my* _____

b. Tomo un poco de miel: *I have a bit of* _____

c. Voy a la iglesia: *I go to* _____

d. No hago nada: *I don't do* _____

e. Como pan con mermelada:
I eat bread with _____

f. Salgo con mi novia:
I go out with my _____

g. Quedo con mi mejor amigo:
I meet up with ___ _____ _____

h. Ayudo a mi padre: *I _____ my father*

4. Complete the words

a. Des _ _ _ _ _ *[I rest]*

b. Juego en mi orde _ _ _ _ _
[I play on my computer]

c. No hago na _ _ *[I don't do anything]*

d. Me cep _ _ _ _ los dientes *[I brush my teeth]*

e. S _ _ _ _ con mis amigos
[I go out with my friends]

f. Tomo el de _ _ _ _ _ _ *[I have breakfast]*

g. Leo una nov _ _ _ *[I read a novel]*

h. Doy una vuelta en b _ _ _ *[I go for a bike ride]*

5. Mystery foods and drinks: guess and complete the words

a. hu _ _ _ _
b. una _ _ nz _ a
c. m _ _ l
d. m _ _ e _ _ a
e. _ a _
f. una taza de c _ _ é
g. una taza de __é
h. a _ úc _ _
i. le _ _ _
j. z _ _ _ de naranja
k. v _ d _ _ as
l. pes _ _ _ _

57

6. Anagrams: rewrite the word in bold correctly

a. Me **ltoevan** a las once [_____]

b. **sgalo** con mis amigos [_____]

c. Lavo los **poslat** [_____]

d. **adoyu** a mi padre [_____]

e. Voy al **ceni** [_____]

f. No hago **daan** [_____]

g. Para el desayuno tomo **ielm** [_____]

h. Por la tarde **danescso** [_____]

i. **yov** a la piscina [_____]

j. Hago mi **acma** [_____]

7. Spot and add in the missing word

a. Voy a iglesia

b. Hago nada

c. Doy vuelta en bici

d. Duermo tarde

e. Quedo mis amigos

f. Me acuesto la una de la mañana

g. Cepillo los dientes

h. Ducho

i. Salgo mi novia

j. Hago deberes

8. Translate into English

a. Por la tarde

b. Descanso

c. Voy al cine

d. El sábado

e. Duermo hasta tarde

f. No hago nada

g. Me acuesto

h. Me cepillo los dientes

i. Juego en el ordenador

j. Llamo a un amigo

k. Me relajo

l. Lavo los platos

m. Después

n. Antes de acostarme

9. Complete the sentences

a. Por la mañana, me l_____ a las ocho.

b. Luego, me d_____ y me lavo los d_____.

c. A las ocho y media, tomo el d_____.

d. No c_____ mucho. Normalmente, como h_____, un plátano y una t_____ con m_____ y m_____.

e. También tomo una taza de café con a_____.

f. Luego, hago mis d_____. Lo odio.

g. Después, s_____ con mis amigos.

h. Normalmente, v_____ al centro comercial cerca de mi casa.

10. Multiple choice quiz

	a	b	c
Lavo los platos	I do the house chores	I do the washing-up	I do the garden
Voy al parque	I go to the mall	I go to church	I go to the park
No hago nada	I don't do anything	I relax	I rest
Me levanto	I wash	I get up	I go to bed
Me relajo	I rest	I relax	I wash
Descanso	I relax	I play cards	I rest
Me acuesto	I go to bed	I sleep	I do the house chores
El domingo	on Sundays	on Saturdays	on Fridays
Antes de acostarme	after going to bed	before going to bed	whilst going to bed
Leo una novela	I read a book	I read a novel	I read a comic
Juego al ajedrez	I play chess	I play cards	I play videogames
Quedo con mis amigos	I go out with my girlfriend	I meet up with my friends	I go out with my boyfriend
Voy a la piscina	I go to the park	I go to the mall	I go to the swimming pool
Me ducho	I take a bath	I have a shower	I have dinner

11. Sentence puzzle: arrange the sentences in the correct order

a) los levanto a sábados me las diez

b) luego el desayuno tomo

c) después me cepillo del los desayuno dientes

d) hago mis los domingos deberes

e) el la mañana voy domingo por iglesia con a la mi madre

f) los la tarde sábados por voy con mis de marcha amigos

12. Faulty translation

a. Para el desayuno, como huevos: *For breakfast, I have cereals.*

b. Por la mañana, no hago nada: *In the evening, I don't do anything.*

c. Voy al parque con mi padre: *I go to the park with my mother.*

d. Antes de acostarme, leo un libro: *Before going to bed, I have a shower.*

e. Los domingos, descanso: *On Sundays, I relax.*

f. Me relajo escuchando música: *I spend time listening to music.*

g. Lavo los platos: *I tidy up my room.*

13. Slalom translation: translate the sentences by selecting the appropriate squares as shown in the example

1. **Before going to bed I read a novel**
2. Usually, I get up around 6:30
3. In the evening I don't do anything, I rest
4. On Fridays I do a lot of sport
5. I relax listening to music
6. I have a shower, then I have cereals for breakfast
7. On Saturdays I go clubbing
8. On Sunday I spend the whole day with my girlfriend

Antes de (1)	voy	el día entero	mucho deporte.
Normalmente	acostarme (1)	desayuno	las seis y media.
Por la tarde no	y luego	leo (1)	marcha.
Los	me levanto	escuchando	con mi novia.
Me	paso	hago	una novela. (1)
Me ducho	viernes	nada,	cereales.
Los sábados	hago	de	música.
El domingo	relajo	a eso de	descanso.

14. Match

entonces	nothing
los sábados	then
me levanto	on saturdays
tomo	I have (eat)
descanso	I get up
me acuesto	at night
una novela	I help
nada	a novel
por la noche	I rest
voy	I shower
ayudo	I go to bed
me ducho	I go
me relajo	around
la mezquita	I spend
la piscina	the mosque
paso	I relax
a eso de	the pool

15. Break the flow

a) Antesdeacostarmeleounanovela
b) Lossábadosporlatardesalgoconmisamigos
c) Losdomingosporlamañanadoyunavueltaenbici
d) Losviernesporlatardehagolosdeberes
e) Losfinesdesemanaduermohastatarde
f) Despuésdelacenalavolosplatos
g) Eldomingoporlamañanaayudoamipadreeneljardín

16. Translate

a. Descanso:
b. Me lavo:
c. Me ducho:
d. Me relajo:
e. Ayudo a mi padre:
f. Salgo con mi novia:
g. Lavo los platos:
h. No hago nada:

Me llamo Casandra y os voy a hablar de lo que suelo hacer los fines de semana. El sábado por la mañana duermo hasta tarde y luego desayuno en la terraza de mi jardín. Los fines de semana me gusta tomarme mi tiempo, porque entre semana tengo que levantarme muy temprano todos los días. Por lo general, para el desayuno tomo pan con tomate, huevos y salchichas. También tomo un café. Luego voy de compras al supermercado con mi madre y mi hermano. A menudo, los tres almorzamos juntos en nuestro restaurante favorito, en un centro comercial en el centro de la ciudad. Por lo general, pido una ensalada rusa con zumo de naranja recién exprimido y mi madre y mi hermano toman el plato del día. La ensalada rusa es una deliciosa ensalada de patatas y verduras con un aderezo de mayonesa. Poca gente sabe que su creador no era ruso, ¡era de Bélgica!

El sábado por la tarde, suelo visitar a mi amiga Angelina, que vive cerca de mí. Charlamos, escuchamos música y jugamos a las cartas. Lo pasamos genial y me río un montón con ella. Por la noche, normalmente veo una película con mi familia después de cenar. El sábado pasado vimos una comedia y nos reímos mucho porque fue de lo más gracioso.

El domingo por la mañana suelo ir a ver a mis abuelos con mi padre y después almorzamos con mi tío y mi tía. Juego a las cartas con mis primos pero siempre pierdo. Da igual, porque me lo paso genial de todos modos. Llegamos a casa a eso de las seis y luego hago mis deberes antes de la cena. Después leo una novela y, finalmente, me acuesto a eso de las nueve porque normalmente estoy muy cansada.

17. Find the Spanish equivalent

a. I am going to tell you about

b. On Saturday morning(s)

c. I like to take my time

d. I must get up early

e. Afterwards

f. The three of us eat together

g. Shopping mall

h. I order

i. The dish of the day

j. Dressing

k. I usually pay a visit to

l. I laugh a lot

m. With my uncle and my aunt

n. I always lose

o. I read a novel

p. Usually

18. Answer the comprehension questions

a. Why does she take her time at the weekend?

b. What does she usually have for breakfast? (3 details)

c. Where is their favourite restaurant located?

d. What does she usually order there?

e. What are the main ingredients and dressing of "Russian salad"?

f. Was it invented by a Russian?

g. What does she do at her friend Angelina's? (3 details)

h. Where does she go on Sunday?

i. What does she do with her cousins?

j. When does she do her homework?

k. Why does she go to bed so early?

Hola, me llamo Ernesto y voy a hablarte de lo que suelo hacer los fines de semana. El sábado por la mañana me levanto lo suficientemente temprano para salir a correr al parque antes de que haya demasiada gente. Cuando vuelvo, desayuno en la cocina mientras veo la televisión. Me gusta ver dibujos animados. Luego voy a la piscina con mi padre y mi hermano. Me encanta nadar. Luego comemos algo en un restaurante italiano cerca de mi casa, con mi madre y mi hermana menor. Mi hermana nunca quiere venir a la piscina con nosotros, porque no le gusta nadar. Por la noche, hacemos una barbacoa en la terraza de nuestro jardín. Por lo general, invitamos a nuestros vecinos y a mi novia, Sofía. Mis vecinos son muy habladores y divertidos y tienen un hijo de mi edad, Marco, que es muy simpático. Siempre hay buen ambiente y lo pasamos genial. El sábado pasado también estuvieron mis primos. Realmente lo pasamos de maravilla. Me fui a la cama a eso de medianoche. Antes de acostarme, caminé con mi novia hasta su casa.

El domingo por la mañana voy al dojo para mi clase de judo. Luego vamos al restaurante con la familia. Por la tarde visitamos a mis abuelos, que viven cerca de mí. Charlamos mientras comemos pasteles y tomamos café. Siempre es muy relajante. Por la noche, veo una película o una serie con mi hermano después de cenar. Por lo general, solemos ver películas de acción. El domingo pasado vimos una película policíaca que nos gustó mucho. Fue muy curiosa e intrigante. Por lo general, me acuesto a eso de las nueve y media, ya que los domingos siempre estoy muy cansado. Antes de acostarme, me ducho y mando unos mensajes a mi novia.

19. Find the Spanish equivalent

a. About what I usually do

b. I get up early enough

c. Whilst watching (2 words)

d. Cartoons

e. Afterwards

f. To swim/swimming

g. We eat something

h. Our neighbours

i. Talkative and funny

j. A good atmosphere

k. There were

l. At around midnight

m. Near my home

n. Whilst eating (2 words)

o. Before going to bed

p. I send some messages to my girlfriend

20. Answer the questions below

a. When does Ernesto get up on a Saturday?

b. What does he watch on tv?

c. Where does he go with his father and brother?

d. Why does his sister not go to the pool?

e. Who do they invite to the barbecue?

f. Why does he enjoy the barbecue?

g. Who did he walk home before going to bed?

h. On Sunday mornings, where does he go?

i. Where do his grandparents live?

j. What three things does he do at his grandparents?

k. How does he describe the film he watched last Sunday?

l. What two things does he do before going to bed?

21. Split sentences

Por la tarde, quedo	medianoche
Vamos a la	ducho
Duermo hasta	con mis amigos
Ayudo	la biblioteca
Me	discoteca
No hago	tarde
Me acuesto a eso de	a mi padre
Voy a	nada

22. Complete the words

a. Por lo g _ _ _ _ _ _ : *usually*

b. Me l _ _ _ _ _ _ : *I get up*

c. Tomo el d _ _ _ _ _ _ _ : *I have breakfast*

d. Por l__ t _ _ _ _ : *in the afternoon/evening*

e. Por l__ n _ _ _ _ : *at night*

f. V _ _ : *I go*

Usually I get up quite late on Saturdays. Then I shower, brush my teeth and have breakfast. In general, I don't eat much, only a piece of toast. After breakfast, I do my homework for an hour and then meet up with my best friend. We usually go to the shopping mall near my home or to the town centre. We go window shopping and have a coffee in a local café. In the afternoon, I go to the cinema or to the park with my girlfriend. At night, I go clubbing with my friends. **(Leonardo, 17 años)**

23. Complete the translation of Leonardo's text

Normalmente, me _____ bastante _____ los sábados. Luego, me _____, me _____ los dientes y _____ el desayuno. Por lo general, no _____ mucho, solamente una tostada. Después del _____, hago mis deberes _____ una hora y luego _____ con mi _____ amigo. Solemos ir al centro comercial cerca de mi _____, o al centro de la ciudad. Vamos a mirar _____ y tomamos un _____ en una cafetería local. Por la _____ voy al _____ o al _____ con mi _____. Por la _____, voy de _____ con mis amigos.

24. Translate into Spanish

a. I get up

b. I wash

c. I have a shower

d. I have two eggs

e. I eat

f. I wash the dishes

g. I go out

h. I go to the library

i. I go clubbing

j. I rest

k. I help my father

l. I go to bed

m. I read a novel

n. I don't do anything

o. Before going to bed

25. Write a paragraph in the FIRST person singular (yo) including the following:

- On Saturdays I sleep till late
- I get up at 11 then I shower
- I have breakfast. I eat eggs and fruit
- Then I call my best friend and we go out
- We usually go to the town centre
- We have lunch in a local restaurant
- In the afternoon I go out with my girlfriend/boyfriend
- We go to the cinema
- I have dinner at home with my parents at around eight
- I go to bed at around ten
- Before going to bed I shower and read a book

Key questions

¿Cómo sueles pasar el fin de semana?	How do you usually spend the weekend?
¿Qué haces el sábado?	What do you (usually) do on Saturday?
¿Qué haces el domingo?	What do you (usually) do on Sunday?
¿Qué haces el fin de semana?	What do you do at the weekend?
¿Qué haces por la mañana?	What do you do in the morning?
¿Qué haces por la tarde?	What do you do in the afternoon/evening?
¿Qué haces por la noche?	What do you do at night?
¿A dónde vas el sábado por la noche?	Where do you go on Saturday evenings?
¿Qué comes?	What do you eat?
¿Pasas tiempo con tu familia?	Do you spend time with your family?
¿Haces deporte? ¿Qué deporte haces?	Do you do any sport? What sport do you do?
¿Adónde vas? ¿Con quién? ¿Para qué?	Where do you go? Who with? To do what?

ANSWERS – Unit 6

1. Match: huevos – eggs **verduras** – vegetables **mermelada** – jam **mantequilla** – butter **miel** – honey **pan** – bread **leche** – milk **zumo** – juice **una manzana** – an apple **una tostada** – a toast **salchichas** – sausages **yogur** - yogurt

2. Fill in the gaps: a) salgo   b) me   c) duermo   d) como   e) leo   f) cepillo   g) voy   h) ayudo   i) escucho   j) veo

3. Gapped translation: a) bed   b) honey   c) church   d) anything   e) jam   f) girlfriend   g) my best friend   h) help

4. Complete the words: a) des**canso**   b) orde**nador**   c) na**da**   d) cep**illo**   e) **s**algo   f) de**s**ayuno   g) nove**la**   h) **bici**

5. Mystery foods and drinks: a) huevos   b) una manzana   c) miel   d) mermelada   e) pan/sal   f) una taza de café   g) una taza de té   h) azúcar   i) leche   j) zumo de naranja   k) verduras   l) pescado

6. Anagrams: a) levanto   b) salgo   c) platos   d) ayudo   e) cine   f) nada   g) miel   h) descanso   i) voy   j) cama

7. Spot and add in the missing word: a) la iglesia   b) no hago   c) una vuelta   d) hasta tarde   e) con mis   f) a la una   g) me cepillo   h) me ducho   i) con mi   j) mis/los deberes

8. Translate: a) in the afternoon/evening   b) I rest   c) I go to the cinema   d) on Saturday(s)   e) I have a lie-in   f) I don't do anything   g) I go to bed   h) I brush my teeth   i) I play on the computer   j) I call a friend   k) I relax   l) I do the washing-up   m) later/after   n) before going to bed

9. Complete: a) **l**evanto   b) **d**ucho/**d**ientes   c) **d**esayuno   d) **c**omo/**h**uevos/**t**ostada/**m**ermelada/**m**antequilla   e) **a**zúcar   f) **d**eberes   g) **s**algo   h) **v**oy/**v**amos

10. Multiple choice quiz: lavo los platos (b)   voy al parque (c)   no hago nada (a)   me levanto (b)   me relajo (b)   descanso (c)   me acuesto (a)   el domingo (a)   antes de acostarme (b)   leo una novela (b)   juego al ajedrez (a)   quedo con mis amigos (b)   voy a la piscina (c)   me ducho (b)

11. Sentence puzzle:
a) los sábados me levanto a las diez
b) luego tomo el desayuno
c) después del desayuno me cepillo los dientes
d) los domingos hago mis deberes
e) el domingo por la mañana voy a la iglesia con mi madre
f) los sábados por la tarde voy de marcha con mis amigos

12. Faulty translation: a) I have eggs   b) in the morning   c) with my father   d) I read a book   e) I rest   f) I relax   g) I do the washing-up/I wash the dishes

13. Slalom translation: 1) antes de acostarme leo una novela   2) normalmente me levanto a eso de las seis y media   3) por la tarde no hago nada, descanso   4) los viernes hago mucho deporte   5) me relajo escuchando música   6) me ducho y luego desayuno cereales   7) los sábados voy de marcha   8) el domingo paso el día entero con mi novia

14. Match: entonces – then **los sábados** – on Saturdays **me levanto** – I get up **tomo** – I have (eat) **descanso** – I rest **me acuesto** – I go to bed **una novela** – a novel **nada** – nothing **por la noche** – at night **voy** – I go **ayudo** – I help **me ducho** – I shower **me relajo** – I relax **la mezquita** – the mosque **la piscina** – the pool **paso** – I spend **a eso de** – around

15. Break the flow:
a) Antes de acostarme leo una novela
b) Los sábados por la tarde salgo con mis amigos
c) Los domingos por la mañana doy una vuelta en bici
d) Los viernes por la tarde hago los deberes
e) Los fines de semana duermo hasta tarde
f) Después de la cena lavo los platos
g) El domingo por la mañana ayudo a mi padre en el jardín

16. Translate: a) I rest   b) I wash myself   c) I take a shower   d) I relax   e) I help my father   f) I go out with my girlfriend   g) I do the washing-up   h) I don't do anything

17. Find the Spanish equivalent: a) os voy a hablar de   b) el sábado por la mañana   c) me gusta tomarme mi tiempo
d) tengo que levantarme muy temprano   e) luego   f) los tres (almorzamos) juntos   g) centro comercial   h) pido
i) el plato del día   j) aderezo   k) suelo visitar   l) me río un montón   m) con mi tío y mi tía   n) siempre pierdo
o) leo una novela   p) normalmente

18. Answer: a) because she gets up early in the week   b) bread, eggs, sausages   c) in the shopping mall
d) Russian salad and orange juice   e) potatoes, vegetables and mayonnaise   f) no, by a Belgian   g) chat, listen to music and
play cards   h) to see her grandparents   i) play cards   j) before dinner   k) because she is very tired

19. Find the Spanish equivalent: a) de lo que suelo hacer   b) me levanto lo suficientemente temprano   c) mientras veo
d) dibujos animados   e) luego   f) nadar   g) comemos algo   h) nuestros vecinos   i) habladores y divertidos
j) (un) buen ambiente   k) estuvieron   l) a eso de medianoche   m) cerca de mi casa   n) mientras comemos
o) antes de acostarme   p) mando unos mensajes a mi novia

20. Answer: a) quite early/early enough to go running   b) cartoons   c) to the swimming pool   d) she doesn't like to swim
e) neighbours and girlfriend   f) the atmosphere is always good   g) his girlfriend   h) to the dojo   i) near his place
j) chats, eats cakes and drinks coffee   k) curious/interesting and intriguing   l) has a shower and messages his girlfriend

21. Split sentences: por la tarde, quedo con mis amigos ; vamos a la discoteca ; duermo hasta tarde ; ayudo a mi padre ;
me ducho ; no hago nada ; me acuesto a eso de medianoche ; voy a la biblioteca

22. Complete: a) por lo **general**   b) me **levanto**   c) tomo el **desayuno**   d) por **la tarde**   e) por **la noche**   f) **voy**

23. Complete: levanto ; tarde ; ducho ; cepillo/lavo ; tomo ; como/tomo ; desayuno; por ; quedo/salgo ; mejor ; casa ;
escaparates ; café/refresco ; tarde ; cine ; parque ; novia/amiga ; noche ; marcha

24. Translate: a) me levanto   b) me lavo   c) me ducho   d) tomo dos huevos   e) como   f) lavo los platos   g) salgo
h) voy a la biblioteca   i) voy de marcha   j) descanso   k) ayudo a mi padre   l) me acuesto   m) leo una novela
n) no hago nada   o) antes de acostarme

25. Write a paragraph in the FIRST person singular (yo):
El sábado duermo hasta tarde. Me levanto a las once y luego me ducho. Para el desayuno tomo huevos y fruta, luego llamo a mi mejor amigo/amiga y salimos. Normalmente vamos al centro y comemos en un restaurante local. Por la tarde salgo con mi novio/novia y vamos al cine. Ceno en casa con mis padres a eso de las ocho. Me acuesto a eso de las diez. Antes de acostarme, me ducho y leo un libro.

Unit 7. Talking about what I did last weekend

El sábado pasado [Last Saturday] El domingo pasado [Last Sunday] El fin de semana pasado [Last weekend]	me levanté [I got up]	a las diez [at ten] a mediodía [at midday] tarde [late]
	dormí hasta tarde [I had a lie-in]	

Luego [Then]	me bañé [I had a bath] me duché [I showered]	me lavé [I washed] tomé el desayuno [I had breakfast]

Para el desayuno, tomé [For breakfast, I had]	café [coffee] cereales [cereals] huevos [eggs] una tostada [toast] pan [bread]	con [with]	azúcar [sugar] leche [milk] mantequilla [butter] mermelada [jam] miel [honey]

Luego [Then]	ayudé a mi padre [I helped my father] fui a la biblioteca [I went to the library] fui a la piscina [I went to the pool] fui al centro [I went to the town centre] fui al centro comercial [I went to the mall]	jugué en el ordenador [I played on the computer] hice mi cama [I made my bed] lavé los platos [I did the washing-up] monté en bici [I rode a bike] quedé con mis amigos/as [I met up with my friends]

Por la tarde [In the afternoon]	descansé [I rested] dormí [I slept] hice deporte [I did some sport] hice mis deberes [I did my homework]	leí una novela [I read a novel] me eché la siesta [I had a siesta] no hice nada [I didn't do anything] vi una serie [I saw a series]

Por la tarde [In the evening]	escuché música [I listened to music] fui a la casa de mi amigo/a [I went to my friend's house] fui a un concierto [I went to a concert] fui a una fiesta [I went to a party]	fui de marcha [I went clubbing] fui de tapas [I went out for tapas] toqué el ukelele [I played the ukulele] salí con mis amigos/as [I went out with friends]

Me acosté a [I went to bed at]	las once [at 11 pm] medianoche [midnight] la una de la madrugada [1 am]	antes de acostarme [before going to bed]	me cepillé los dientes [I brushed my teeth]

THE LANGUAGE GYM

1. Match

Dormí hasta tarde	I went to bed
Me lavé	I didn't do anything
Tomé el desayuno	I read a book
Me acosté	I made my bed
Dormí	I had a lie-in
Leí un libro	I washed
Hice mi cama	I met up with my friend
Me duché	I showered
Quedé con mi amiga	I slept
No hice nada	I had breakfast

2. Complete with the correct word

a. Dormí hasta t _ _ _ _ .
b. Hice mi c _ _ _ .
c. No hice _ _ _ _ .
d. _ _ _ un libro.
e. Me _ _ _ _ . *[I washed]*
f. _ _ _ _ el desayuno.
g. _ _ _ _ pan con tomate.
h. Me a _ _ _ _ _ a medianoche.
i. Q _ _ _ _ con mi amigo.

3. Gapped translation

a. Ayudé a mi padre: I _____ my father.
b. Me duché y salí: I showered and _____ .
c. El domingo pasado dormí hasta tarde: Last _____ I had a lie-in.
d. Antes de acostarme leí un libro: Before _____ I read a book.
e. El sábado pasado fui a una fiesta: Last Saturday, I went to a _____ .
f. Para ayudar a mi madre, lavé los platos: To help my mother, I _____ .
g. El sábado por la noche fui de marcha: Saturday night, I went _____ .
h. El domingo pasado me levanté tarde: Last Sunday, I got up _____ .
i. El sábado por la mañana comí pan con tomate: On Saturday morning, I had _____ with _____ .

4. Multiple choice quiz

	a	b	c
Lavé los platos	I did the washing-up	I did my homework	I did some sport
Tomé unos huevos	I had some cheese	I had some eggs	I had some chicken
Di un paseo	I went biking	I did some reading	I went for a walk
Leí un libro	I read comics	I watched tv	I read a book
No hice nada	I didn't do anything	I saw nothing	I ate nothing
Salí	I stayed in	I went clubbing	I went out
Fui de marcha	I went clubbing	I went sightseeing	I went diving
Fui de tapas	I went to the park	I went out for tapas	I went to the beach
Me bañé	I took a shower	I washed	I had a bath
Comí miel	I ate honey	I ate bread	I ate jam
Tomé un poco de mermelada	I had some chocolate	I had some jam	I had some butter
Dormí hasta tarde	I went for a ride	I had fun	I had a lie-in

THE LANGUAGE GYM

5. Rewrite the words in bold in the correct order

a. Tomé unos **hvoues**

b. Lavé los **ptolas**

c. Comí un poco de **meli**

d. Fui al **rapque**

e. **ordmí** hasta tarde

f. No hice **adan**

g. El domingo **sadopa**

h. Antes de acostarme, me **béañ**

i. Leí una **venola**

6. Complete the words

a. Me du _ _ _   *[I took a shower]*

b. No hi _ _ nada   *[I didn't do anything]*

c. Lavé los p _ _ _ _ _   *[I washed the dishes]*

d. Me ac _ _ _ _   *[I went to bed]*

e. Que _ _ con mis amigos *[I met up with my friends]*

f. Me ba _ _   *[I had a bath]*

g. Dormí hasta t _ _ _ _   *[I had a lie-in]*

h. Comí un poco de m_ _ _ *[I ate some honey]*

7. Complete the sentences below with the words provided in the grid

a. El sábado pasado _____ hasta tarde.

b. El fin de semana pasado leí un _____ .

c. Comí una rebanada *(a slice)* de pan con _____ .

d. Por la tarde vi una _____ en Netflix.

e. Antes de acostarme me di un _____ caliente.

f. El sábado por la noche fui de _____ .

g. El domingo por la mañana fui al _____ .

h. Por la tarde monté en _____ .

bicicleta	serie
baño	parque
dormí	libro
marcha	miel

8. Match

Fui de tapas	I had a lie-in
Lavé los platos	I didn't do anything
Me duché	I took a bath
No hice nada	I went for a bike ride
Dormí hasta tarde	I did the washing-up
Me bañé	I took a shower
Monté en bicicleta	I made my bed
Hice mi cama	I did the house chores
Hice las tareas domésticas	I went out for tapas

9. Split sentences: connect the chunks of language to form logical sentences

Dormí	de pan con miel
Me	nada
Lavé	serie en Netflix
No hice	los platos
Comí una rebanada	un libro
Vi una	con mi hermano
Leí	duché
Jugué	hasta tarde

THE LANGUAGE GYM

10. Slalom translation: translate the following sentences ticking the relevant boxes in the grid below as shown in the example. Proceed from top to bottom

a. Last Saturday, I went clubbing.

b. Before lunch, I played on my computer.

c. In the afternoon, I didn't do anything special.

d. In the morning, I did my homework.

e. Later on, I went out with my friends.

f. Last Sunday, I went to bed early.

El sábado (a)	Antes del	Por	Por la	Más	El domingo
almuerzo	**pasado (a)**	mañana	pasado	la tarde	tarde,
hice	salí	me	no	jugué	**fui (a)**
con	mis	en	**de (a)**	acosté	hice nada
marcha. (a)	mis amigos.	deberes.	mi ordenador.	especial.	temprano.

11. Categories: What do you do in each place?

1. **Dormí**	2. Levanté pesas	3. Me levanté
4. Cené	5. Compré un regalo	6. Hice natación
7. Hice deporte	8. Me acosté	9. Miré escaparates
10. Pedí pan con tomate	11. Fui de compras	12. Comí algo
13. Hice mis deberes	14. Hablé con el camarero	15. Jugué con mi ordenador

En mi habitación	En el centro comercial	En el polideportivo	En el restaurante
1			

12. Complete with the missing verb

a. _____ hasta tarde.

b. _____ los platos.

c. _____ en el ordenador.

d. _____ con mis amigos. *[I met up]*

e. Me_____ . *[I showered]*

f. No _____ nada.

g. _____ de marcha.

h. Me _____ . *[I went to bed]*

i. Me _____ los dientes.

13. Translate into English

a. Antes de acostarme

b. El sábado pasado

c. Vi una película

d. No hice nada

e. Cené en un restaurante

f. Fui al cine

g. Me acosté

h. Quedé con mi mejor amigo

i. Me duché

j. Dormí hasta tarde

k. Fui al centro comercial

l. Miré escaparates

El sábado pasado no hice nada especial. Me levanté a eso de las once. Luego desayuné con mi hermano mayor. Comí huevos, fresas y una rebanada de pan con miel. Bebí un vaso de zumo de manzana. Después llamé a mi novio y charlamos durante media hora.

A mediodía fui al centro comercial para comprar ropa nueva. Compré una camisa negra y unos pantalones grises. A la una, fui de tapas con mi amiga a un restaurante local. Había mucha gente. Después, como hacía buen tiempo, fuimos al parque a dar un paseo. También había mucha gente allí.

Llegué a casa a eso de las cinco. Me duché y después hice mis deberes escuchando música hasta las siete. ¡Fue aburrido! Cené a eso de las ocho y después vi mi serie favorita en la televisión. Me acosté muy tarde, casi a medianoche. Antes de acostarme leí una novela policíaca muy intrigante.

(Caterina, 16 años)

14. Find the Spanish in Caterina's text

a. I didn't do anything special

b. With my older brother

c. A slice of bread with honey

d. I called my boyfriend

e. To buy new clothes

f. I went out for tapas with my friend

g. There were a lot of people

h. To go for a walk

i. I took a shower

j. Until seven o'clock

k. It was boring

l. Before going to bed

15. Answer the questions in English

a. At what time did Caterina get up?

b. Who did she have breakfast with?

c. What did she have for breakfast?

d. Who did she talk with for half an hour?

e. Why did she go to the shopping centre?

f. Where did she eat some tapas for lunch?

g. What did they go to the park for?

h. What did the park have in common with her local restaurant?

i. At what time did she get back home?

j. What did she do before going to bed?

k. At what time did she go to bed?

16. Complete the statements below based on Caterina's text

a. Last _____ I didn't do anything special.

b. I had breakfast with my _____ brother.

c. I had some _____, some strawberries and a slice of bread with _____.

d. I called my boyfriend and we talked for _____.

e. In town I bought a black_____ and grey _____.

f. There were a lot of _____ at my local restaurant.

g. The weather was _____ so we went to the park.

h. At around five I _____.

i. After the shower I _____ while _____ until seven.

17. Translate the following phrases from Caterina's text into English

a. Había mucha gente

b. Como hacía buen tiempo

c. No hice nada especial

d. Antes de acostarme

e. Fuimos al parque a dar un paseo

f. Me acosté muy tarde, casi a medianoche

g. Charlamos durante media hora

h. Hice mis deberes hasta las siete

El domingo pasado no hice nada especial. Dormí hasta tarde. Luego desayuné con mi hermana menor. Comí mucho. Tomé un huevo, cereales, un plátano y una rebanada de pan con mermelada. También bebí un zumo de naranja. Después del desayuno, vi dibujos animados en el salón.

A mediodía fui al polideportivo con mi amigo Julio para hacer natación. Es un polideportivo grande y moderno. Hay una piscina olímpica, un gimnasio enorme y bien equipado y un gran muro de escalada. Nadamos durante una hora. Nos divertimos mucho, pero había demasiada gente. Fue agobiante. Después de entrenar, comimos algo en el bar del polideportivo. Comí un bocadillo de jamón y Julio tomó una ensalada y un batido de proteínas.

Por la tarde, como hacía buen tiempo, fuimos al parque a dar un paseo en bicicleta. También había mucha gente allí. ¡Nos lo pasamos de maravilla!

Llegué a casa a eso de las seis y media. Me duché y después hice mis deberes de ciencias y matemáticas mientras escuchaba música. Hice mi trabajo de la escuela hasta las ocho. ¡Fue aburrido! Cené a eso de las ocho y después vi unos videos de YouTube. Me acosté muy tarde, a eso de la una. Antes de acostarme llamé a mi novia y hablamos un rato. **(Manolo, 15 años)**

---

18. Find the Spanish equivalent for the phrases below in Manolo's text

a. I had a lie-in

b. I had breakfast

c. I ate a lot

d. With jam

e. I also drank

f. After

g. We had fun

h. We ate something

i. Julio had a protein shake

j. Since the weather was nice

k. There were a lot of people

l. We had a blast

m. I had a shower

n. I did my science homework

o. I had dinner

p. Before going to bed

---

19. Complete with the options in the grid

a. El domingo pasado Manolo _____ hasta tarde.

b. Comió _____ y bebió un zumo de _____.

c. Había mucha _____ en la piscina.

d. Manolo y Julio hicieron _____.

e. Después de la piscina, Manolo _____ un bocadillo.

f. Por la tarde, Manolo dio un _____ en bicicleta por el parque.

g. No le _____ hacer sus deberes. Fue _____.

h. Se acostó muy _____.

i. Antes de acostarse, llamó a _____ novia y se _____.

gente	paseo
gustó	naranja
mucho	durmió
su	duchó
tarde	aburrido
natación	tomó

20. Translate into Spanish

a. *Last Sunday I had a lie-in*: E___ d_____ p_____ d_____ h_____ t_____.

b. *The weather was nice*: H_____ b_____ t_____.

c. *I went to the sports centre*: F_____ a__ p_____.

d. *Afterwards, I went to the park*: D_____ f_____ a__ p_____.

e. *I had a good time*: L__ p_____ b_____.

f. *I had dinner at eight*: C_____ a l_____ o_____.

g. *After dinner, I read a novel*: D_____ d__ l__ c_____ l__ u__ n_____.

21. Translate into Spanish

a. I got up at seven

b. I had breakfast

c. I ate a lot

d. I took a shower

e. Afterwards

f. I didn't do anything special

g. I went to the town centre

h. In the morning, I went swimming

i. In the afternoon, I went biking

j. In the evening, I went clubbing

22. Correct the spelling/grammar errors

a. Me duche

b. Lavé las platos

c. Quedé con mia mejor amiga

d. Comi mucho

e. No hicé nada especial

f. Dormí hasta en tarde

g. Desayuné un tostada con miel

h. Tomé el desayuno en la cochina

i. Antes de acostarme leyí una novela

23. Write a paragraph in the FIRST person (yo) for Liliana and Marina and one in the THIRD person (él) for Hugo using the prompts given in the grid

	Morning	**Midday**	**Evening**
Liliana	▪ Got up at 10 ▪ Had breakfast ▪ Went running	▪ Went to park ▪ Played frisbee with her friends ▪ Had fun	▪ Went to shopping mall ▪ Bought some clothes ▪ Went back home ▪ Did her homework
Marina	▪ Got up at 11 ▪ Ate fruit ▪ Did homework	▪ Went to swimming pool ▪ Then went rock climbing ▪ Had a blast	▪ Went to park ▪ Went for a bike ride ▪ Went to cinema ▪ Had dinner at restaurant
Hugo	▪ Had a lie-in ▪ Had two eggs and a toast with honey ▪ Went to the library	▪ Did the washing-up ▪ Did homework ▪ Listened to some music ▪ Watched his favourite series on Netflix	▪ Played on the computer ▪ Played ukulele ▪ Met girlfriend ▪ Had dinner at 7:30

Key questions

¿Cómo pasaste el fin de semana pasado?	*How did you spend last weekend?*
¿Qué hiciste el sábado pasado?	*What did you do last Saturday?*
¿Qué hiciste el domingo pasado?	*What did you do last Sunday?*
¿Qué hiciste el fin de semana pasado?	*What did you do last weekend?*
¿Qué hiciste por la mañana?	*What did you do in the morning?*
¿Qué hiciste por la tarde?	*What did you do in the afternoon/evening?*
¿Qué hiciste por la noche?	*What did you do at night?*
¿Adónde fuiste el sábado por la noche?	*Where did you go on Saturday evening?*
¿Dónde almorzaste?	*Where did you have lunch?*
¿Dónde comiste?	*Where did you eat?*
¿Dónde cenaste?	*Where did you have dinner?*
¿Qué comiste? ¿Te gustó? ¿Por qué?	*What did you eat?* *Did you like it? Why?*
¿Hiciste algún deporte? ¿Qué deporte hiciste?	*Did you do some sport?* *What sport did you do?*
¿Adónde fuiste? ¿Con quién? ¿Para qué?	*Where did you go?* *Who with?* *To do what?*
¿Qué tiempo hizo?	*What was the weather like?*

ANSWERS – Unit 7

1. Match: **dormí hasta tarde** – I had a lie-in   **me lavé** – I washed   **tomé el desayuno** – I had breakfast
me acosté – I went to bed   **dormí** – I slept   **leí un libro** – I read a book   **hice mi cama** – I made my bed
me duché – I showered   **quedé con mi amiga** – I met up with my friend   **no hice nada** – I didn't do anything

2. Complete: a) tarde   b) **cama**   c) **nada**   d) **leí**   e) **lavé**   f) **tomé**   g) **comí**   h) acosté   i) **quedé**

3. Gapped translation: a) helped   b) I went out   c) Sunday   d) going to bed   e) party   f) did the washing-up
g) clubbing   h) late   i) bread/tomato

4. Multiple choice quiz: lavé los platos (a)   tomé unos huevos (b)   di un paseo (c)   leí un libro (c)   no hice nada (a)
salí (c)   fui de marcha (a)   fui de tapas (b)   me bañé (c)   comí miel (a)   tomé un poco de mermelada (b)
dormí hasta tarde (c)

5. Rewrite the words: a) huevos   b) platos   c) miel   d) parque   e) dormí   f) nada   g) pasado   h) bañé   i) novela

6. Complete the words: a) duché   b) hice   c) **platos**   d) acosté   e) quedé   f) bañé   g) **tarde**   h) miel

7. Complete the sentences: a) dormí   b) libro   c) miel   d) serie   e) baño   f) marcha   g) parque   h) bicicleta

8. Match: fui de tapas – I went out for tapas   **lavé los platos** – I did the washing-up   **me duché** – I had a shower
no hice nada – I didn't do anything   **dormí hasta tarde** – I had a lie-in   **me bañé** – I had a bath
monté en bicicleta – I went for a bike ride   **hice mi cama** – I made my bed
hice las tareas domésticas – I did the house chores

9. Split sentences: dormí hasta tarde ; me duché ; lavé los platos ; no hice nada ; comí una rebanada de pan con miel ;
vi una serie en Netflix ; leí un libro ; jugué con mi hermano

10. Slalom translation: a) el sábado pasado fui de marcha   b) antes del almuerzo jugué en mi ordenador
c) por la tarde no hice nada especial   d) por la mañana hice mis deberes   e) más tarde, salí con mis amigos
f) el domingo pasado me acosté temprano

11. Categories: En mi habitación: 1, 3, 8, 13, 15   En el centro comercial: 5, 9, 11   En el polideportivo: 2, 6, 7
En el restaurante: 4, 10, 12, 14

12. Complete: a) dormí   b) lavé   c) jugué   d) quedé   e) duché   f) hice   g) fui   h) acosté   i) cepillé/lavé

13. Translate:
a) before going to bed   b) last Saturday   c) I saw a film   d) I didn't do anything   e) I had dinner in a restaurant
f) I went to the cinema   g) I went to bed   h) I met up with my best friend   i) I had a shower   j) I had a lie-in
k) I went to the shopping mall   l) I went window shopping

14. Find in the text: a) no hice nada especial   b) con mi hermano mayor   c) una rebanada de pan con miel
d) llamé a mi novio   e) para comprar ropa nueva   f) fui de tapas con mi amiga   g) había mucha gente   h) a dar un paseo
i) me duché   j) hasta las siete   k) fue aburrido   l) antes de acostarme

15. Answer: a) at around 11 am   b) her older brother   c) eggs, strawberries, a slice of bread with honey and apple juice
d) her boyfriend   e) to buy new clothes   f) at a local restaurant   g) to go for a walk   h) both were crowded
i) at around 5 pm   j) she read a crime novel   k) almost at midnight

16. Complete: a) Saturday   b) older   c) eggs/honey   d) half an hour   e) shirt/trousers   f) people   g) nice
h) came back home   i) did my homework/listening to music

17. Translate: a) There were a lot of people   b) since the weather was nice   c) I didn't do anything special
d) before going to bed   e) we went to the park to go for a walk   f) I went to bed very late, almost at midnight
g) we talked for half an hour   h) I did my homework until 7

18. Find the Spanish equivalent: a) dormí hasta tarde b) desayuné c) comí mucho d) con mermelada e) también bebí
f) después g) nos divertimos mucho h) comimos algo i) Julio tomó un batido de proteínas j) como hacía buen tiempo
k) había mucha gente l) nos lo pasamos de maravilla m) me duché n) hice mis deberes de ciencias
o) cené p) antes de acostarme

19. Complete: a) durmió b) mucho/naranja c) gente d) natación e) tomó f) paseo g) gustó/aburrido h) tarde
i) su/duchó

20. Translate: a) el domingo pasado dormí hasta tarde b) hacía/hizo buen tiempo c) fui al polideportivo
d) después fui al parque e) lo pasé bien f) cené a las ocho g) después de la cena leí una novela

21. Translate: a) me levanté a las siete b) desayuné c) comí mucho d) me duché e) después
f) no hice nada especial g) fui al centro h) por la mañana nadé/fui a nadar i) por la tarde salí/monté en bicicleta
j) por la tarde fui de fiesta/marcha

22. Correct the spelling/grammar errors: a) me duché b) **los** platos c) **mi** mejor amiga d) comí e) hice
f) **hasta tarde** g) una tostada h) cocina i) **leí**

23. Write a paragraph in the FIRST person (yo) for Liliana and Marina and one in the THIRD person (él) for Hugo using the prompts given in the grid

Liliana: Por la mañana me levanté a las diez, desayuné y salí a correr. Luego, a mediodía, fui al parque y jugué al frisbee con mis amigos. ¡Me divertí mucho!/¡Lo pasé muy bien! Por la tarde fui al centro comercial y compré ropa. Luego volví a casa e hice mis deberes.

Marina: Por la mañana me levanté a las once, comí fruta e hice mis deberes. Luego, a mediodía, fui a la piscina, y después hice escalada. ¡Me lo pasé de maravilla! Por la tarde fui al parque, di un paseo/monté en bicicleta, fui al cine y cené en un restaurante.

Hugo: Por la mañana, Hugo durmió hasta tarde. Tomó dos huevos y una tostada con miel y después fue a la biblioteca. Luego, a mediodía, lavó los platos, hizo los deberes, escuchó música y vio su serie favorita en Netflix. Por la tarde jugó en el ordenador, tocó el ukelele y quedó con su novia. Cenó a las siete y media.

Unit 8. Talking about when I was younger

Hace diez años *[Ten years ago]* Cuando era más joven *[When I was younger]* Cuando era pequeño/a *[When I was small]* Cuando tenía ocho años *[When I was eight]*	era *[I was]*	bajo/a *[short]* deportista *[sporty]* gracioso/a *[funny]* molesto/a *[annoying]*	mono/a *[cute]* regordete/a *[chubby]* torpe *[clumsy]*

(Yo) Era *[I was]*	menos *[less]* más *[more]*	hablador/habladora *[talkative]* perezoso/perezosa *[lazy]* tímido/tímida *[shy]* trabajador/trabajadora *[hard-working]* travieso/traviesa *[naughty]*	que *[than]*	ahora *[now]*

Llevaba *[I used to wear]*	un mono *[dungarees]* una gorra *[a cap]*	gafas *[glasses]* vestidos bonitos de color rosa *[pretty pink dresses]*

En mi tiempo libre *[During my free time]*	iba *[I used to go]*	a la iglesia *[to church]* a la piscina *[to the pool]*	al parque *[to the park]*
	hacía *[I used to do]*	gimnasia *[gymnastics]* kárate *[karate]*	boxeo *[boxing]* ciclismo *[cycling]*
	jugaba *[I used to play]*	a las canicas *[marbles]*	al fútbol *[football]* al tenis *[tennis]*

Mi deporte favorito *[My favourite sport]*	era *[was]*	el ciclismo *[cycling]* el fútbol *[football]*	la equitación *[horse-riding]* la natación *[swimming]*

Me llevaba bien con *[I used to get along with]*	mi hermano *[my brother]* mi hermana *[my sister]* mi madre *[my mother]* mi padre *[my father]*	pero discutía con *[but I used to argue with]*	mi prima *[my cousin]* mi primo *[my cousin]* mi tío *[my uncle]* mi tía *[my aunt]*

En cuanto a mis estudios, *[With regard to my studies]*	era *[I was]*	bastante *[quite]* muy *[very]*	vago/vaga *[lazy]* trabajador/ trabajadora *[hard-working]*	y siempre *[and always]* y nunca *[and never]*	hacía mis deberes *[I used to do my homework]* me gustaba<u>n</u> los idiomas *[I used to like languages]* me encantaba el español *[I used to love Spanish]* me portaba bien/mal *[I used to behave well/badly]* sacaba buenas notas *[I used to get good grades]* sacaba malas notas *[I used to get bad grades]* se me daba bien/mal el inglés *[I was good/bad at English]* se me daba<u>n</u> bien/mal las matemáticas *[I was good/bad at maths]*

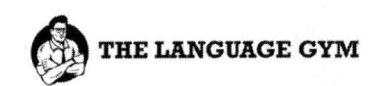

THE LANGUAGE GYM

1. Complete

a. Cuando era más _____ : *When I was younger*

b. Era _____ hablador que ahora: *I was more talkative than now*

c. _____ gafas: *I used to wear glasses*

d. _____ surf en la playa: *I used to do surfing at the beach*

e. Iba a la _____ de mis abuelos cada domingo: *I used to go to my grandparents' house every Sunday*

f. _____ bastante trabajadora: *I was quite hard-working*

g. Llevaba _____ bonitos de color rosa: *I used to wear pretty pink dresses*

h. Era más mona que _____ : *I was cuter than now*

i. Me _____ bien con mis padres: *I used to get along well with my parents*

j. Mi _____ favorito era el kárate: *My favourite sport was karate*

2. Match

mono	chubby
trabajador	annoying
torpe	naughty
vago	funny
gracioso	clumsy
pesado	hard-working
regordete	ugly
deportista	lazy
guapo	sporty
travieso	cute
feo	selfish
egoísta	good-looking

3. Complete the words

a. h _ _ _ _ _ _ r: *talkative*

b. t _ _ _ _ _ _ o: *naughty*

c. t _ _ _ _ _ _ _ r: *hard-working*

d. f _ _ : *ugly*

e. t _ _ _ _ : *clumsy*

f. p _ _ _ _ o: *annoying*

g. m _ _ o: *cute*

h. p _ _ _ _ _ o: *small*

4. Translate into English

a. joven

b. habladora

c. traviesa

d. mona

e. graciosa

f. regordeta

g. deportista

h. pesada

i. torpe

5. Complete the table

Masculine	Feminine
	deportista
	vaga
mono	
	graciosa
torpe	
regordete	
	trabajadora

6. Multiple choice quiz

	a	b	c
Tiempo libre	reading time	homework	free time
Más vago	more talkative	lazier	chubbier
Tenía	I used to be	I used to eat	I used to have
Iba	I used to go	I used to do	I used to be
Me llevaba bien con	I used to get along with	I used to argue with	I used to behave well
Yo era	there was	I went	I was
Discutía con	I used to argue with	I used to hang out with	I used to disco with
Regordete	clumsy	chubby	lazy
Las canicas	marbles	canines	reading
Me portaba	I used to behave	I used to argue	I used to work hard
En cuanto a	in addition to	with regard to	to make things worse
Llevaba	I used to have	I used to behave	I used to wear

7. Complete with the missing verbs

a. Cuando _____ más joven.

b. Cuando _____ diez años.

c. Yo _____ más mona que ahora.

d. _____ el pelo rubio.

e. _____ gafas.

f. _____ a las canicas.

g. _____ mucho tiempo con mis padres.

h. _____ un periquito verde y amarillo.

8. Split sentences

Iba	mis deberes
Yo era más	periquito verde
Me gustaba jugar	a la playa
Sacaba buenas	mejor amiga
Hacía	vaga
Tenía un	con mi padre
Salía con mi	con Lego
Discutía a menudo	mis padres
Me llevaba bien con	gafas
Se me daba bien el	notas
Llevaba	inglés

9. Find and write in

a. A game starting with 'c': _____

b. A kind of clothing starting with 'm': _____

c. An adjective starting with 't': _____

d. A verb starting with 't': _____

e. The opposite of 'menos': _____

f. A kind of clothing starting with 'v': _____

g. An adjective starting with 'm': _____

10. Sort the items into the categories below (HINT: one word belongs in two)

1. iba	2. travieso	3. guapa
4. canicas	5. era	6. bicicleta
7. regordete	8. padre	9. hacía
10. rubio	11. juguetes	12. mono

Verbs	Adjectives	Nouns
1.		

11. Faulty translation: spot the errors in the translations below and correct them

a. Cuando era más joven, era torpe: *When I was younger, I was annoying*

b. Cuanto tenía nueve años era más mona: *When I was ten years old, I was cuter*

c. Mi deporte favorito era el patinaje: *My favourite sport was running*

d. Hace diez años yo era más regordete: *Ten years ago, I used to be thinner*

e. Yo era menos trabajadora: *I used to be more hard-working*

f. Me llevaba bien con mis padres: *I used to argue with my parents*

g. Me portaba mal en el colegio: *I used to behave well at school*

h. Sacaba malas notas en matemáticas: *I used to get good grades in maths*

---

12. Translate into English

a. En mi tiempo libre

b. Cuando era pequeño

c. Hace diez años

d. En cuanto a mis estudios

e. Discutía con…

f. Iba al cine

g. Tenía un pingüino

h. Me gustaban las canicas

i. Hacía equitación

---

13. Complete the paragraph with the missing words

Cuando _____ joven, yo era rubia. También era más mona que _____. _____ gafas y _____ bonitos de color rosa. En mi _____ libre tocaba ____ piano y _____ gimnasia. Todos los domingos _____ a casa de mis abuelos. Mi deporte _____ era el patinaje. Me _____ bien con mis padres, pero discutía a _____ con mi hermano.

---

14. Slalom translation: translate the following sentences ticking the relevant boxes in the grid below as shown in the example. Proceed from top to bottom

a. When I was younger, I was cuter than now.

b. Ten years ago, I was much chubbier.

c. When I was little, I was much more annoying.

d. I always got good grades at school.

e. I used to argue with my parents all the time.

f. In my free time, I used to do a lot of sport.

Cuando (a)	Hace	Cuando	Siempre	Discutía	En mi
tiempo	sacaba	diez años	con mis	era	**yo era más (a)**
joven, era (a)	padres	pequeño, era	yo era	buenas notas	libre
todo	**más mona (a)**	mucho	en el	mucho más	hacía
que ahora (a)	mucho deporte	regordete	más pesado	el tiempo	colegio

Cuando tenía ocho años, era muy diferente a como soy ahora. En primer lugar, era mucho más regordete y llevaba gafas. Tenía el pelo muy rubio y rizado. ¡Yo era mucho más mono! Siempre llevaba un mono y zapatillas. Me encantaba ir a la escuela porque tenía muchos amigos en mi clase y jugábamos todo el tiempo. Me encantaban mis profesores y ellos también me apreciaban mucho porque siempre me portaba bien. Siempre hacía mis deberes y siempre los escuchaba con mucha atención. Mi asignatura favorita era el dibujo. Me encantaba dibujar animales y flores. En mi tiempo libre hacía muchos deportes diferentes. Jugaba al fútbol, al tenis y también al baloncesto. Además, iba en bicicleta por el campo con mi padre todos los domingos. Me encantaba pasear a mi perro por el parque. Corríamos juntos. ¡Era divertido!
(Jaime, 16 años)

16. Complete

a. When he was eight, Jaime was much _____ and used to wear _____.

b. His hair was blond and _____.

c. He always wore _____ and trainers.

d. He used to love going to school because he had many _____ in his class.

e. He used to _____ his teachers.

f. They appreciated him because he was well-behaved, he always _____ and always listened to them very _____.

g. His favourite subject was _____.

h. He used to love _____ animals and flowers.

i. In his free time, he used to do a lot of sport such as football, tennis and _____.

j. Every Sunday, he used to _____ _____ with his father.

15. Find in Jaime's text the English for

a. When I was eight:

b. Now:

c. Chubbier:

d. I used to wear glasses:

e. I had very blond hair:

f. I always used to wear:

g. I used to have a lot of friends:

h. They appreciated me:

i. I used to be well-behaved:

j. I used to love drawing:

k. I used to do a lot of different sports:

l. I used to play football:

m. I used to go cycling in the countryside:

17. Translate into English

a. Era muy diferente…

b. …a como soy ahora

c. Mis profesores

d. Muchos amigos

e. Llevaba gafas

f. Hacía

g. Tengo dibujo

h. En mi tiempo libre

i. Iba en bicicleta

j. Por el campo

k. Corríamos juntos

Cuando tenía ocho años, era muy diferente a como soy ahora. En primer lugar, era mucho más delgada y tenía el pelo rubio y largo. Creo que era un poco más guapa, pero mis amigas dicen que no es verdad. Siempre llevaba vestidos bonitos de color rosa. No me gustaba mucho ir a la escuela, porque no tenía muchos amigos en mi clase y mis profesores eran muy estrictos. Solo me gustaba una profesora, la señorita Carlota, porque era divertida, amable y muy cariñosa. Siempre me portaba bien, siempre hacía los deberes y era muy atenta en clase. Mi asignatura favorita era el francés. Me encantaba aprender música y lenguas extranjeras. En mi tiempo libre jugaba con mis amigas en el jardín de mi bloque de pisos. Montábamos en bicicleta, corríamos, jugábamos al escondite o a las canicas. Jugaba con mis muñecas o con Lego con mi mejor amiga, Verónica. ¡Era genial! Nos divertíamos mucho juntas. **(Julia, 15 años)**

19. True, False or Not mentioned? Correct any wrong statements you identify

a. Julia hasn't changed much compared to when she was 8

b. Her hair was straighter

c. She was uglier

d. She loved school

e. Her teachers were very strict

f. She only liked Miss Carlota

g. In her free time she used to play with her friends in the park

h. She used to play hide-and-seek

i. She often played cards with her best friend

21. Find in the text

a. An adjective starting with 'r': _____

b. A noun starting with 'v': _____

c. A verb starting with 'd': _____

d. An adjective starting with 'c': _____

e. A conjunction starting with 'p': _____

f. A preposition starting with 'c': _____

18. Find the Spanish equivalent for the following words/phrases

a. I was very different

b. First of all

c. Much thinner

d. I used to have

e. Prettier

f. I always used to wear

g. I didn't have many friends

h. My teachers

i. I only liked

j. She was fun

k. Affectionate

l. I always used to behave well

m. I was very attentive

n. I used to love learning

o. My apartment building

p. We used to play hide and seek

q. We used to have fun

r. Together (f)

20. Translate into English

a. Yo era muy diferente a como soy ahora

b. Más delgada

c. Ella era divertida

d. En mi tiempo libre

e. Mi bloque de pisos

f. Corríamos

g. Montábamos en bicicleta

h. Juntas

i. Lenguas extranjeras

j. Solo me gustaba una profesora

k. No tenía muchos amigos

l. Nos divertíamos mucho

m. Siempre me portaba bien

22. Complete with the missing word

a. En mi _____ libre [In my free time]
b. Cuando _____ ocho años [When I was eight]
c. Era _____ mona [I was cuter]
d. _____ gafas [I used to wear glasses]
e. Iba _____ parque [I used to go to the park]
f. En _____ a mis estudios [With regard to my studies]
g. Me _____ bien con [I used to get along with]
h. Era mucho más _____ [I was much prettier -f-]
i. Era _____ [I was clumsy]
j. _____ [I used to play]
k. Más _____ [Thinner -m-]
l. Era _____ [I was annoying -m-]
m. _____ [I used to wear]
n. _____ con [I used to argue with]
o. Menos _____ [less ugly -f-]
p. Más _____ [Funnier -f-]

23. Translate into Spanish

a. more
b. less
c. clumsy
d. studies
e. funny (f)
f. my
g. when
h. hard-working (f)
i. often
j. grades
k. strong
l. languages
m. glasses
n. dungarees
o. annoying
p. chubby (f)
q. quite
r. cute (m)

24. Translate into Spanish

a. Ten years ago, I was much cuter.
b. When I was eight, I was less chubby.
c. As for my studies, I used to get good grades.
d. I used to argue with my parents a lot.
e. In my free time, I used to play marbles.
f. I used to wear dungarees and trainers.
g. Often I went to the park with my dad.
h. I used to be more hard-working.
i. When I was small, I was very funny.

25. Write a short paragraph about each of the young people below in the FIRST person singular (yo) of the verbs provided. Feel free to add in any connective words or phrases you feel fit

	When	What I looked like and wore	My character	How I related to my family	What I was like in school
Diego	10 years ago	I was very chubby and cute and used to wear dungarees and trainers	I was funny and a bit clumsy	I got along with my parents but I fought with my brother all the time	I was hard-working and I got good grades
Alicia	When I was younger	I was much blonder and prettier. I used to wear hats and pretty pink dresses	I was very annoying and noisy	I got along with my father but I used to argue with my mother because she was too strict	I was very lazy and always got bad grades, especially in maths
Patricia	When I was 13	I was much thinner, I had long hair and used to wear glasses	I used to be very mean and stubborn	I got along with my mother but I argued with my father a lot because he was too strict	I got along with my French teacher but I used to hate all the other teachers

USEFUL VOCABULARY

Here you will find vocabulary that you can use to talk about how you were as a young person.

Physical description	Character description
Yo era… *[I was]* …**alto/a para mi edad** *[tall for my age]* …**bajo/a para mi edad** *[small for my age]* …**débil** *[weak]* …**fuerte** *[strong]* …**delgado/a** *[skinny]* …**deportista** *[sporty]* …**enfermizo/a** *[always sick]* …**feo/a** *[ugly]* …**guapo/a** *[good-looking]* …**mono/a** *[cute]*	**Yo era…** *[I was]* …**aburrido/a** *[boring]* …**amable** *[kind]* …**despistado/a** *[absent-minded]* …**gracioso/a** *[funny]* …**hablador/a** *[talkative]* …**pesado/a** *[annoying]* …**sensato/a** *[sensible]* …**serio/a** *[serious]* …**terco/a** *[stubborn]* …**travieso/a** *[naughty]*

Other hobbies	
Iba *[I used to go]*	**a menudo al parque** *[often to the park]* **a casa de mi colega Pedro** *[to the house of my buddy Pedro]* **a casa de mi novia Julia** *[to the house of my girlfriend Julia]*
Hacía *[I used to do]*	**mucha natación** *[a lot of swimming]* **mucho deporte** *[a lot of sport]*
Jugaba *[I used to play]*	**con Lego** *[with Lego]* **con mi perro en el jardín** *[with my dog in the garden]* **con mis juguetes** *[with my toys]* **con mis muñecas** *[with my dolls]* **con mis soldaditos** *[with my toy soldiers]* **con un pequeño tren de madera** *[with a small wooden train]*
Pasaba *[I used to spend]*	**el tiempo jugando con mi perro** *[my time playing with my dog]* **mucho tiempo con mis padres** *[a lot of time with my parents]*

Pets I used to have			
Tenía *[I used to have]*	**un gato** *[a cat]* **un hámster** **un loro** *[a parrot]* **un periquito** *[a budgie]* **un perro** *[a dog]* **un pez dorado** *[a goldfish]* **un pingüino** *[a penguin]* **una cobaya** *[a guinea pig]* **una tortuga** *[a turtle]*	**que se llamaba** *[which was called]*	**Bruno** **Chocolate** **Coco** **Dingo** **Idefix** **Figo** **Lola** **Niebla** **Rex** **Trigo**

Key questions

¿Cómo eras cuando tenías diez años?	What were you like when you were ten?
¿Cómo eras cuando eras pequeño/a?	What were you like when you were small?
¿Cómo eras cuando eras más joven?	What were you like when you were younger?
¿Cómo eras comparado con ahora?	How were you compared to now?
¿Dónde vivías?	Where did you use to live?
¿Qué ropa llevabas?	What clothes did you use to wear?
¿Qué hacías en tu tiempo libre?	What did you use to do in your free time?
¿Cuál era tu deporte favorito?	What was your favourite sport?
¿Qué hacías el fin de semana?	What did you do at the weekend back then?
¿Quién era tu mejor amigo/amiga?	Who was your best friend?
¿Cómo te llevabas con tus padres?	How did you get along with your parents?
¿Cómo te llevabas con tu hermano/hermana?	How did you get along with your brother/sister?
¿Por qué discutías con tus padres?	Why did you argue with your parents?
¿Eras un buen estudiante? ¿Eras una buena estudiante?	Were you a good student? (masc) Were you a good student? (fem)
¿Cómo te portabas en el colegio?	How did you behave at school?
¿Cuál era tu asignatura favorita?	Which was your favourite subject?

THE LANGUAGE GYM

ANSWERS – Unit 8

1. Complete: a) joven   b) más   c) llevaba   d) hacía   e) casa   f) era   g) vestidos   h) ahora   i) llevaba   j) deporte

2. Match: mono – cute   **trabajador** – hard-working   **torpe** – clumsy   **vago** – lazy   **gracioso** – funny   **pesado** – annoying   **regordete** – chubby   **deportista** – sporty   **guapo** – good-looking   **travieso** – naughty   **egoísta** – selfish

3. Complete the words: a) h**a**blador   b) t**r**avieso   c) t**r**abajador   d) f**e**o   e) t**o**rpe   f) p**e**sado   g) m**o**no   h) p**e**queño

4. Translate: a) young   b) talkative   c) naughty   d) cute   e) funny   f) chubby   g) sporty   h) annoying   i) clumsy

5. Complete the table: Masculine: deportista, vago, gracioso, trabajador ; **Feminine**: mona, torpe, regordeta

6. Multiple choice quiz: tiempo libre (c)   más vago (b)   tenía (c)   iba (a)   me llevaba bien (a)   yo era (c)   discutía con (a)   regordete (b)   las canicas (a)   me portaba (a)   en cuanto a (b)   llevaba (c)

7. Complete with the missing verbs: a) era   b) tenía   c) era   d) tenía   e) llevaba   f) jugaba   g) pasaba   h) tenía

8. Split sentences: iba a la playa ; yo era más vaga ; me gustaba jugar con Lego ; sacaba buenas notas ; hacía mis deberes ; tenía un periquito verde ; salía con mi mejor amiga ; discutía a menudo con mi padre ; me llevaba bien con mis padres ; se me daba bien el inglés ; llevaba gafas

9. Find and write in: a) (las) canicas   b) mono   c) trabajador/a or terco/a   d) tenía   e) más   f) vestido   g) mono/a

10. Sort the items below in the categories: Verbs: 1, 5, 9   Adjectives: 2, 3, 7, 10, 12   Nouns: 4, 6, 8, 11, 12
Please note: "mono" is an adjective and a homonymous noun meaning both 'monkey' & 'dungarees'. Fun fact : "Un mono bebé mono que lleva mono" is a cute baby monkey wearing dungarees.

11. Faulty translation: a) clumsy   b) nine years old   c) skating   d) chubbier   e) less hard-working   f) get along well   g) behave badly   h) bad grades

12. Translate: a) in my free time   b) when I was little   c) 10 years ago   d) with regard to my studies   e) I used to argue with...   f) I used to go to the cinema   g) I used to have a penguin   h) I used to like marbles   i) I used to do horse riding

13. Complete the paragraph: era ; ahora ; llevaba ; vestidos ; tiempo ; el ; hacía ; iba ; favorito ; llevaba ; menudo

14. Slalom translation: a) cuando yo era más joven, era más mona que ahora
b) hace diez años yo era mucho más regordete   c) cuando era pequeño, era mucho más pesado
d) siempre sacaba buenas notas en el colegio   e) discutía con mis padres todo el tiempo
f) en mi tiempo libre hacía mucho deporte

15. Find in Jaime's text: a) cuando tenía ocho años   b) ahora   c) más regordete   d) llevaba gafas
e) tenía el pelo muy rubio   f) siempre llevaba   g) tenía muchos amigos   h) me apreciaban   i) me portaba bien
j) me encantaba dibujar   k) hacía muchos deportes diferentes   l) jugaba al fútbol   m) iba en bicicleta por el campo

16. Complete: a) chubbier/glasses   b) curly   c) dungarees   d) friends   e) love   f) did his homework/carefully   g) art   h) drawing   i) basketball   j) go cycling in the countryside

17. Translate: a) I was very different   b) compared to (what I am like) now   c) my teachers   d) a lot of friends
e) I used to wear glasses   f) I used to do   g) I have art   h) in my free time   i) I used to go cycling   j) in the countryside
k) we used to run together

18. Find the Spanish: a) era muy diferente   b) en primer lugar   c) mucho más delgada   d) tenía   e) más guapa
f) siempre llevaba   g) no tenía muchos amigos   h) mis profesores   i) solo me gustaba   j) era divertida   k) cariñosa
l) siempre me portaba bien   m) era muy atenta   n) me encantaba aprender   o) mi bloque de pisos   p) jugábamos al escondite
p) nos divertíamos   r) juntas

19. True, False or Not mentioned? a) false, she used to be very different   b) not mentioned   c) false, she used to be much prettier   d) false, she hated school   e) true   f) true   g) false, she used to play in her garden   h) true   i) not mentioned

20. Translate: a) I was very different compared to now   b) thinner   c) she was fun   d) in my free time   e) my apartment building   f) we used to run   g) we used to go cycling   h) together   i) foreign languages   j) I only liked one teacher   k) I didn't have many friends   l) we used to have a lot of fun   m) I always used to behave well

21. Find in the text: a) rubia   b) vestidos   c) divertíamos   d) cariñosa   e) pero   f) con   (accept other correct alternatives)

22. Complete: a) tiempo   b) tenía   c) más   d) llevaba   e) al   f) cuanto   g) llevaba   h) guapa   i) torpe   j) jugaba   k) delgado   l) molesto/pesado   m) llevaba   n) discutía   o) fea   p) graciosa

23. Translate: a) más   b) menos   c) torpe   d) estudios   e) graciosa   f) mi   g) cuando   h) trabajadora   i) a menudo   j) notas   k) fuerte   l) lenguas   m) gafas   n) mono   o) molesto/pesado   p) regordeta   q) bastante   r) mono

24. Translate: a) hace diez años era más mono/a   b) cuando tenía ocho años era menos regordete/a   c) en cuanto a mis estudios, sacaba buenas notas   d) discutía mucho con mis padres (allow "a menudo")   e) en mi tiempo libre jugaba a las canicas   f) llevaba un mono y zapatillas   g) a menudo iba al parque con mi padre   h) (yo) era más trabajador/a   i) cuando era pequeño/a, era muy gracioso/a

25. Write a short paragraph about each of the young people below in the FIRST person singular (yo) of the verbs provided. Feel free to add in any connective words or phrases you feel fit

Diego: Hace diez años yo era muy regordete y mono. Llevaba un mono y zapatillas. En cuanto a mi personalidad, era gracioso y un poco torpe. Me llevaba bien con mis padres pero discutía con mi hermano todo el tiempo. En la escuela era muy trabajador y sacaba buenas notas.

Alicia: Cuando era más joven era más rubia y más guapa. Llevaba sombreros y vestidos bonitos de color rosa. Era muy pesada y ruidosa. Me llevaba bien con mi padre pero discutía con mi madre porque era demasiado estricta. En cuanto a mis estudios, era muy vaga y siempre sacaba malas notas, especialmente en matemáticas.

Patricia: Cuando tenía trece años era mucho más delgada, tenía el pelo largo y llevaba gafas. En cuanto a mi personalidad, era muy mala/antipática y terca. Me llevaba bien con mi madre pero discutía mucho con mi padre, porque era demasiado estricto. Me llevaba bien con mi profesor/a de francés pero odiaba a todos los otros profesores.

Unit 9. Discussing the qualities of a good friend

En mi opinión [In my opinion]	un buen amigo [a good -masc- friend] / una buena amiga [a good -fem- friend]	es [is] / tiene que ser [has to be]	atento/a [caring] cariñoso/a [affectionate] de fiar [is trustworthy] de mente abierta [open-minded] leal [loyal] generoso/a [generous] gracioso/a [funny] honesto/a [honest] humilde [humble] positivo/a [positive]

La mejor cualidad [The best quality]	de un amigo [of a male friend] / de una amiga [of a female friend]	es [is]	el sentido del humor [sense of humour] la disponibilidad [availability] la generosidad [generosity] la honestidad [honesty] la humildad [humility] la lealtad [loyalty] la positividad [positivity]

Un amigo de verdad [A real friend -m-] Una amiga de verdad [A real friend -f-]	confía en ti [trusts you] está ahí cuando tienes un problema [is there for you when you have a problem] está dispuesto/a a ayudarte [is ready to help you] intenta hacerte feliz [tries to please you] intenta comprender tu punto de vista [tries to understand your point of view] no te juzga [doesn't judge you] respeta tus decisiones y opiniones [respects your choices and opinions] piensa en ti [thinks about you] se alegra por ti cuando tienes éxito [is happy for you when you succeed] se alegra por ti cuando eres feliz [is happy for you when you are happy] se preocupa por ti [cares about you – literally: worries about you] te ayuda en tus momentos más difíciles [helps you in your worst moments] te anima cuando estás deprimido [encourages you when you are sad]

Tengo [I have] No tengo [I don't have]	muchos amigos [many friends]

Mi mejor amigo [My best friend -m-] Mi mejor amiga [My best friend -f-]	se llama [is called]	Antonio Elena Marco Susana Beatriz Gabriela María Teresa César Luna Pedro Vincente

(Él) Es [He is]	amable [kind] gracioso [funny]	hablador [talkative] inteligente	paciente simpático [nice]	solidario [supportive] trabajador [hard-working]

(Ella) Es [She is]	amable [kind] graciosa [funny]	habladora [talkative] inteligente	paciente simpática [nice]	solidaria [supportive] trabajadora [hard-working]

THE LANGUAGE GYM

1. Match

En mi opinión	Fun
Una buena amiga	In my opinion
Alguien	Affectionate
Un buen amigo	Someone
Cariñoso	Trustworthy
Generoso	A good friend (masc)
De fiar	Generous
Leal	Loyal
Positivo	Caring
De mente abierta	Positive
Gracioso	A good friend (fem)
Atento	Kind
Amable	Open-minded
Divertido	Funny

2. Complete with the missing letters

a. Am _ _ _ _ [kind]

b. De f _ _ _ [trustworthy]

c. De m _ _ _ _ _ a _ _ _ _ _ _ [open-minded]

d. Una a _ _ _ _ de verdad [a real friend -f-]

e. En mi op _ _ _ _ _ _ [in my opinion]

f. Pac _ _ _ _ _ _ [patient]

g. Alg _ _ _ _ [someone]

h. At _ _ _ _ _ [caring -m-]

i. L _ _ _ [loyal]

3. Complete

a. Un amigo de verdad tiene que ser _____ . [A true friend has to be caring]

b. Una amiga de _____ tiene que ser humilde. [A true friend has to be humble]

c. Un buen _____ tiene que ser generoso. [A good friend has to be generous]

d. Una buena amiga _____ que ser leal. [A good friend has to be loyal]

e. ____ buen amigo _____ en ti. [A good friend trusts you]

f. Un amigo de verdad tiene que ser _____ . [A true friend has to be kind]

g. Un _____ de verdad tiene que ser positivo. [A true friend has to be positive]

h. Una buena _____ tiene que ser _____ . [A good friend has to be patient]

4. Spot the 5 wrong translations and correct them

a. humilde: *available*

b. gracioso: *funny*

c. amable: *talkative*

d. de mente abierta: *friendly*

e. generoso: *generous*

f. cariñoso: *affectionate*

g. leal: *helpful*

h. atento: *caring*

i. positivo: *positive*

j. de fiar: *warm*

5. Match the opposites

Humilde	Poco cuidadoso
Honesto	Arrogante
Leal	Negativo
Generoso	Mentiroso
Atento	Antipático
Amable	Traicionero
De mente abierta	Pesimista
Positivo	Egoísta
Optimista	De mente cerrada
Paciente	Vago
Trabajador	Impaciente

6. Positive or negative?

cariñoso	humilde	egoísta	atento	honesto	frío
generoso	antipático	paciente	malhumorado	simpático	amable
pesimista	leal	optimista	negativo	mentiroso	tranquilo

Positivo	Negativo
cariñoso,	

7. Anagrams: rewrite the words correctly and translate them into English

a. htoones: honesto

b) gciraoso

c) mpátsiico

d) ditiverdo

e) gerenoso

f) toaten

g) hilumde

8. Translate into English

a. egoísta

b. generoso

c. honesto

d. de mente abierta

e. amable

f. simpático

g. antipático

h. impaciente

i. divertido

j. cariñoso

9. Spot the missing letter and correct

a. en mi opinón: en mi opinión

b. una buna amiga:

c. tien que ser:

d. tenta:

e. honeta:

f. cariosa:

g. geneosa:

h. de mente aierta:

i. lal:

j. gaciosa:

k. de far:

l. trabaadora:

10. For each noun write the corresponding adjective (see example)

Adjetivo	Sustantivo (noun)
atento	atención
	lealtad
	generosidad
	honestidad
	positividad
	paciencia
	cariño
	gracia
	humildad

90

11. Match

La disponibilidad	Positivity
La lealtad	Generosity
La elegancia	Sense of humour
La honestidad	Tolerance
La paciencia	Elegance
La tolerancia	Loyalty
La generosidad	Kindness
La humildad	Availability
La positividad	Patience
El sentido del humor	Honesty
La amabilidad	Humility

12. Guess the word

a) la am _ _ _ _ _ dad
b) la to _ _ _ _ _ _ ia
c) la ge _ _ _ _ _ _ dad
d) la p _ _ _ _ _ _ ia
e) la l _ _ _ _ _ d
f) la hu _ _ _ _ ad
g) la dis _ _ _ _ _ _ lidad
h) la po _ _ _ _ _ _ dad
i) el s _ _ _ _ do del h _ _ _ r
j) la ho _ _ _ _ _ _ ad

13. Complete

a. Mi mejor cualidad es mi _ _ _ _ _ _ _ _ _ _ _ _ _ _ _ _. *[My best quality is my sense of humour]*
b. Mi mejor amiga es muy _ _ _ _ _ _ _. *[My best friend is very kind]*
c. Soy de _ _ _ _ _ _ _ _ _ _ _ _ _. *[I am open-minded]*
d. La mejor cualidad de mi amigo catalán, Jaume, es su _ _ _ _ _ _ _ _ _ _ _.
[The best quality of my Catalan friend, Jaume, is his generosity]
e. La _ _ _ _ _ _ _ _ _ es una cualidad bastante buena. *[Elegance is quite a good quality]*
f. La _ _ _ _ _ cualidad de mi novio es su positividad.
[The best quality of my boyfriend is his positivity]
g. La mejor cualidad de mi mejor amigo es su _ _ _ _ _ _ _ _. *[My best friend's best quality is his loyalty]*
h. Lo que me gusta de mi mejor amiga es su _ _ _ _ _ _ _ _ _ _.
[What I like about my best friend is her honesty]

14. Sentence puzzle: rewrite the sentences in the correct order

a) mi es la mejor cualidad lealtad *[My best quality is loyalty]*

b) verdad un confía amigo de en ti *[A real friend trusts you]*

c) en mi y positividad opinión, cualidades de un amigo las mejores son su paciencia

[In my opinion the best qualities of a friend are their patience and positivity]

d) de mi la mejor cualidad es su mente amiga Silvia abierta

[The best quality of my friend Silvia is her open mind]

e) opinión, una en mi buena amiga ser atenta tiene que *[In my opinion a good friend -f- has to be caring]*

f) lo sentido que más me gusta es su lealtad y su de mis amigos del humor

[What I like the most about my friends, is their loyalty and sense of humour]

15. Complete

a. Un amigo de verdad _ _ _ _ _ _ _ hacerte feliz. *[A real friend tries to make you happy]*

b. ...siempre está _ _ _ cuando tienes un problema. *[...is always there for you when you have a problem]*

c. ...siempre está _ _ _ _ _ _ _ _ _ a ayudarte. *[is always willing/ready to help you]*

d. Un amigo de verdad no te _ _ _ _ _ . *[A real friend doesn't judge you]*

e. Un buen amigo te ayuda en tus _ _ _ _ _ _ momentos. *[A real friend helps you in your worst moments]*

f. Un amigo de verdad se _ _ _ _ _ _ _ _ por ti. *[A real friend worries/cares about you]*

g. ...te _ _ _ _ _ cuando estás deprimido. *[...he/she encourages you when you are down]*

h. Un buen amigo _ _ _ _ _ _ en ti. *[A good friend trusts you]*

i. Un amigo de verdad se _ _ _ _ _ _ por ti cuando tienes éxito.
[A real friend is happy for you when you succeed]

j. Un amigo de verdad intenta _ _ _ _ _ _ _ _ _ _ tu punto de vista.
[A real friend always tries to understand your point of view]

---

16. Spot and supply the missing word

a. Un buen amigo intenta feliz.

b. Un amigo de verdad se por ti.

c. Una amiga de no te juzga.

d. Una buena amiga está a ayudarte.

e. Un buen amigo te cuando tienes un problema.

f. Un buen amigo respeta tus decisiones opiniones.

g. Una buena amiga piensa ti.

h. Un amigo de verdad está ahi cuando tienes un.

---

17. Correct the translations

a. Un amigo de verdad confía en ti.
[A true friend helps you]

b. Una amiga de verdad te anima.
[A bad friend encourages you]

c. Un amigo de verdad siempre está dispuesto a ayudarte. *[A true friend is never willing to help you]*

d. Un amigo de verdad piensa en ti.
[A true friend thinks about themselves]

e. Una amiga de verdad se alegra cuando eres feliz.
[A true friend is angry when you are happy]

f. Un amigo de verdad no te juzga.
[A true friend doesn't listen to you]

---

18. Match Spanish and English

Tus decisiones	Supports you
Tu alegría	Your choices
Se preocupa por ti	Your successes
Se alegra	Helps you
Te apoya	Your happiness
Tus éxitos	Is loyal
Te escucha	Cares about you
Ne te juzga	Is happy
Te ayuda	Doesn't judge you
Es leal	Listens to you
Es gracioso	Really
Confía en ti	Is funny
Realmente	Encourages you
Te anima	Trusts you

19. Gapped translation

a. Un amigo de <u>verdad</u> siempre está dispuesto a <u>ayudarte</u>: *A _____ friend is always willing to _____.*

b. Una amiga de verdad <u>piensa en</u> ti: *A real friend _____ you.*

c. No tengo <u>muchos amigos</u>: *I don't have _____.*

d. Una buena amiga no <u>te juzga</u>: *A good friend doesn't _____.*

e. Un buen amigo <u>te ayuda</u> en tus momentos más difíciles: *A good friend _____ at your hardest times.*

f. Una amiga de verdad <u>se preocupa</u> por ti: *A real friend _____ about you.*

g. Un buen amigo <u>intenta</u> hacerte feliz: *A good friend _____ to make you happy.*

h. Una buena amiga siempre es <u>leal</u>: *A good friend is always _____.*

i. Una amiga de verdad respeta tus <u>decisiones</u>: *A real friend respects your _____.*

20. Slalom translation: translate the sentences below into Spanish by selecting the correct square in the grid below, as shown in the example for sentence *a*

a. My best friend (f) is happy when I am happy.	e. My best friend is always there (for me) when I have a problem.
b. The best quality of a friend is honesty.	f. A good friend (f) never judges you.
c. A real friend cares/worries about you.	g. My friend Laura always supports me.
d. A good friend (m) tries to make you happy.	h. A real friend (f) respects your decisions.

Mi mejor amiga (a)	Laura	se preocupa	**soy feliz. (a)**
Mi mejor amigo	verdad	ahí cuando	hacerte feliz.
La mejor cualidad	**se alegra (a)**	nunca	decisiones.
Un buen	respeta	siempre	por ti.
Una buena	siempre está	**cuando (a)**	me apoya.
Mi amiga	de un amigo	intenta	tengo un problema.
Un amigo de	amigo	tus	honestidad.
Una amiga de verdad	amiga	es la	te juzga.

¿Cuáles son las cualidades de un buen amigo? En mi opinión, un buen amigo es, sobre todo, alguien atento. Se preocupa por ti; piensa en ti; siempre intenta hacerte feliz; siempre está dispuesto a animarte cuando estás deprimido. Para mí esto es muy importante. Además, un amigo de verdad siempre está ahí cuando tienes un problema. Él siempre está dispuesto a ayudarte. Te ayuda en tus peores momentos y no te juzga. Siempre intenta comprender tu punto de vista. Además, un amigo de verdad es humilde y siempre respeta tus decisiones y opiniones. Pero en mi opinión, la mejor cualidad de un verdadero amigo es la lealtad. Un buen amigo siempre es leal, pase lo que pase. Mi mejor amigo es Miguel. Siempre es cariñoso, atento, generoso, de mente abierta y positivo. Además, es inteligente, comprensivo y muy honesto. ¿Sus mejores cualidades? Su sentido del humor y su lealtad. **(Jaime, 16 años)**

21. Gapped sentences

a. A good friend is, above all, someone who is _____.

b. He always tries to _____.

c. He is always ready to encourage you when _____.

d. He is always ready to help you when you have _____.

e. He helps you in your worst _____ and doesn't _____.

f. He always tries to _____ your _____.

g. In my opinion the best quality is _____.

h. A good friend is _____ no matter what happens.

i. Miguel is always _____, _____, generous, _____ and positive.

22. Find the Spanish equivalent

a. Someone caring:

b. He cares/worries about you:

c. He tries to please you:

d. When you are down:

e. He is always willing/available…:

f. …to help you:

g. In your worst moments:

h. Loyalty:

i. A good friend is loyal:

j. My best friend:

k. Open-minded:

l. Honest:

m. His best qualities:

23. Translate the following phrases taken from Jaime's text into English

a. En mi opinión:

b. Se preocupa por ti:

c. Piensa en ti:

d. Cuando estás deprimido:

e. Está dispuesto a ayudarte:

f. En tus peores momentos:

g. Un amigo de verdad:

h. Siempre es leal:

i. Pase lo que pase:

j. De mente abierta:

k. Su sentido del humor:

¿Cuáles son las cualidades de una buena amiga? En mi opinión, la mejor cualidad de una verdadera amiga es la lealtad. Una buena amiga siempre es leal, pase lo que pase. Ella nunca te abandona, especialmente en tus peores momentos o cuando te sientes sola y deprimida. Una buena amiga también es una persona muy cariñosa que piensa en ti, te llama todos los días para saber cómo estás y se preocupa por ti cuando estás deprimida o enferma. Para mí esto es muy importante. Además, una verdadera amiga siempre es honesta y sincera. Ella siempre trata de comprender tu punto de vista y luego te dice exactamente lo que piensa y te da su opinión con sinceridad. Una verdadera amiga también es humilde. Respeta tus decisiones y opiniones y no te juzga. Mi mejor amiga es Carolina. Es muy cariñosa, generosa, divertida y habladora. ¿Sus mejores cualidades? La lealtad, la generosidad y su disponibilidad. ¡Ella siempre está ahí cuando me hace falta! **(Maru, 17 años)**

24. Find the Spanish equivalent

a. The best quality

b. Is always loyal

c. She never abandons you

d. Especially

e. When you feel lonely

f. Who thinks of you

g. Calls you every day

h. Honest and sincere

i. She tells you exactly what she thinks

j. She gives you her opinion sincerely

k. (She) is also humble

l. She is always there (for me) when I need it

25. Answer the questions on the text

a. What is the best quality of a true friend according to Maru?

b. What does a good friend not do to you when you feel lonely and down?

c. What does a friend do to show you they care?

d. What does an honest and sincere friend do?

e. What 4 adjectives does Maru use to describe Carolina?

1   3
2   4

f. What are Carolina's best qualities?

1
2
3

g. What does the last sentence in Maru's text mean?

26. Find in the text the following

a. A adjective starting with 'L':

b. An adjective starting with 'D':

c. An adjective starting with 'H':

d. A conjunction starting with 'Y':

e. A noun starting with 'L':

f. A verb starting with 'C':

g. An adjective starting with 'H':

h. An adjective starting with 'S':

i. A time adverb starting with 'S':

27. Translate into English

a. en mi opinión
b. un buen amigo
c. leal
d. atento
e. de mente abierta
f. gracioso
g. hablador
h. me ayuda
i. me apoya
j. honestidad
k. para mí, es importante
l. no me juzga
m. me comprende
n. intenta hacerme feliz
o. dispuesto a ayudar
p. es leal
q. alegría
r. éxito
s. se preocupa por ti
t. tus decisiones
u. tus peores momentos

28. Complete

a. U__ b_____ a_____ i_____ h_____ f_____.
[A good friend -m- tries to make you happy]

b. U___ a_____ d__ v_____ t_ a_____ e___ t___ p_____ m_____.
[A true friend -f- helps you in your worst moments]

c. U__ b_____ a_____ s_____ e___ l_____. *[A good friend -m- is always loyal]*

d. L__ m_____ c_____ e__ l__ l_____. *[The best quality is loyalty]*

e. U___ b_____ a_____ e___ a_____. *[A good friend -f- is caring]*

f. M__ m_____ a_____ e___ m___ g_____. *[My best friend -m- is very funny]*

g. M__ m_____ a_____ s_____ m___ a_____. *[My best friend -f- always helps me]*

29. Translate the following paragraphs into Spanish

(a) I do not have a lot of friends, but friendship is important for me. In my opinion, a true friend is someone who is caring, loyal, open-minded and honest. He doesn't judge you, he is always there for you, cares about you and is happy when you succeed and are happy. My best friend, Leo, is very generous, honest, patient and very funny.

(b) I have a lot of friends. Friendship is very important for me. In my opinion, a good friend is someone who thinks of you every day, calls you to know how you are and is always willing to help you and encourage you when you are down. A true friend never judges you and listens to you for hours. He respects your opinion. My best friend is very caring, talkative and funny.

(c) I have one real friend. Her name is Florencia. She is very important for me. She is very kind, caring, available, loyal and always very positive. Positivity is very important in a friend. She also has a good sense of humour. Florencia never judges me. She listens and tries to understand my point of view. She is always there for me when I am feeling down. What I like the most about her is that she respects my choices and opinions and always gives me her honest opinion.

Key questions

Háblame de tus ***amigos**.	*Tell me about your friends (Male / mixed gender group)*
Háblame de tus **amigas**.	*Tell me about your friends (Female group)*
¿Tienes muchos **amigos/amigas**?	*Do you have a lot of friends?*
¿Qué haces con tus **amigos/amigas**?	*What do you do with your friends?*
Háblame de la última vez que saliste con tus **amigos/amigas**.	*Tell me about the last time you went out with your friends.*
¿Cuáles son las cualidades más importantes de **un buen amigo/una buena amiga**?	*What are the most important qualities of a good friend?*
¿Eres **un buen amigo/una buena amiga**?	*Are you a good friend?*
¿Quién es tu mejor **amigo/amiga**?	*Who is your best friend?*
Describe a tu mejor **amigo/amiga**.	*Describe your best friend*
¿Qué hacéis cuando estáis **juntos**?	*What do you do when you are together? (Male / mixed gender group)*
¿Qué hacéis cuando estáis **juntas**?	*What do you do when you are together? (Female group)*
¿Por qué te llevas bien con **él/ella**?	*Why do you get along with him/her?*
¿Por qué discutes con **él/ella**?	*Do you argue with him/her? Why?*

***Author's note**: use "amigos" when talking about either a group of guy friends or a mixed group of guys and girls (regardless of the ratio... which isn't really very fair if you think about it). "Amigas" is for a group of girls only. The same applies for "juntos" (together) if you are doing an activity with a group of guy friends or a mixed group. "Juntas" is for a group of girls only.*

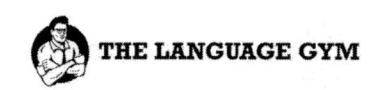

ANSWERS – Unit 9

1. Match: **en mi opinión** – in my opinion   **una buena amiga** – a good friend (fem)   **alguien** – someone   **un buen amigo** – a good friend (masc)   **cariñoso** – affectionate   **generoso** – generous   **de fiar** – trustworthy   **leal** – loyal   **positivo** – positive   **de mente abierta** – open-minded   **gracioso** – funny   **atento** – caring   **amable** – kind   **divertido** – fun

2. Complete: a) am**able**   b) **fiar**   c) m**ente a**bierta   d) a**miga**   e) opi**nión**   f) pac**iente**   g) a**lguien**   h) at**ento**   i) **leal**

3. Complete: a) atento   b) verdad   c) amigo   d) tiene   e) un/confía   f) amable   g) amigo   f) amiga/paciente

4. Spot the 5 wrong translations and correct them
a) humble   b) -   c) kind   d) open-minded   e) -   f) -   g) loyal   h) -   i) -   j) trustworthy

5. Match the opposites: humilde – arrogante   honesto – mentiroso   leal – traicionero   generoso – egoísta   atento – poco cuidadoso   amable – antipático   de mente abierta – de mente cerrada   positivo – negativo   optimista – pesimista   paciente – impaciente   trabajador – vago

6. Positive or negative?
Positivo: cariñoso, humilde, honesto, atento, generoso, simpático, paciente, amable, optimista, leal, tranquilo
Negativo: egoísta, frío, malhumorado, antipático, pesimista, negativo, mentiroso

7. Anagrams: a) honesto   b) gracioso   c) simpático   d) divertido   e) generoso   f) atento   g) humilde

8. Translate: a) selfish   b) generous   c) honest   d) open-minded   e) kind   f) nice   g) mean   h) impatient   i) fun   j) affectionate

9. Spot the missing letter: a) opi**ni**ón   b) buena   c) tiene   d) a**t**enta   e) honesta   f) cari**ñ**osa   g) gene**r**osa   h) a**b**ierta   i) leal   j) g**r**aciosa   k) de fiar   l) t**r**abajadora

10. For each noun write the corresponding adjective: atento ;   leal ;   generoso ;   honesto ;   positivo ;   paciente ;   cariñoso ;   gracioso ;   humilde

11. Match: **la disponibilidad** – availability   **la lealtad** – loyalty   **la elegancia** – elegance   **la honestidad** – honesty   **la paciencia** – patience   **la tolerancia** – tolerance   **la generosidad** – generosity   **la humildad** – humility   **la positividad** – positivity   **el sentido del humor** – sense of humour   **la amabilidad** – kindness

12. Guess the word: a) la ama**bili**dad   b) la to**leranc**ia   c) la ge**nerosi**dad   d) la **pacienc**ia   e) la **leal**tad   f) la hu**mild**ad   g) la dis**ponibi**lidad   h) la po**sitivi**dad   i) el s**ent**ido del **hum**or   j) la ho**nestid**ad

13. Complete: a) sentido del humor   b) amable   c) mente abierta   d) generosidad   e) elegancia   f) mejor   g) lealtad   h) honestidad

14. Sentence puzzle: a) mi mejor cualidad es la lealtad   b) un amigo de verdad confía en ti
c) en mi opinión, las mejores cualidades de un amigo son su paciencia y positividad
d) la mejor cualidad de mi amiga Silvia es su mente abierta   e) en mi opinión, una buena amiga tiene que ser atenta
f) lo que más me gusta de mis amigos es su lealtad y su sentido del humor

15. Complete: a) intenta   b) ahí   c) dispuesto/a   d) juzga   e) peores   f) preocupa   g) anima   h) confía   i) alegra   j) comprender

16. Spot and write in the missing word: a) hacerte   b) preocupa   c) verdad   d) dispuesta   e) ayuda, apoya   f) y   g) en   h) problema

17. Correct the translations: a) trusts you   b) a real friend   c) is always willing to help you   d) thinks about you   e) is happy when you are happy   f) doesn't judge you

18. Match: tus decisiones – your choices **tu alegría** – your happiness **se preocupa por ti** – cares about you **se alegra** – is happy **te apoya** – supports you **tus éxitos** – your successes **te escucha** – listens to you **no te juzga** – doesn't judge you **te ayuda** – helps you **es leal** – is loyal **es gracioso** – is funny **confía en ti** – trusts you **realmente** – really **te anima** – encourages you

19. Gapped translation: a) real/ready to help you   b) thinks about   c) many friends   d) judge you   e) helps you   f) cares/worries about you   g) tries   h) loyal   i) choices

20. Slalom translation: a) mi mejor amiga se alegra cuando soy feliz   b) la mejor cualidad de un amigo es la honestidad   c) un amigo de verdad se preocupa por ti   d) un buen amigo intenta hacerte feliz   e) mi mejor amigo siempre está ahí cuando tengo un problema   f) una buena amiga nunca te juzga   g) mi amiga Laura siempre me apoya   h) una amiga de verdad respeta tus decisiones

21. Gapped sentences: a) caring   b) please you/make you happy   c) you are down   d) a problem   e) moments/judge you   f) understand/point of view   g) loyalty   h) loyal   i) affectionate/caring/open-minded

22. Find the Spanish: a) alguien atento   b) se preocupa por ti   c) intenta hacerte feliz   d) cuando estás deprimido   e) siempre está dispuesto   f) a ayudarte   g) en tus peores momentos   h) lealtad   i) un buen amigo es leal   j) mi mejor amigo/a   k) de mente abierta   l) honesto   m) sus mejores cualidades

23. Translate: a) in my opinion   b) he cares/worries about you   c) he thinks about you   d) when you are down   e) he is willing/available to help you   f) in your worst moments   g) a real friend   h) is always loyal   i) no matter what (happens)   j) open-minded   k) his sense of humour

24. Find the Spanish: a) la mejor cualidad   b) siempre es leal   c) ella nunca te abandona   d) especialmente   e) cuando te sientes sola   f) que piensa en ti   g) te llama todos los días   h) honesta y sincera   i) te dice exactamente lo que piensa   j) te da su opinión con sinceridad   k) (ella) también es humilde   l) ella siempre está ahí cuando me hace falta

25. Answer: a) loyalty   b) she never abandons you   c) calls you every day   d) she tells you exactly what she thinks   e) caring, generous, fun, talkative   f) loyalty, generosity, availability   g) she is always there for me when I need it

26. Find in the text: a) leal   b) deprimida   c) humilde   d) y ☺   e) lealtad   f) comprender   g) habladora   h) sincera   i) siempre

27. Translate:
a) in my opinion   b) a good friend   c) loyal   d) caring   e) open-minded   f) funny   g) talkative   h) helps me   i) supports me   j) honesty   k) for me, it's important   l) doesn't judge me   m) understands me   n) tries to please me   o) ready to help   p) is loyal   q) happiness   r) success   s) worries/cares about you   t) your choices   u) your worst moments

28. Complete: a) un buen amigo intenta hacerte feliz   b) una amiga de verdad te ayuda en tus peores momentos   c) un buen amigo siempre es leal   d) la mejor cualidad es la lealtad   e) una buena amiga es atenta   f) mi mejor amigo es muy gracioso   g) mi mejor amiga siempre me ayuda

29. Translate the following paragraphs into Spanish
a) No tengo muchos amigos, pero la amistad es importante para mí. En mi opinión, un amigo de verdad es alguien atento, leal, de mente abierta y honesto. No te juzga, siempre está ahí, se preocupa por ti y se alegra por ti cuando tienes éxito y eres feliz. Mi mejor amigo, Leo, es muy generoso, honesto, paciente y muy gracioso.

b) Tengo muchos amigos. La amistad es muy importante para mí. En mi opinión, un amigo de verdad es alguien que piensa en ti todos los días, te llama para saber cómo estás y siempre está dispuesto a ayudarte y animarte cuando estás deprimido. Un amigo de verdad nunca te juzga y te escucha durante horas. Él respeta tus opiniones. Mi mejor amigo es muy atento, hablador y gracioso.

c) Tengo una amiga de verdad. Se llama Florencia. Ella es muy importante para mí. Es muy amable, atenta, disponible, leal y siempre muy positiva. La positividad es muy importante en un amigo. Ella también tiene un buen sentido del humor. Florencia nunca me juzga. Ella escucha e intenta comprender mi punto de vista. Siempre está ahí cuando estoy deprimida. Lo que más me gusta de ella es que respeta mis decisiones y opiniones y siempre me da su opinión con sinceridad.

Unit 10. Describing the qualities of a good partner

Mi pareja ideal [My ideal partner]	es alguien que sea [is someone who is] / sería [would be]	alegre [cheerful] amable [kind] apasionado/a [passionate] atento/a [caring] cariñoso/a [affectionate] de mente abierta [open-minded] fiable [reliable] fiel [faithful]	fuerte [strong] generoso/a [generous] gracioso/a [funny] honesto/a [honest] leal [loyal] maduro/a [mature] romántico/a [romantic] sensible [sensitive]

Él [He] / Ella [She]	confía en mí [trusts me]		
	intenta comprenderme [tries to understand me]		
	intenta hacerme feliz [tries to please me, make me happy]		
	me abraza [gives me hugs]		
	me anima cuando estoy triste [cheers me up when i am sad]		
	me apoya, haga lo que haga [supports me whatever i do]		
	me hace regalos considerados [gives me thoughtful gifts]		
	me escucha cuando tengo un problema [listens to me when I have a problem]		
	me trata bien [treats me well]		
	no intenta controlarme [doesn't try to control me]		
	no me miente [doesn't lie to me]		
	no me pone los cuernos [doesn't cheat on me]		
	no quiere tener siempre razón [doesn't want to always be right]		
	no se enfada conmigo sin motivo [rarely gets angry with me]		
	respeta mis decisiones y opiniones [respects my choices and opinions]		
	tiene [he/sha has]	empatía [empathy]	
		los mismos intereses que yo [the same interests as me]	
		los mismos gustos que yo [the same tastes as me]	

(Nosotros) [We]	nos divertimos mucho juntos [we have a lot of fun together]
	raramente discutimos [we rarely argue]

Su mejor cualidad es su [His/her best quality is his/her]	empatía [empathy] generosidad [generosity] honestidad [honesty] lealtad [loyalty] sentido del humor [sense of humour]

Lo que no me gusta de mi pareja es su [What I don't like in my partner is his/her]	arrogancia carácter dominante [bossy character] egoísmo [selfishness]

Lo que no me gusta de mi pareja son [What I don't like in my partner is his/her]	sus celos [jealousy] sus mentiras [lies]

THE LANGUAGE GYM

100

1. Match up

Gracioso	Loyal
Cariñoso	Generous
Romántico	Affectionate
Generoso	Open-minded
Leal	Sensitive
Fuerte	Jealous
Atento	Romantic
De mente abierta	Mature
Sensible	Faithful
Celoso	Caring
Fiel	Reliable
Fiable	Strong
Maduro	Funny

2. Missing letters

a. gra__ioso
b. fuer__e
c. ma__uro
d. ale__re
e. positi__o
f. fie__
g. apa__iona__o
h. le__l
i. hon__sto
j. cariñ__so

3. Complete

a. _ _ _ _ _ _ _ [cheerful]
b. de _ _ _ _ _ abierta [open-minded]
c. _ _ _ _ _ _ [mature]
d. _ _ _ _ _ _ [reliable]
e. _ _ _ _ _ _ _ [honest]
f. _ _ _ _ _ _ _ _ [funny]
g. _ _ _ _ _ _ _ [caring]
h. _ _ _ _ _ _ [strong]
i. _ _ _ _ _ _ _ _ _ _ [passionate]

4. Masculine and feminine of adjectives: complete the table (Please note, some do not change!)

Masculine	Feminine
generoso	
gracioso	
fuerte	
sensible	
apasionado	
inteligente	
alegre	
celoso	
fiable	

5. Translate into English

a. Soy una persona fiable y atenta.

b. Mi pareja es alguien de mente abierta.

c. Mi mujer es una persona fiel.

d. Mi marido es muy atento.

e. Mi novio es muy celoso.

f. Mi prometido es muy sensible.

g. Mi novia es muy amable.

h. Mi esposo es una persona alegre.

i. Mi marido es muy gracioso.

j. Mi prometido es joven, pero maduro para su edad.

USEFUL VOCABULARY

mi esposa: my (female) spouse

mi esposo: my (male) spouse

***mi prometida**: my fiancée (female)

***mi prometido**: my fiancé (male)

mi marido: my husband

mi mujer: my wife

mi novia: my girlfriend

mi novio: my boyfriend

mi pareja: my partner (male or female)

* *Prometido/a is quite formal. Spanish people usually just refer to their novio/a until they get married.*

6. Match the opposites

gracioso (1)	triste
fiel	débil
cariñoso	**serio (1)**
sensible	de mente cerrada
alegre	infiel
fuerte	frío
de mente abierta	*burro
inteligente	duro
generoso	mentiroso
honesto	egoísta

*Apologies to actual donkeys, which are quite clever!

USEFUL VOCABULARY

El/Ella		
	confía en mí	[trusts me]
	está conmigo en las buenas y en las malas	[is there for me come rain or shine]
	intenta comprenderme	[tries to understand me]
	intenta hacerme feliz	[tries to make me happy]
	me abraza	[gives me hugs]
	me anima cuando estoy triste	[cheers me up when I am sad]
	me apoya, haga lo que haga	[supports me whatever I do]
	me hace regalos considerados	[gives me thoughtful gifts]
	me escucha cuando tengo un problema	[listens to me when I have a problem]
	me trata bien	[treats me well]
	no intenta controlarme	[doesn't try to control me]
	no es celoso/a	[is not jealous]
	no me pone los cuernos	[doesn't cheat on me]
	no quiere tener siempre razón	[doesn't want to always be right]
	no se enfada conmigo sin motivo	[doesn't get angry with me for no reason]
	respeta mis decisiones y opiniones	[respects my choices and opinions]
	tiene los mismos gustos que yo	[has the same tastes as me]
	tiene los mismos intereses que yo	[has the same interests as me]

7. Complete based on the vocabulary above

a. Tiene los mismos gustos que _____.

b. Ella respeta mis _____ y opiniones.

c. No quiere tener _____ razón.

d. No me _____ los cuernos.

e. Me apoya, _____ lo que _____.

f. Me _____ cuando estoy triste.

g. No se _____ conmigo sin motivo.

h. No _____ controlarme.

8. Spot and write in the missing word

a. Está en las buenas y en las malas.

b. Me hace considerados.

c. Respeta decisiones y opiniones.

d. No me pone los.

e. Tiene los intereses que yo.

f. Me anima estoy triste.

g. No quiere siempre razón.

h. Confía mí.

9. Select from the "Useful Vocabulary" box above the top 5 traits of your ideal partner and list them here

1.

2.

3.

4.

5.

10. Six of the eight sentences below have been translated incorrectly. Spot and fix them

a. Mi pareja no intenta controlarme: *My partner doesn't try to cheer me up.*

b. Mi marido nunca me miente: *My husband never lies to me.*

c. Mi novio tiene los mismos gustos que yo: *My boyfriend has the same interests as me.*

d. Mi mujer confía en mí: *My girlfriend trusts me.*

e. Mi novia me apoya, haga lo que haga: *My girlfriend is a good listener, whatever I do.*

f. Mi mujer me escucha cuando tengo un problema: *My wife listens to me when I have a problem.*

g. Mi pareja ideal nunca me pondría los cuernos: *My ideal partner would probably cheat on me.*

h. Mi esposo me hace regalos considerados: *My spouse give me cheap gifts.*

Martina: Mi novio me respeta y no intenta controlarme. Nunca se enfada sin motivo.

Susana: Mi pareja ideal tiene que intentar hacerme feliz, ¡y no ponerme los cuernos!

Jaime: Mi novia nunca me miente. Esto es muy importante para mí.

Paula: Mi pareja me apoya, haga lo que haga. La lealtad es una cualidad esencial.

Felipe: Mi mujer es muy paciente y comprensiva. Me gusta porque siempre me escucha.

Óliver: Mi pareja ideal confía en mí y no es una persona celosa.

Corina: Prefiero alguien que sea gracioso. Mi novio me anima cuando estoy deprimida.

Esperanza: Mi pareja raramente se enfada conmigo. Esto es muy importante.

---

11. Answer the questions from the sentences above

a. Who thinks that not telling lies is very important?

b. What does Felipe like about his wife? (3 details)

c. Who wants a partner who is not jealous?

d. What two things must Susana's partner do?

e. Who has a partner who cheers them up when they are sad?

f. Who believes loyalty is important in a partner?

g. What does Paula say about her partner?

h. How many people appreciate a partner who rarely gets angry?

12. Gapped translation

a. Mi marido siempre me _ _ _ _ _ _ _ :   *My husband always hugs me.*

b. Mi novio nunca me _ _ _ _ los cuernos: *My boyfriend never cheats on me.*

c. Mi pareja ideal me _ _ _ _ _ , haga lo que haga: *My ideal partner supports me whatever I do.*

d. Mi mujer siempre me _ _ _ _ _ _ _ :   *My wife always listens to me.*

e. Mi novio tiene los _ _ _ _ _ _ gustos que yo: *My girlfriend has the same tastes as me.*

f. Mi pareja ideal _ _ _ _ _ _ _ intenta hacerme feliz: *My ideal partner always tries to make me happy.*

g. Mi marido no se enfada sin _ _ _ _ _ _ _ :   *My husband does not get angry for no reason.*

h. Mi novia no es _ _ _ _ _ _ :   *My girlfriend is not jealous.*

i. Mi novio me hace _ _ _ _ _ _ _ considerados: *My boyfriend gives me thoughtful gifts.*

13. Sentence puzzle: rewrite the sentences in the correct order

a) mi se enfada pareja ideal raramente

b) mi me apoya mujer, pase lo ideal que pase

c) mi es celoso marido no

d) mi razón quiere siempre pareja no tener

e) mi anima estoy deprimida cuando hombre ideal me

f) mi en mí novio confía

g) mi siempre pareja ideal hacerme intenta feliz

h) mi novia abraza me siempre

14. Match

Siempre es fiel	He/she never gets angry for no reason
Siempre me abraza	He/she doesn't always want to be right
Nunca se enfada sin motivo	He/she always tries to make me happy
Tiene los mismos intereses que yo	He/she always hugs me
No quiere tener siempre razón	He/she never lies to me
Siempre intenta hacerme feliz	He/she treats me well
Me apoya, haga lo que haga	He/she has the same interests as me
Nunca me miente	He/she gives me thoughtful gifts
Confía en mí	He/she is always faithful
Me trata bien	He/she listens to me when I have a problem
Me hace regalos considerados	He/she trusts me
Tiene los mismos gustos que yo	He/she supports me, whatever I do
Me escucha cuando tengo un problema	He/she has the same tastes as me

Violeta: Mi pareja ideal sería alguien atractivo, inteligente y con un buen sentido del humor. Además, sería una persona paciente y amable. Tiene que escucharme y apoyarme en todo lo que hago. Además, siempre debe intentar comprender mi punto de vista. En mi opinión, la cualidad más importante en una pareja es la empatía. **(Violeta)**

Sandra: Mi pareja ideal es alguien cariñoso, atento y que siempre me ayuda. Es de confiar, leal y también confía en mí. Además, respeta mis opiniones. Por último, mi pareja ideal es alguien de mente abierta y humilde. No siempre quiere tener razón y no me juzga. Para mí, la humildad y la generosidad son cualidades muy importantes. También es importante tener una mente abierta. **(Sandra)**

Flora: Quiero un novio que sea guapo, serio, trabajador y de fiar. Además, tiene que ser una persona inteligente y de mente abierta. Tiene que escucharme siempre y estar dispuesto a ayudarme. Además, tiene que respetar mis decisiones y opiniones. Sobre todo, mi pareja ideal siempre será leal. La lealtad es la cualidad más importante en una buena pareja. **(Flora)**

15. Find someone who…

a. …believes empathy is the most important quality of a good partner.

b… believes that open-mindedness is a very important quality of a good partner

c. …thinks an ideal partner always tries to understand their other half's point of view.

d. …seeks a partner who is affectionate, caring and helpful.

e. …wants a partner who is a good listener and is always ready to help.

f. … …wants an attractive partner with a good sense of humour.

g. …says that her ideal partner is someone who would support her whatever she does.

h. …thinks loyalty is the most important quality of a good partner.

16. Find in Violeta's text the Spanish equivalent of the following

a. Attractive:

b. A good sense of humour:

c. Everything I do:

d. Always must try:

e. My point of view:

f. In my opinion:

g. The most important quality:

17. Complete the translation of Flora's text below

I want a boyfriend that is _____, serious, hard-working and _____. Moreover, he has to be an _____ person with an open mind. He needs to always listen to me and be ready to _____. Furthermore, he has to respect my _____ and opinions. More than anything, my ideal partner will always be _____. _____ is the most important quality of a _____ partner.

18. Translate into English the following phrases/sentences taken from Sandra's text

a. Alguien cariñoso

b. Es de fiar

c. Respeta mis opiniones

d. Alguien de mente abierta

e. No siempre quiere tener razón

f. No me juzga

g. Para mí

h. La humildad

19. Complete with an appropriate word

a. Me hace _____ considerados.

b. Respeta mis _____.

c. Un buen novio siempre es _____.

d. No intenta _____.

e. Ella es _____.

f. Nunca me _____.

g. No se _____ sin motivo.

h. Me _____, pase lo que pase.

i. No quiere tener siempre _____.

j. La _____ es su mejor cualidad.

20. Slalom translation: translate the sentences below selecting and numbering off the appropriate boxes as shown in the example

1. My partner trusts me	2. My husband never lies to me	3. My boyfriend doesn't try to control me	4. My girlfriend rarely gets angry
5. My wife respects my choices	6. My partner cheers me up when I am down	7. My spouse is always ready to help me	8. He/she has the same tastes as me

Mi pareja (1)	los mismos	se	miente
Mi mujer	**confía (1)**	mis	controlarme
Mi marido	no	**en (1)**	decisiones
Tiene	respeta	me	deprimido
Mi novio	nunca	intenta	a ayudarme
Mi esposo	me anima	está dispuesto	**mí (1)**
Mi pareja	raramente	gustos	enfada
Mi novia	siempre	cuando estoy	que yo

21. Translate into Spanish

a. My (female) spouse

b. My husband

c. My wife

d. My girlfriend

e. My boyfriend

f. My (male) spouse

g. My partner

22. Match

los celos	bossy character
el carácter dominante	selfishness
la generosidad	stinginess (miserliness)
la lealtad	lies
el egoísmo	love
la consideración	open-mindedness
la mente abierta	thoughtfulness
el amor	loyalty
la miseria	generosity
las mentiras	jealousy

23. Translate from memory

a. Mi marido confía en mí

b. Mi pareja no me juzga

c. Mi novio me trata bien

d. Mi mujer no intenta controlarme

e. Mi novia no me miente

f. Mi pareja ideal sería atento

g. Mi esposo no se enfada sin motivo

h. Mi novio me apoya

i. Mi pareja ideal es paciente y de mente abierta

j. Él respeta mis decisiones y opiniones

k. Ella es honesta y comprensiva

l. Ella tiene los mismos gustos e intereses que yo

m. Mi novio me anima cuando estoy triste

n. Mi novia siempre está dispuesta a ayudarme

24. Translate into Spanish

a. My girlfriend is caring and understanding:

b. My boyfriend is very patient:

c. My husband is kind and open-minded:

d. My ideal partner would be cheerful, funny and intelligent:

e. My partner never gets angry for no reason:

f. My wife respects my choices and opinions:

g. My husband treats me well:

h. My (male) spouse supports me whatever I do:

i. My boyfriend cheers me up when I am down:

j. My (female) spouse always tries to make me happy:

25. Write a paragraph for each of the people below in the FIRST person singular (yo)

Valeria	Rafael	Marina
Her ideal partner is someone affectionate, honest, reliable, open-minded and with a good sense of humour. He is a good listener, never gets angry, always tries to understand her point of view and always stays loyal. He often cuddles her. His best quality is honesty. Loyalty is also important.	His ideal partner is someone loyal, honest, reliable, kind and patient. She is a good listener, respects his choices and always supports him whatever he does. She treats him well and often gets him thoughtful gifts. Her best qualities are empathy and generosity.	Her ideal partner is someone helpful, kind, funny, and cheerful. He is a good listener, has the same tastes and interests as her. He is mature and always tries to understand her point of view. He doesn't judge. He is open-minded and supports her whatever she does. His best quality is intelligence.

Key questions

¿Cuáles son las cualidades más importantes de una buena pareja, en tu opinión?	*What are the most important qualities of a good partner, in your opinion?*
¿Cómo es tu relación con tu novio/novia?	*What is your relationship with your boyfriend/girlfriend like?*
¿Discutes a menudo con él/ella?	*Do you argue often with him/her?*
¿Por qué discutís?	*Why do you both argue?*
¿Cuál es la causa más común de vuestras discusiones?	*What is the most frequent cause of your arguments?*
¿Cómo podrías evitar estas discusiones?	*How could you avoid these arguments?*
¿Crees que eres un buen o un mal novio? ¿Por qué?	*Are you a good or bad boyfriend, in your opinion? Why?*
¿Crees que eres una buena o una mala novia? ¿Por qué?	*Are you a good or bad girlfriend, in your opinion? Why?*
¿Qué podrías hacer para mejorar la relación con tu novio/novia?	*What could you do to improve your relationship with your boyfriend/girlfriend?*

ANSWERS – Unit 10

1. Match: gracioso – funny **cariñoso** – affectionate **romántico** – romantic **generoso** – generous **leal** – loyal **fuerte** – strong **atento** – caring **de mente abierta** – open-minded **sensible** – sensitive **celoso** – jealous **fiel** – faithful **fiable** – reliable **maduro** – mature

2. Missing letters: a) gracioso b) fuerte c) maduro d) alegre e) positivo f) fiel g) apasionado h) leal i) honesto j) cariñoso

3. Complete: a) alegre b) mente c) maduro d) fiable e) honesto f) gracioso g) atento h) fuerte i) apasionado

4. Complete the table: generosa ; graciosa ; fuerte ; sensible ; apasionada ; inteligente ; alegre ; celosa ; fiable

5. Translate: a) I am a reliable and caring person b) my partner is someone open-minded c) my wife is a loyal person d) my husband is very caring e) my boyfriend is very jealous f) my fiancé is very sensitive g) my girlfriend is very kind h) my spouse is a happy person i) my husband is very funny j) my fiancé is young but mature for his age

6. Match the opposites: gracioso – serio **fiel** – infiel **cariñoso** – frío **sensible** – duro **alegre** – triste **fuerte** – débil **de mente abierta** – de ideas cerradas **inteligente** – burro **generoso** – egoísta **honesto** – mentiroso

7. Complete based on the vocabulary above: a) yo b) decisiones c) siempre d) pone e) haga/haga f) anima g) enfada h) intenta

8. Spot and write in the missing word: a) conmigo b) regalos c) mis d) cuernos e) mismos f) cuando g) tener h) en

9. Select from the 'Useful Vocabulary' box above the top 5 traits of your ideal partner and list them here
-Student chooses from the "Useful Vocabulary" box

10. Six of the eight sentences below have been translated incorrectly: a) my partner doesn't try to control me b) - c) my husband has the same tastes as me d) my wife trusts me e) my girlfriend supports me whatever I do f) - g) my ideal partner would never cheat on me h) my spouse gives me thoughtful gifts

11. Answer: a) Jaime b) patient, understanding, good listener c) Óliver d) try to make her happy, must not cheat on her e) Corina f) Paula g) he supports her whatever she does h) one (Esperanza)

12. Gapped translation: a) abraza b) pone c) apoya d) escucha e) mismos f) siempre g) motivo h) celosa i) regalos

13. Sentence puzzle: a) mi pareja ideal raramente se enfada b) mi mujer ideal me apoya, pase lo que pase c) mi marido no es celoso d) mi pareja no quiere tener siempre razón e) mi hombre ideal me anima cuando estoy deprimida f) mi novio confía en mí g) mi pareja ideal siempre intenta hacerme feliz h) mi novia siempre me abraza

14. Match:
siempre es fiel – he/she is always faithful
siempre me abraza – he/she always hugs me
nunca se enfada sin motivo – he/she never gets angry for no reason
tiene los mismos intereses que yo – he/she has the same interests as me
no quiere tener siempre razón – he/she doesn't always want to be right
siempre intenta hacerme feliz – he/she always tries to make me happy
me apoya, haga lo que haga – he/she supports me, whatever I do
nunca me miente – he/she never lies to me
confía en mí – he/she trusts me
me trata bien – he/she treats me well
me hace regalos considerados – he/she gives me thoughtful gifts
tiene los mismos gustos que yo – he/she has the same tastes as me
me escucha cuando tengo un problema – he/she listens to me when I have a problem

15. Find someone who: a) Violeta b) Flora/Sandra c) Violeta d) Sandra e) Flora f) Violeta g) Violeta h) Flora

16. Find in Violeta's text the Spanish equivalent of the following: a) atractivo b) un buen sentido del humor
c) todo lo que hago d) siempre debe intentar e) mi punto de vista f) en mi opinión g) la cualidad más importante

17. Complete the translation: handsome ; reliable/trustworthy ; intelligent ; help me ; choices ; loyal ; loyalty ; good

18. Translate: a) someone affectionate b) he is reliable/trustworthy c) he respects my opinions d) someone open-minded
e) he doesn't always want to be right f) he doesn't judge me g) for me h) humility

19. Complete: a) regalos b) decisiones/opiniones c) (any positive adjetive – in masc) d) controlarme
e) (any negative or positive adjective – in fem) f) miente g) enfada h) apoya i) razón j) (any positive feminine noun)

20. Slalom translation: 1) mi pareja confía en mí 2) mi marido nunca me miente 3) mi novio no intenta controlarme
4) mi novia raramente se enfada 5) mi mujer respeta mis decisiones 6) mi pareja me anima cuando estoy deprimido
7) mi esposo siempre está dispuesto a ayudarme 8) tiene los mismos gustos que yo

21. Translate: a) mi esposa b) mi marido c) mi mujer d) mi novia e) mi novio f) mi esposo g) mi pareja

22. Match: los celos – jealousy **el carácter dominante** – bossy character **la generosidad** – generosity
la lealtad – loyalty **el egoísmo** – selfishness **la consideración** – thoughtfulness **la mente abierta** – open-mindedness
el amor – love **la miseria** – stinginess (miserliness) **las mentiras** – lies

23. Translate: a) my husband trusts me b) my partner doesn't judge me c) my boyfriend treats me well
d) my wife doesn't try to control me e) my girlfriend doesn't lie to me f) my ideal partner would be caring
g) my spouse never gets angry for no reason h) my boyfriend supports me
i) my ideal partner is patient and open-minded j) he respects my choices and opinions k) she is honest and understanding
l) she has the same tastes and interests as me m) my boyfriend cheers me up when I'm sad
n) my girlfriend is always ready to help me

24. Translate: a) mi novia es atenta y comprensiva b) mi novio es muy paciente c) mi marido es amable y de mente abierta
d) mi pareja ideal sería alegre, gracioso/a e inteligente e) mi pareja nunca se enfada sin motivo
f) mi mujer respeta mis decisiones y opiniones g) mi marido me trata bien h) mi esposo me apoya, haga lo que haga
i) mi novio me anima cuando estoy deprimida j) mi esposa siempre intenta hacerme feliz

25. Write a paragraph for each of the people below in the FIRST person singular (yo)

Valeria: Mi pareja ideal es alguien cariñoso, honesto, fiable, de mente abierta y con un buen sentido del humor. Él me escucha, nunca se enfada, siempre intenta comprender mi punto de vista y siempre es leal. Me abraza a menudo. Su mejor cualidad es la honestidad. La lealtad es también importante.

Rafael: Mi pareja ideal es alguien leal, honesta, de fiar, amable y paciente. Ella me escucha, respeta mis decisiones y siempre me apoya, haga lo que haga. Me trata bien y a menudo me hace regalos considerados. Sus mejores cualidades son la empatía y la generosidad.

Marina: Mi pareja ideal es alguien servicial, amable, gracioso y alegre. Él me escucha, tiene los mismos gustos e intereses que yo. Es maduro y siempre intenta comprender mi punto de vista. Él no me juzga. Es de mente abierta y me apoya, haga lo que haga. Su mejor cualidad es la inteligencia.

Unit 11. Saying why I don't get along with people

No me llevo bien con [I do not get along with] No soporto a [I can't stand]	Feminine singular	
	mi amiga Carla [my friend Carla] mi madre [my mother]	mi hermana mayor [my older sis] mi hermana menor [my younger sis]
	Masculine singular	
	mi amigo Felipe [my friend Felipe] mi padre [my father]	mi hermano mayor [my older bro] mi hermano menor [my younger bro]
	Masculine plural	
	mis compañeros de clase [my classmates]	mis padres [my parents] mis profesores [my teachers]

porque (ella) es [because she is]	porque (él) es [because he is]	porque (ellas) son [because they -f- are]	porque (ellos) son [because they -m- are]
demasiado [too]	muy [very]		un poco [a bit]
antipática [mean]	antipático	antipáticas	antipáticos
arrogante [arrogant]	arrogante	arrogantes	arrogantes
egoísta [selfish]	egoísta	egoístas	egoístas
exigente [demanding]	exigente	exigentes	exigentes
mandona [bossy]	mandón	mandonas	mandones
maleducada [rude]	maleducado	maleducadas	maleducados
malhumorada [bad-tempered]	malhumorado	malhumoradas	malhumorados
mentirosa [dishonest]	mentiroso	mentirosas	mentirosos
quisquillosa [fussy]	quisquilloso	quisquillosas	quisquillosos
terca [stubborn]	terco	tercas	tercos
violenta [violent]	violento	violentas	violentos

y porque [and because he/she]	y porque [and because they]
me chilla [shouts at me]	me chillan
me critica [criticises me]	me critican
me miente [lies to me]	me mienten
me regaña [tells me off]	me regañan
me trata mal [treats me badly]	me tratan mal
no me apoya [doesn't support me]	no me apoyan
no me comprende [doesn't understand me]	no me comprenden
no me escucha [doesn't listen to me]	no me escuchan
nunca me ayuda [never helps me]	nunca me ayudan
se burla de mí todo el tiempo [mocks me all the time]	se burlan de mi todo el tiempo
se enfada por todo [gets angry about everything]	se enfadan por todo

Además [Moreover]	discutimos a menudo [we argue often] no puedo confiar en él/ella [I cannot trust him/her] no puedo confiar en ellos/ellas [I cannot trust them] no tenemos los mismos gustos [we don't have the same tastes] no tenemos los mismos intereses [we don't have the same interests]

1. Match

malhumorado	demanding
egoísta	bad-tempered
exigente	stubborn
maleducado	selfish
violento	rude
quisquilloso	bossy
antipático	stupid
mandón	mean
terco	arrogant
mentiroso	violent
arrogante	fussy
tonto	liar

2. Missing letters challenge

a. Soy un poco quis _ _ _ _ _ _ _ _ [f]

b. Mi madre es te _ _ _

c. Mi hermana es anti _ _ _ _ _ _

d. Mis padres son muy exi _ _ _ _ _ _

e. Mi vecino es male _ _ _ _ _ _

f. Mis hermanos son man _ _ _ _ _

g. Mi padre es malh _ _ _ _ _ _ _

3. Translate into English

a. Mi hermana menor es terca:

b. Mi hermano es mandón:

c. Mi padre se enfada por todo:

d. Mi madre es demasiado quisquillosa:

e. Mi hermano mayor es antipático:

f. Mi vecino *(neighbour)* es arrogante y tonto:

g. Mi novio es egoísta:

h. Mis padres son muy exigentes:

i. Mi madre no me escucha:

j. Mi hermana mayor no me ayuda nunca:

4. Rewrite in the correct order

a) los mismos no tenemos gustos

b) mi mayor es hermano mentiroso

c) mi por todo se padre enfada

d) mi trata mal madre me

e) mis discuto con a menudo padres

f) comprenden mis me padres no

5. Break the flow

a) mihermanosiempremiente

b) mispadresseenfadanportodo

c) mihermanomayoresantipático

d) minovioesegoísta

e) mihermanametratamal

f) misamigosseburlandemí

g) notienelosmismosgustosqueyo

6. Complete with the missing words

a. No tenemos los _____ gustos.
[We don't have the same tastes]

b. Mi hermano se _____ de mí todo el tiempo.
[My brother mocks me all the time]

c. Mi novio miente todo el _____.
[My boyfriend lies all the time]

d. Mi hermana mayor _____ me ayuda con mis deberes.
[My older sister never helps me with my homework]

e. Mi padre me _____ por mi ropa y mi peinado.
[My father criticises me for my clothes and hair style]

f. Mis padres me _____ a menudo a causa de mis notas.
[My parents tell me off often because of my school grades]

g. Mi hermana mayor me _____ mal y me pega.
[My older sister treats me badly and hits me]

7. Anagrams

a. Mi hermano es **mhuramodalo**

b. Mi padre es **entigexe**

c. Mi novia es **pantáticai**

d. Mi hermana es **egotaís**

e. Mi profe de inglés es **qulisosoquil**

f. Mi amigo José es **coter**

8. Split words

a. Mal-	-gante [arrogant]
b. To-	-dón [bossy]
c. Anti-	-sta [selfish]
d. Quis-	-humorado [bad-tempered]
e. Arro-	-ducado [rude]
f. Man-	-rco [stubborn]
g. Pes-	-nto [stupid]
h. Exi-	-ado [annoying]
i. Egoí-	-quilloso [fussy]
j. Male-	-pático [mean]
k. Te-	-tiroso [liar]
l. Men-	-gente [demanding]

9. Match

Me trata mal	He is annoying
No me escucha	He is mean
Discutimos a menudo	He treats me badly
No tenemos los mismos gustos	He gets angry about everything
Es pesado	He doesn't listen to me
No me apoya	I can't trust him
Es antipático	He doesn't support me
Nunca me ayuda	We often argue
No puedo confiar en él	He never helps me
Se enfada por todo	We don't have the same tastes

10. Multiple choice quiz

	a	b	c
Él nunca me ayuda	he never helps me	he never talks to me	he never praises me
Él se enfada por todo	he never listens to me	he never helps me	he gets angry about everything
Ella no me escucha	she doesn't help me	she doesn't listen to me	she doesn't treat me well
Ella es mentirosa	she is bad-tempered	she is a liar	she is bossy
Discutimos	we hate each other	we disagree	we argue
No me llevo bien con él	I don't get along with him	I don't share things with him	I can't stand him
Él me trata mal	he ignores me	he criticises me	he treats me badly
Ella me regaña	she is mean to me	she tells me off	she punishes me
Él miente	he shouts	he lies	he beats me up
Se burla de mí	he mocks me	he grounds me	he criticises me
Ella es malhumorada	she is nasty	she is stubborn	she is bad-tempered
No puedo confiar en…	I cannot trust	he shouts at me	he belittles me
No la soporto	I don't talk to her	I can't stand her	I don't get along with her

THE LANGUAGE GYM

11. Spot the missing word in the Spanish sentence and add it in

a. Mi madre me mal: *[My mother treats me badly me]*

b. Mis padres muy mandones: *[My parents are very bossy]*

c. Mi hermano todo el tiempo: *[My brother lies all the time]*

d. Mis compañeros de clase se burlan de: *[My classmates mock me]*

e. Mi hermano mayor me ayuda: *[My older brother never helps me]*

f. Mi es antipática: *[My sister is mean]*

g. Mi padre siempre me: *[My father always shouts at me]*

h. Mi profe de ciencias me regaña el tiempo: *[My science teacher tells me off all the time]*

---

12. Split sentences (negative qualities)

Ella no me…	…soporto *[I can't stand her]*
Ella miente todo…	…me ayuda nunca *[she never helps me]*
Ella se…	…el tiempo *[she lies all the time]*
Ella no…	…pega *[she hits me]*
No la…	…de mí *[she mocks me]*
Ella es…	…enfada por todo *[she gets angry about everything]*
Ella me…	…antipática *[she is mean]*
Ella se burla…	…apoya *[she doesn't support me]*

13. Translate into English

a. No soporto a mi profe de inglés.

b. Me llevo bien con mi profe de alemán.

c. Mi madre siempre me regaña.

d. Mi hermano es muy terco y arrogante.

e. Mis padres son demasiado exigentes.

f. Mi hermano menor miente todo el tiempo.

g. Discuto a menudo con mi novia.

h. Mi hermana mayor nunca me ayuda.

i. Mi hermana menor es pesada, habla demasiado.

j. Mi padre se enfada por todo y a veces me chilla.

k. Mi novio es muy egoísta.

---

14. Spot and correct the spelling or grammar mistake. HINT: there is only one per sentence

a. Mi madre egoísta

b. Mi padre me regaña menudo

c. Mis padres son antipático

d. Mi novio miente toda el tiempo

e. No soporto mis padres

f. Mis compañeros de clase se burla de mí

g. Mi padre se enfadas por todo

h. No me llevo bien mis padres

i. Mi hermana mayor nunca me ayudan

j. Ella es terca y no puedo confiar ella

k. Mis padres no me apoya

l. Mi novia son mentirosa

THE LANGUAGE GYM

Jimena: No me llevo bien con mis padres. Son demasiado mandones y tercos. Critican todo lo que hago. Se burlan de mi ropa y de mi peinado.

Paco: Mi hermana siempre está enfadada. ¡Ella se enfada por todo! A veces puede ser violenta y me pega.

Esmeralda: No soporto a mi hermano menor. Es ruidoso, hablador y antipático. Se burla de mí todo el tiempo y, a veces, me pega.

Josefina: A menudo discuto con mi profesor de matemáticas porque es muy arrogante y mandón y siempre quiere tener razón. Además, nunca me ayuda cuando no entiendo algo.

Lucas: Mi hermano mayor y yo discutimos a menudo porque él siempre usa mi ordenador (sin pedirme permiso) y me roba dinero.

Valentina: Mi hermana pequeña es caprichosa y egoísta. Ella siempre quiere tener razón y coge mis cosas sin pedirme permiso. Además, ¡miente todo el tiempo!

Celia: No soporto a mi hermano. Es sucio (porque nunca se ducha) y desordenado. Me insulta todo el tiempo y muchas veces esconde mi móvil. Además, siempre critica a mi novio.

15. Answer the questions below about the texts on the left

a. How does Jimena describe her parents? (2 details)

b. What do Jimena's parents disapprove of? (2 details)

c. What is the problem with Paco's sister? (2 details)

d. What two adjectives does Valentina use to describe her sister?

e. Who has a sibling who criticises her boyfriend?

f. What does Valentina's sister do that annoys her?

g. Why does Josefina dislike her maths teacher? (4 details)

h. Why does Lucas argue with his brother?

i. Who can't stand their younger brother?

j. Who has a sibling who insults them all the time?

k. Who is noisy, talkative and mean?

l. Who is dirty and messy?

m. Who wants to be right all the time? (2 people)

16. Find the Spanish equivalent for the words/phrases below

a. bossy and stubborn:

b. everything I do:

c. my clothes:

d. she gets angry about everything:

e. always wants to be right:

f. we argue often:

g. steals my money:

h. whimsical and selfish:

i. without asking:

j. she lies all the time:

Soy bastante tranquila, amable, de mente abierta y paciente, por lo que rara vez discuto con nadie. Sin embargo, a veces discuto con mi hermano menor y con mi madre. Mi hermano menor es realmente pesado. Es ruidoso, hablador y desordenado. También es terco y caprichoso. Lo que más me molesta es que siempre se lleva mis cosas sin pedirme permiso. Por ejemplo, la semana pasada cogió mi móvil y lo rompió. ¡Increíble! Además, miente todo el tiempo. ¡No lo soporto!

En cuanto a mi madre, discutimos porque ella me critica todo el tiempo. Critica mi ropa, mi peinado y hasta la música que escucho. Además, ella nunca está contenta con mis notas del colegio y siempre critica a mi novio, Gianfranco (es italiano y muy musculoso). Lo peor es que nunca me escucha y nunca me ayuda cuando tengo un problema.

Afortunadamente, nunca discuto con mi padre ni con mi hermano mayor. Son muy amables, pacientes y generosos.
(Belén, 18 años)

17. Find in the text the Spanish for the following

a. calm: t_____
b. nobody: n_____
c. however: s_____
d. annoying: p_____
e. whimsical: c_____
f. things: c_____
g. as for: e___ c_____ a
h. clothes: r_____
i. results/grades: n_____
j. worst of all: l__ p____ e___ q____
k. never: n_____
l. fortunately: a_____

18. Answer the questions below on Belén's text

a. How does Belén describe herself? (4 details)

b. Who does Belén argue with?

c. What six adjectives does she use to describe her younger brother?

d. What annoys her the most?

e. What did her brother do last week?

f. What does her brother do all the time?

g. Name three things her mother criticises about her.

h. What three adjectives does she use to describe her father and her older brother?

19. Find the Spanish for the phrases below in Belén's text

a. I rarely argue with anybody (nobody)
b. My younger brother
c. He is really annoying
d. He is stubborn
e. What annoys me the most
f. Without asking for my permission
g. He took my mobile phone
h. He broke it
i. Unbelievable!
j. I can't stand him!
k. As for my mother
l. She criticises my clothes
m. My school results
n. The worst thing is
o. Never helps me
p. I never argue
q. They are very kind
r. Generous

A menudo discuto con la gente. ¡Con todo el mundo! Con mis padres, mis hermanas, mis amigos, mis compañeros de clase, mis profesores. Discuto con mis padres porque quieren controlar todo lo que hago. Quieren saberlo todo. Son muy mandones y quisquillosos. ¡No los soporto!

También discuto con mis hermanas porque son arrogantes, estúpidas, chismosas y siempre me juzgan. Critican mi forma de hablar, de peinarme y hasta de vestirme. ¡No las soporto!

No tengo muchos amigos, pero también discuto con ellos. Hablan demasiado, escuchan música vieja y aburrida, no llevan ropa de moda y se peinan como mi abuelo. El peor es mi compañero de clase José Manuel: ¡un verdadero perdedor! Discutimos porque es estúpido y terco.

Mis compañeros de clase también discuten conmigo. Dicen que soy demasiado agresivo y terco y que siempre quiero tener razón. Pero, en mi opinión, me tienen celos porque soy más fuerte, más guapo y mucho más musculoso que ellos. Son estúpidos. No entienden nada.

A mis profesores tampoco les gusto. Siempre me regañan porque nunca hago mis deberes y porque siempre llego tarde a clase. Dicen que soy arrogante, vago y ruidoso en clase. El peor es mi profesor de historia, el Sr. Margallo. Discutimos todos los días porque es aburrido y no aprendo nada en sus clases. Dice que soy muy maleducado y malo.
(Andrés, 16 años)

21. Answer the questions below

a. Who does Andrés argue with? (5 details)

b. Give three reasons why he argues with his parents.

c. What do his sisters criticise about him? (3 details)

d. How does he describe them? (4 details)

e. What does he not like about his friends? (3 details)

f. What do his classmates say about him? (3 details)

g. Why are they jealous of him, in his opinion? (3 details)

h. Why does his history teacher not like him? (2 details)

i. Why does he dislike his history teacher? (2 details)

20. Complete

a. Often: a_____

b. People: g_____

c. Everyone: t___ ___ _____

d. To control: c_____

e. Everything: t_____

f. Fussy: q_____

g. Gossipy: c_____

h. They judge me: m__ j_____

i. Also: t_____

j. Old music: m_____ v_____

k. The worst one is: e__ p_____ e__

l. Stubborn: t_____

m. They are jealous: t_____ c_____

n. Every day: t_____ l__ d___

o. Rude: m_____

22. Find the Spanish equivalent

a. With everyone

b. They want to control everything I do

c. I cannot stand them

d. They always judge me

e. My way of talking

f. I argue with them also

g. They style their hair like my grandad

h. A real loser

i. They say that

j. In my opinion they are jealous

k. They are stupid

l. They always tell me off

m. I learn nothing in his lessons

23. Complete with the options provided below

a. Ella nunca me _____ : [She never helps me]

b. Él no me _____ : [He doesn't understand me]

c. Ella es _____ : [She is mean]

d. Él se _____ por todo: [He gets angry about everything]

e. Él se _____ de mí: [He mocks me]

f. Ella _____ mis cosas sin permiso: [She takes my things without permission]

g. Discuto con _____ : [I argue with them]

h. Él siempre me _____ : [He always tells me off]

i. Ella me _____ dinero: [She steals my money]

j. No puedo _____ en él: [I cannot trust him]

k. Ella critica mi _____ : [She criticises my hair-style]

l. Ellos critican mi _____ : [They criticise my clothes]

confiar	ropa	antipática	comprende	burla	coge
regaña	ayuda	roba	enfada	peinado	ellos

24. Translate into English

a. Discuto a menudo con mis padres.

b. Mi madre critica mi ropa y mi peinado.

c. Ella me dice que soy muy vago y maleducado.

d. No me llevo bien con mi padre.

e. Él es mandón y siempre quiere tener razón.

f. En cuanto a mi padre, es muy pesado.

g. Él me roba dinero.

h. Además, coge mis cosas sin pedirme permiso.

i. Mi hermana es antipática y egoísta.

j. Ella se burla de mí.

k. Ella nunca me ayuda a hacer mis deberes.

l. Mi amigo nunca dice que soy un perdedor.

m. No soporto a mis profesores. Siempre me chillan.

n. Mi novio quiere controlar todo lo que hago.

25. Translate into Spanish

a. My mother is bossy.

b. She never helps me.

c. My father wants to control everything I do.

d. He never listens to me.

e. I can't stand my parents.

f. My older brother mocks me.

g. He criticises my clothes and hair style.

h. He hits me.

i. My younger brother steals my money.

j. He takes my things without asking for my permission.

k. I don't get along with my teachers.

l. The worst one is my science teacher.

m. He says that I am rude and lazy.

Key questions (Units 11 & 12)

¿Cómo eres? Describe tu personalidad	*What are you like? Describe your character*
¿Tienes muchos amigos? ¿Por qué? ¿Por qué no?	*Do you have a lot of friends?* *Why? Why not?*
¿Quién es tu mejor amigo/amiga?	*Who is your best friend?*
¿Por qué te llevas bien con él/ella?	*Why do you get along with him/her?*
¿Te llevas bien con la gente en general? ¿Por qué? ¿Por qué no?	*Do you get along with people in general?* *Why? Why not?*
¿Te llevas bien con tu familia? ¿Por qué? ¿Por qué no?	*Do you get along with your family?* *Why? Why not?*
En tu familia, ¿con quién te llevas mejor? ¿Por qué?	*In your family, who do you get along with best?* *Why?*
¿Con quién no te llevas bien? ¿Por qué?	*Who do you not get along with? Why?*
¿Te llevas bien con tus compañeros/as de clase? ¿Por qué? ¿Por qué no?	*Do you get along with your classmates?* *Why? Why not?*
¿Con cuál de ellos/ellas te llevas bien? ¿Por qué?	*Which of them do you get along with?* *Why?*
¿Con cuál de ellos/ellas no te llevas bien? ¿Por qué?	*Which of them do you not get along with?* *Why?*
¿Te llevas bien con tus profesores? ¿Por qué? ¿Por qué no?	*Do you get along with your teachers?* *Why? Why not?*
¿Con cuál de ellos/ellas te llevas bien? ¿Por qué?	*Which of them do you get along with? Why?*
¿Con cuál de ellos/ellas no te llevas bien? ¿Por qué?	*Which of them do you not get along with?* *Why?*
¿Tus padres te dan paga / *dinero de bolsillo?	*Do your parents give you pocket money?*
¿Qué haces para ganar tu paga / *dinero de bolsillo?	*What do you do to earn your pocket money?*
Author's note: *"dinero de bolsillo" is common GCSE vocabulary, but is a literal translation from the English/French (pocket money/argent de poche) and not actually used in real life. In Spain you will hear "paga" for pocket money. In some Latin American countries the term "mesada" is used instead.*	

ANSWERS – Unit 11

1. Match: malhumorado – bad-tempered **egoísta** – selfish **exigente** – demanding **maleducado** – rude **violento** – violent **quisquilloso** – fussy **antipático** – mean **mandón** – bossy **terco** – stubborn **mentiroso** – liar **arrogante** – arrogant **tonto** – stupid

2. Missing letters challenge: a) quis**quillosa** b) te**rca** c) anti**pática** d) exig**entes** e) male**ducado** f) mand**ones** g) malh**umorado**

3. Translate: a) my younger sister is stubborn b) my brother is bossy c) my father gets angry about everything d) my mother is too fussy e) my older brother is mean f) my neighbour is arrogant and stupid g) my boyfriend is selfish h) my parents are very demanding i) my mother doesn't listen to me j) my older sister never helps me

4. Rewrite: a) no tenemos los mismos gustos b) mi hermano mayor es mentiroso c) mi padre se enfada por todo d) mi madre me trata mal e) discuto a menudo con mis padres f) mis padres no me comprenden

5. Break the flow: a) mi hermano siempre miente b) mis padres se enfadan por todo c) mi hermano mayor es antipático d) mi novio es egoísta e) mi hermana me trata mal f) mis amigos se burlan de mí g) no tiene los mismos gustos que yo

6. Complete with the missing words: a) mismos b) burla c) tiempo d) nunca e) critica f) regañan g) trata

7. Anagrams: a) malhumorado b) exigente c) antipática d) egoísta e) quisquilloso f) terco

8. Split words: a) malhumorado b) tonto c) antipático d) quisquilloso e) arrogante f) mandón g) pesado h) exigente i) egoísta j) maleducado k) terco l) mentiroso

9. Match: me trata mal – he treats me badly **no me escucha** – he doesn't listen to me **discutimos a menudo** – we often argue **no tenemos los mismos gustos** – we don't have the same tastes **es pesado** – he is annoying **no me apoya** – he doesn't support me **es antipático** – he is mean **nunca me ayuda** – he never helps me **no puedo confiar en él** – I can't trust him **se enfada por todo** – he gets angry about everything

10. Multiple choice quiz: él nunca me ayuda (a) él se enfada por todo (c) ella no me escucha (b) ella es mentirosa (b) discutimos (c) no me llevo bien con él (a) él me trata mal (c) ella me regaña (b) él miente (b) se burla de mí (a) ella es malhumorada (c) no puedo confiar en... (a) no la soporto (b)

11. Spot the missing word and add it in: a) **trata** mal b) **son** muy c) mi hermano **miente** d) de **mí** e) **nunca** me ayuda f) mi **hermana** g) me **chilla** h) **todo** el tiempo

12. Split sentences: ella no me apoya ; ella miente todo el tiempo ; ella se enfada por todo ; ella no me ayuda nunca ; no la soporto ; ella es antipática ; ella me pega ; ella se burla de mí

13. Translate: a) I can't stand my English teacher b) I get on well with my German teacher c) my mother always tells me off d) my brother is very stubborn and arrogant e) my parents are too demanding f) my younger brother lies all the time g) I often argue with my girlfriend h) my older sister never helps me i) my younger sister is annoying, she talks too much j) my father gets angry about everything and sometimes shouts at me k) my boyfriend is very selfish

14. Spot and correct the spelling or grammar mistake: a) **es** egoísta b) **a** menudo c) antipático**s** d) tod**o** e) **a** mis f) burla**n** g) enfada h) **con** mis i) ayuda j) confiar **en** ella k) apoya**n** l) **es** mentirosa

15. Answer: a) too bossy and stubborn b) her clothes and her hair style c) she is always angry and gets angry about everything, sometimes she is violent and hits him (any two details) d) whimsical and selfish e) Celia f) she always wants to be right, takes her things without permission, lies all the time g) arrogant, bossy, always wants to be right and never helps her h) he takes his computer and steals his money i) Esmeralda j) Celia k) Esmeralda's brother l) Celia's brother m) Josefina's maths teacher and Valentina's sister

16. Find the Spanish: a) mandones y tercos b) todo lo que hago c) mi ropa d) ella se enfada por todo e) siempre quiere tener razón f) discutimos a menudo g) me roba dinero h) caprichosa y egoísta i) sin permiso j) miente todo el tiempo

17. Find the Spanish: a) tranquila b) nadie c) sin embargo d) pesado e) caprichoso f) cosas g) en cuanto a h) ropa i) notas j) lo peor es que k) nunca l) afortunadamente

18. Answer the questions: a) quite calm, kind, open-minded, patient b) her younger brother and her mother c) noisy, talkative, messy, really annoying, stubborn, whimsical d) he always takes her things without asking e) he took her mobile phone and broke it f) lies g) clothes, hairstyle, and the music she listens to h) very kind, patient and generous

19. Find the Spanish: a) rara vez discuto con nadie b) mi hermano menor c) es realmente pesado d) es terco e) lo que más me molesta f) sin pedirme permiso g) cogió mi móvil h) lo rompió i) ¡increíble! j) ¡no lo soporto! k) en cuanto a mi madre l) critica mi ropa m) mis notas del colegio n) lo peor es que o) nunca me ayuda p) nunca discuto q) son muy amables r) generosos

20. Complete: a) a menudo b) gente c) todo el mundo d) controlar e) todo f) quisquilloso g) chismosas h) me juzgan i) también j) música vieja k) el peor es l) terco m) tienen celos n) todos los días o) maleducado

21. Answer: a) people/everyone, parents, sisters, friends, classmates, teachers
b) they want to control everything he does, they want to know everything, they are bossy and fussy
c) the way he speaks, his hairstyle, the way he dresses d) arrogant, stupid, gossipy, judgemental
e) they talk too much, they listen to old/boring music, they don't wear cool/fashionable clothes and they style their hair like his grandad f) too aggressive, stubborn, always wants to be right g) he is stronger, better looking and much more muscly than them h) rude and bad/mean i) he is boring and he doesn't learn anything in his lessons

22. Find the Spanish: a) con todo el mundo b) quieren controlar todo lo que hago c) ¡no los soporto! d) siempre me juzgan e) mi forma de hablar f) también discuto con ellos g) se peinan como mi abuelo h) un verdadero perdedor i) dicen que j) en mi opinión, me tienen celos k) son estúpidos l) siempre me regañan m) no aprendo nada en sus clases

23. Complete: a) ayuda b) comprende c) antipática d) enfada e) burla f) coge g) ellos h) regaña i) roba j) confiar k) peinado l) ropa

24. Translate: a) I often argue with my parents b) my mother criticises my clothes and my hairstyle
c) she tells me that I am very lazy and rude d) I don't get on well with my father
e) he is bossy and always wants to be right f) as for my father, he is very annoying g) he steals my money
h) moreover, he takes my things without asking for permission i) my sister is mean and selfish j) she mocks me
k) she never helps me with my homework l) my friend never says that I am a loser
m) I can't stand my teachers, they always shout at me n) my boyfriend wants to control everything I do

25. Translate: a) mi madre es mandona b) ella nunca me ayuda c) mi padre quiere controlar todo lo que hago
d) él nunca me escucha e) no soporto a mis padres f) mi hermano mayor se burla de mí
g) él critica mi ropa y mi peinado h) él me pega i) mi hermano menor me roba dinero
j) él coge mis cosas sin pedirme permiso k) no me llevo bien con mis profesores
l) el peor es mi profesor de ciencias m) él dice que soy maleducado y vago

Unit 12. Why I get along with people

Me llevo bien con [I get along with]	Feminine singular	
^^	mi amiga Carla [my friend Carla]	mi hermana mayor [my older sis]
^^	mi madre [my mother]	mi hermana menor [my younger sis]
^^	Masculine singular	
^^	mi amigo Felipe [my friend Felipe]	mi hermano mayor [my older bro]
^^	mi padre [my father]	mi hermano menor [my younger bro]
^^	Masculine plural	
^^	mis compañeros de clase [my classmates]	mis padres [my parents]
^^	^^	mis profesores [my teachers]

porque (ella) es [because she is]	porque (él) es [because he is]	porque (ellas) son [because they -f- are]	porque (ellos) son [because they -m- are]
comprensiva [understanding]	comprensivo	comprensivas	comprensivos
de mente abierta [open-minded]	de mente abierta	de mente abierta	de mente abierta
educada [polite]	educado	educadas	educados
fiable [reliable]	fiable	fiables	fiables
generosa [generous]	generoso	generosas	generosos
humilde [humble]	humilde	humildes	humildes
inteligente [intelligent]	inteligente	inteligentes	inteligentes
paciente [patient]	paciente	pacientes	pacientes
respetuosa [respectful]	respetuoso	respetuosas	respetuosos
servicial [helpful]	servicial	serviciales	serviciales

y (él/ella)	y (ellos/ellas)
me anima mucho [encourages me a lot]	me animan mucho [encourage me a lot]
me apoya [supports me]	me apoyan [support me]
me ayuda [helps me]	me ayudan [help me]
me comprende [understands me]	me comprenden [understand me]
me escucha [listens to me]	me escuchan [listen to me]
me hace reír [makes me laugh]	me hacen reír [make me laugh]
me trata bien [treats me well]	me tratan bien [treat me well]
me valora [values me]	me valoran [value me]
no me juzga [doesn't judge me]	no me juzgan [don't judge me]
no me miente [doesn't lie to me]	no me mienten [don't lie to me]
no me regaña [doesn't tell me off]	no me regañan [don't tell me off]
no se burla de mí [doesn't mock me]	no se burlan de mí [don't mock me]

Además, [Moreover,]	comparte sus cosas conmigo [he/she shares their things with me]
^^	nunca discutimos por tonterías [we never argue about silly things]
^^	nos divertimos mucho juntos [we have a lot of fun together]
^^	puedo hablar con él/ella de cualquier cosa [I can talk to him/her about anything]
^^	tenemos los mismos gustos [we have the same tastes]
^^	tenemos los mismos intereses [we have the same interests]

1. Match up

Me ayuda	He/she values me
Me anima	He/she doesn't judge me
Me valora	He/she doesn't tell me off
Me apoya	He/she doesn't treat me badly
No me juzga	He/she supports me
No me regaña	He/she doesn't mock me
No me trata mal	He/she helps me
No se burla de mí	He/she understands me
Me comprende	He/she listens to me
Me escucha	He/she encourages me

2. Complete

a. Siempre me ay _ _ _

b. Me ap _ _ _

c. No me tr _ _ _ m _ _

d. Me esc _ _ _ _

e. Me va _ _ _ _

f. No me reg _ _ _

g. Me com _ _ _ _ _ _

h. No me ju _ _ _

i. Me tr _ _ _ bien

j. No se b _ _ _ _ de mí

3. Break the flow

a) nomejuzga

b) nomeregaña

c) meescuchacuandotengounproblema

d) noseburlademí

e) mehacereír

f) nodiscutimosportonterías

g) siempremeapoya

h) meanimacuandoestoydeprimido

4. Translate into English

a. Ella nunca me regaña.

b. Él me trata bien.

c. Mi padre siempre me apoya.

d. Nunca discuto con mis padres.

e. Mi hermana y yo tenemos los mismos gustos.

f. Mi novia y yo tenemos los mismos intereses.

g. Mi novia es muy amable y siempre me ayuda.

h. Mi novio nunca me miente.

i. Nos divertimos mucho juntos.

5. Complete

a. *He listens to me*: É__ m__ e_____.

b. *We rarely argue*: R_____ d_____.

c. *She treats me well*: E____ m__ t_____ b_____.

d. *He doesn't judge me*: É__ n__ m__ j_____.

e. *She encourages me*: E____ m__ a_____.

f. *She never tells me off*: E____ n_____ m__ r_____.

g. *He always supports me*: É__ s_____ m__ a_____.

h. *She makes me laugh*: E_____ m__ h____ r____.

i. *He never shouts at me*: E__ n_____ m__ c_____.

6. Complete the translation

a. Ella nunca me regaña: [She never _____]

b. Tenemos los mismos gustos: [We have the same _____]

c. Tenemos los mismos intereses: [We have the same _____]

d. Nos divertimos juntos: [We have fun _____]

e. Mi novia nunca me miente: [My girlfriend never _____ to me]

f. Ella siempre me ayuda cuando me hace falta: [She always _____ me when I need it]

g. Ella está ahí cuando tengo un problema: [She is _____ for me when I have a problem]

h. Raramente discutimos: [We rarely _____]

7. Complete the sentences with the options below

a. Puedo hablar con ella de _____ cosa: [I can talk to her about anything]

b. Puedo _____ en ella: [I can trust her]

c. Ella es muy _____ y simpática: [She is very respectful and nice]

d. Él siempre me _____: [He always supports me]

e. Tenemos los mismos _____: [We have the same tastes]

f. Siempre _____ _____ cuando estoy deprimido: [She is always there for me when I am down]

g. Raramente _____: [We argue rarely]

h. Nos _____ mucho juntos: [We have a lot of fun together]

i. Ella nunca se _____ de mí: [She never mocks me]

j. Ella me _____ cuando tengo un problema: [She helps me when I have a problem]

| respetuosa | divertimos | gustos | confiar | discutimos |
| burla | apoya | cualquier | está ahí | ayuda |

8. Missing letters challenge

a. M_ h_ _ _ _ _ _ _ e_ m_ _ p_ _ _ _ _ : [My sister is very annoying]

b. M_ m_ _ _ _ s_ _ _ _ _ _ _ m_ a_ _ _ _ : [My mother always helps me]

c. N_ _ _ _ d_ _ _ _ _ _ _ _ _ _ : [We never argue]

d. S_ _ _ _ _ _ _ m_ j_ _ _ _ _ : [They always judge me]

e. P_ _ _ _ c_ _ _ _ _ _ e_ é_ : [I can trust him]

f. T_ _ _ _ _ l_ _ m_ _ _ _ _ g_ _ _ _ _ : [We have the same tastes]

g. E_ _ _ n_ _ _ _ m_ r_ _ _ _ _ _ : [She never tells me off]

h. E_ _ _ e_ m_ _ a_ _ _ _ _ _ : [She is very kind]

9. Positive (P) or negative (N)?

a. Mi madre es antipática	
b. Discutimos todos los días	
c. Mis padres me apoyan	
d. Ella se enfada por todo	
e. Ella es muy servicial	
f. Tenemos los mismos gustos	
g. Puedo confiar en él	
h. Ella me trata mal	
i. Lo pasamos bien juntos	
j. Me juzgan	
k. Me animan	

10. Spot and correct the spelling/grammar mistakes

a. Mi madre es muy positivo

b. Ella es me ayuda

c. Puedo confia en élla

d. Nos devertimos muchos juntos

e. Nunka discutimnos

f. Eyos me juezgan

g. Tenemoh loh mismoh gustoh

h. Ella me trata malo

i. Mis pardes siempre mi apoyan

j. La mia madre raramente regaña

11. Slalom translation: translate the sentences in the grey box below ticking the relevant words/phrases in the table

1. We have the same tastes	2. My parents judge me a lot	3. My mother tries to understand me	4. My girlfriend and I never argue
5. My boyfriend never lies to me	6. My friend helps me when I have a problem	7. We have a lot of fun together	8. I get along with them

Tenemos (1)	nunca	mucho	miente
Mi novio	los (1)	me juzgan	comprenderme
Mis	madre	mismos (1)	tengo un problema
Nos	padres	intenta	mucho
Mi	divertimos	nunca	gustos (1)
Mi amiga	y yo	me	discutimos
Mi novia	llevo	ayuda cuando	ellos
Me	me	bien con	juntos

12. Translate into Spanish

a. He helps me

b. She listens to me

c. They support me

d. We don't argue

e. We have fun together

f. I get along with them

g. We have the same tastes

h. She is understanding and kind

i. He encourages me

j. He judges me

USEFUL VOCABULARY

Él [He] Ella [She]	intenta [tries to] trata de [tries to]	animarme [cheer me up] apoyarme [support me] ayudarme [help me]	cuando tengo [when I have]	un problema [a problem]
Ellos [They -m-] Ellas [They -f-]	intentan [try to] tratan de [try to]	calmarme [calm me down] comprenderme [understand me] escucharme [listen to me] hacerme reír [to make me laugh]	cuando estoy [when I am]	enfadado/a [angry] triste [sad]

Las relaciones: cómo me llevo con mi familia

Eva: Me llevo bien con mis padres porque son amables y comprensivos. Me escuchan cuando tengo un problema y siempre tratan de comprender mi punto de vista.

Sofía: No me llevo demasiado bien con mi madre. Ella se enfada por todo y siempre quiere tener razón. Mi padre, por otro lado, es muy tranquilo y de mente abierta. Nunca me juzga y siempre intenta ayudarme cuando tengo un problema.

Daniel: Me llevo bien con mis padres. Son bastante tolerantes y abiertos, pero a veces son demasiado estrictos e intentan controlarme. Por lo general, respetan mis decisiones y opiniones, pero a veces son muy mandones y no me escuchan. Por ejemplo, no me dejan salir con mi novia por la noche y critican mi forma de vestir.

Virginia: Me llevo bien con mis padres. Son realmente amables. Casi nunca me regañan y siempre me apoyan cuando tengo un problema. Cuando estoy triste o tengo un problema, mi mamá me escucha y siempre intenta animarme. Ella es muy inteligente y siempre encuentra soluciones a todos mis problemas.

Pablo: Me llevo bien con mis padres, aunque a veces son demasiado estrictos. Por lo general, son muy amables y me valoran, pero no me dejan salir más de una vez a la semana. Me gustan de todos modos, porque me quieren y me animan mucho y siempre tratan de apoyarme, especialmente cuando estoy deprimido o triste.

13. Find in the text the Spanish equivalent for the following

a. They always try to understand my point of view

b. She gets angry about everything

c. He never judges me

d. They try to control me

e. They don't listen to me

f. They don't let me go out

g. They criticise the way I dress

h. They nearly never tell me off

i. When I am sad or have a problem

j. She tries to cheer me up

k. I like them anyway

l. They value me

m. More than once a week

n. When I am feeling down or sad

14. Answer the questions below

a. How does Eva describe her parents? (2 details)

b. Why does Sofía not get along with her mother? (2 details)

c. What two things don't Daniel's parents let him do?

d. List four things which make Virginia like her parents.

e. List one thing Pablo doesn't like about his parents and three things he does like.

15. Multiple choice quiz

	a	b	c
Me ayudan	they help me	they understand me	they value me
Me juzgan	they mock me	they argue	they judge me
Me animan	they listen to me	they encourage me	they understand me
Me escuchan	they neglect me	they listen to me	they support me
Me apoyan	they support me	they encourage me	they understand me
Me comprenden	they judge me	they understand me	they help me
Discuten	they argue	they get angry	they neglect me
Se enfadan	they get angry	they try	they mock me
Me ignoran	they love me	they support me	they ignore me
Ellos tratan de	they listen to me	they try to	they judge me

Me llevo muy bien con mis padres. Siempre intentan hacerme feliz y siempre me apoyan. Además, siempre tratan de entender mi punto de vista y respetan mis decisiones. Aunque a veces son bastante estrictos, raramente se enfadan. Son de mente abierta y nunca me juzgan. Nunca critican ni mi ropa ni mi peinado ni a mis novios.

En cuanto a mi hermana, ¡es muy pesada! No me llevo bien con ella porque es muy malhumorada y egoísta. Miente todo el tiempo y me roba la ropa y el dinero. ¡No la soporto! Mi hermano es mucho más simpático. Aunque sea demasiado hablador y torpe, es muy amable y generoso. También es muy atento y servicial, realmente me gusta. Cuando hago las tareas domésticas, él siempre me ayuda. Cuando estoy enfadada, siempre trata de calmarme y de hacerme sonreír. Cuando estoy triste, intenta animarme contándome chistes.

(María, 16 años)

16. Find the Spanish equivalent

a. I get along really well

b. They always try to please me

c. They respect my choices

d. They rarely get angry

e. My clothes or hair style

f. Very annoying

g. Bad-tempered and selfish

h. She lies all the time

i. Caring and helpful

j. He always tries to calm me down

17. Answer the following questions

a. List four good things María says about her parents

b. What three adjectives does she use to describe her sister?

c. What does her sister do all the time?

d. What two things does she steal from María?

e. What are two negatives and two positives about her brother?

f. What does he do when María is doing the chores?

g. What does he do when María is angry or sad?

Me llevo muy bien con mis padres. Son muy amables y de mente abierta. También son muy pacientes y raramente se enfadan conmigo. Mi padre es muy divertido y siempre cuenta chistes graciosos. Lo que más me gusta de mis padres es que me escuchan cuando tengo un problema y me animan y apoyan cuando estoy deprimido.

También me llevo bastante bien con mi hermano pequeño, David. Es un poco vago y tonto, pero es muy mono. A veces coge mis cosas sin pedirme permiso, pero aparte de eso, es muy amable y cariñoso. También me llevo bien con mi hermana mayor, Macarena. Ella es muy generosa y servicial. A menudo me ayuda con mis deberes y cuando tengo problemas con mi novia me da buenos consejos. Lo bueno es que mi hermana y yo tenemos los mismos gustos e intereses. Yo la quiero mucho.

Tengo una novia que se llama Laura y que es un poco mayor que yo. Nos llevamos bastante bien. Tenemos los mismos gustos musicales. Nos encantan los mismos deportes y nos divertimos mucho juntos. Sin embargo, ella es bastante impaciente y terca y siempre quiere tener razón. Además, es muy celosa y no confía en mí. De vez en cuando discutimos si salgo con mis amigos.

En cuanto a mis profesores, me llevo muy bien con la mayoría de ellos. Nos ayudan mucho, son amables, no nos dan demasiados deberes y casi nunca nos regañan. Lo que más me gusta de ellos es que no nos tratan como niños y tratan de entender nuestro punto de vista. En mi opinión, esto es lo más importante. No me gusta la gente que siempre quiere tener razón. **(Martín, 17 años)**

18. Answer the following questions on Martín's text

a. What adjectives does he use to describe his parents?

b. What does he like the most about them? (3 details)

c. List three good things he says about his brother.

d. List two negative things he says about his brother.

e. Why does he argue with his girlfriend from time to time?

f. Why does he like his teachers? (4 details)

g. What does Martin most appreciate about his teachers?

19. Find the Spanish equivalent for

a. (He) always tells funny jokes

b. When I am feeling down

c. He is very cute

d. Without asking me for permission

e. She gives me good advice

f. Who is a bit older than me

g. We get along quite well

h. Always wants to be right

i. We argue if I go out with my friends

j. With the majority of them

k. They don't give us too much homework

l. They hardly ever tell us off

m. What I like the most about them

n. They don't treat us like children

20. Gapped translation

a. Son _____: *[They are kind]*

b. Tratan de _____: *[They try to help me]*

c. Me _____: *[They support me]*

d. Me _____ salir con mis amigos: *[They let me go out]*

e. Mi hermana es una persona _____: *[My sister is a helpful person]*

f. Me _____ bien con mis profesores: *[I get along well with my teachers]*

g. Nunca _____: *[We never argue]*

h. Lo pasamos bien _____: *[We have fun together]*

i. Tenemos los _____ gustos: *[We have the same tastes]*

j. Raramente se _____ conmigo: *[They rarely get angry with me]*

k. Nunca me _____: *[They never tell me off]*

l. Mis profesores son _____ y _____: *[My teachers are understanding and helpful]*

21. Translate into Spanish

a. I get on well with my parents because they are kind, open-minded and caring.

b. My parents value me, help me, support me and rarely get angry. I love them!

c. Even though my mother gets angry from time to time, she is very nice and positive.

d. My sister and I have a lot of fun together. We have the same tastes.

e. I get on well with my brother because he is generous and helpful.

f. I don't like my older sister because she lies a lot and she always wants to be right.

g. I get along with my teachers because they don't treat us like children and respect our opinions.

22. Write a paragraph for each person in the FIRST person singular (yo)

	Why they get along with father	Why they get along with mother	Why they get along with girlfriend/boyfriend
Julio	- Open-minded - Generous - Rarely gets angry	- Caring - Listens to him - Helps him a lot	- Kind - Supports him - Understands him
Paulina	- Kind - Doesn't treat her like a child	- Supports her - Rarely tells her off - Gives good advice	- Calm - Funny - They have the same tastes and interests
Jasmina	- Listens to her - Gives good advice - Gives her freedom	- Patient - Positive - Tries to understand her point of view	- Nice - Talkative - Listens to her - Supports her

ANSWERS – Unit 12

1. Match: me ayuda – he/she helps me   **me anima** – he/she encourages me   **me valora** – he/she values me   **me apoya** – he/she supports me   **no me juzga** – he/she doesn't judge me   **no me regaña** – he/she doesn't tell me off   **no me trata mal** – he/she doesn't treat me badly   **no se burla de mí** – he/she doesn't mock me   **me comprende** – he/she understands me   **me escucha** – he/she listens to me

2. Complete: a) ay**uda**   b) ap**oya**   c) tr**a**ta m**a**l   d) esc**ucha**   e) va**lora**   f) re**gaña**   g) com**prende**   h) ju**zga**   i) tr**a**ta   j) b**urla**

3. Break the flow: a) no me juzga   b) no me regaña   c) me escucha cuando tengo un problema   d) no se burla de mí   e) me hace reír   f) no discutimos por tonterías   g) siempre me apoya   h) me anima cuando estoy deprimido

4. Translate: a) she never tells me off   b) he treats me well   c) my father always supports me   d) my parents and I never argue   e) my sister and I have the same tastes   f) my girlfriend and I have the same interests   g) my girlfriend is very kind and always helps me   h) my boyfriend never lies to me   i) we have a lot of fun together

5. Complete: a) él me escucha   b) raramente discutimos   c) ella me trata bien   d) él no me juzga   e) ella me anima   f) ella nunca me regaña   g) él siempre me apoya   h) ella me hace reír   i) él nunca me chilla

6. Complete the translation: a) tells me off   b) tastes   c) interests   d) together   e) lies   f) helps   g) there   h) argue

7. Complete: a) cualquier   b) confiar   c) respetuosa   d) apoya   e) gustos   f) está ahí   g) discutimos   h) divertimos   i) burla   j) ayuda

8. Missing letters challenge: a) mi hermana es muy pesada   b) mi madre siempre me ayuda   c) nunca discutimos   d) siempre me juzgan   e) puedo confiar en él   f) tenemos los mismos gustos   g) ella nunca me regaña   h) ella es muy amable

9. Positive (P) or negative (N): a) N   b) N   c) P   d) N   e) P   f) P   g) P   h) N   i) P   j) N   k) P

10. Spot and correct the spelling/grammar mistakes: a) positiv**a**   b) ella **es** me ayuda   c) puedo confia**r** en ella   d) nos d**i**vertimos **mucho**   e) nunca **discutimos**   f) ellos me **juzgan**   g) tenemo**s** lo**s** mismo**s** gusto**s**   h) me trata **mal**   i) mis **padres** siempre me apoyan   j) **mi** madre raramente **me** regaña

11. Slalom translation:
1) tenemos los mismos gustos   2) mis padres me juzgan mucho   3) mi madre intenta comprenderme   4) mi novia y yo nunca discutimos   5) mi novio nunca me miente   6) mi amiga me ayuda cuando tengo un problema   7) nos divertimos mucho juntos   8) me llevo bien con ellos

12. Translate: a) (él) me ayuda   b) (ella) me escucha   c) (ellos/ellas) me apoyan   d) no discutimos   e) nos divertimos juntos   f) me llevo bien con ellos/ellas   g) tenemos los mismos gustos   h) (ella) es comprensiva y amable   i) (él) me anima   j) (él) nunca me juzga

13. Find the Spanish: a) siempre tratan de comprender mi punto de vista   b) ella se enfada por todo   c) nunca me juzga   d) intentan controlarme   e) no me escuchan   f) no me dejan salir   g) critican mi forma de vestir   h) casi nunca me regañan   i) cuando estoy triste o tengo un problema   j) intenta animarme   k) me gustan de todos modos   l) me valoran   m) más de una vez a la semana   n) cuando estoy deprimido o triste

14. Answer: a) kind and understanding   b) she gets angry about everything and she always wants to be right   c) they don't let him go out with his girlfriend at night and they criticise the way he dresses   d) they are kind, they barely tell her off, they always support her and they always try to cheer her up   e) too strict, very kind, supportive and they love him

15. Multiple choice quiz: me ayudan (a)   me juzgan (c)   me animan (b)   me escuchan (b)   me apoyan (a)   me comprenden (b)   discuten (a)   se enfadan (a)   me ignoran (c)   ellos tratan de (b)

16. Find the Spanish: a) me llevo muy bien   b) siempre intentan hacerme feliz   c) respetan mis decisiones
d) raramente se enfadan   e) mi ropa ni mi peinado   f) muy pesada   g) malhumorada y egoísta
h) miente todo el tiempo   i) atento y servicial   j) siempre trata de calmarme

17. Answer: a) they always try to please her, they support her, they try to understand her point of view, they respect her choices, they rarely get angry, they are open-minded, they are non-judgemental, they don't criticise her hair, clothes nor her boyfriend (allow any four)   b) annoying, bad-tempered, selfish   c) she lies   d) clothes and money
e) too talkative and clumsy, kind and generous or caring and helpful   f) he always helps her
g) he tries to calm her down/cheer her up/make her smile

18. Answer: a) kind, open-minded and patient   b) they are good listeners, they cheer him up and support him
c) cute, kind and affectionate   d) a bit lazy and stupid   e) because he goes out with his friends (and she's very jealous)
f) they help a lot, they are kind, they don't give a lot of homework, they rarely tell them off
g) they don't treat them like kids and they try to understand their point of view

19. Find the Spanish: a) siempre cuenta chistes graciosos   b) cuando estoy deprimido   c) es muy mono
d) sin pedirme permiso   e) me da buenos consejos   f) que es un poco mayor que yo
g) nos llevamos bastante bien   h) siempre quiere tener razón   i) discutimos si salgo con mis amigos
j) con la mayoría de ellos   k) no nos dan demasiados deberes   l) casi nunca nos regañan   m) lo que más me gusta de ellos
n) no nos tratan como niños

20. Gapped translation: a) amables   b) ayudarme   c) apoyan   d) dejan   e) servicial   f) llevo   g) discutimos   h) juntos
i) mismos   j) enfadan   k) regañan   l) comprensivos y serviciales

21. Translate into Spanish:
a) Me llevo bien con mis padres porque son amables, de mente abierta y atentos.
b) Mis padre me valoran, me ayudan, me apoyan y raramente se enfadan. ¡Los quiero!
c) Aunque mi madre se enfada de vez en cuando, ella es muy simpática y positiva.
d) Mi hermana y yo nos divertimos mucho juntos. Tenemos los mismos gustos.
e) Me llevo bien con mi hermano porque es generoso y servicial.
f) No me gusta mi hermana mayor porque miente mucho y siempre quiere tener razón.
g) Me llevo bien con mis profesores porque no nos tratan como niños y respetan nuestras opiniones.

22. Write a paragraph for each person in the FIRST person singular (yo)

Julio: Me llevo bien con mi padre porque él es generoso, de mente abierta y raramente se enfada. Me llevo bien con mi madre porque es atenta, me escucha y me ayuda mucho. Me llevo bien con mi novia porque ella es amable, me apoya y me comprende.

Paulina: Me llevo bien con mi padre porque es amable y no me trata como a una niña. Me llevo bien con mi madre porque me apoya, raramente me regaña y me da buenos consejos. Me llevo bien con mi novio porque es tranquilo y gracioso, y tenemos los mismos gustos e intereses.

Jasmina: Me llevo bien con mi padre porque me escucha, me da buenos consejos y me da libertad. Me llevo bien con mi madre porque ella es paciente y positiva, e intenta comprender mi punto de vista. Me llevo bien con mi novio porque es simpático, hablador, me escucha y me apoya.

Unit 13. Saying why I argue with my parents

Discuto *[I argue]*	con mis padres *[with my parents]*	de vez en cuando *[from time to time]* a menudo *[often]*

Normalmente *[Usually]* Por lo general *[Generally]*	es a causa de *[it's because of]*	mi comportamiento *[my behaviour]* mi novio/novia *[my boyfriend/girlfriend]* mis amistades *[the people I hang out with]* mis notas del colegio *[my school results]*

Mis padres *[My parents]*	dicen que soy demasiado *[say that I am too]* se quejan de que soy demasiado *[complain that I am too]* se enfadan conmigo cuando soy *[get angry with me when I am]*	desordenado/a *[messy]* grosero/a *[rude]* maleducado/a *[impolite]* pesado/a *[annoying]*	ruidoso/a *[noisy]* sucio/a *[dirty]* torpe *[clumsy]* vago/a *[lazy]*

y que *[and that]*	bebo y fumo *[I drink and smoke]* gasto demasiado dinero *[I spend too much money]* no ayudo con las tareas domésticas *[I don't help with the house chores]* no estudio bastante *[I don't study enough]* no hago mis deberes *[I don't do my homework]* no ordeno mi cuarto *[I never tidy up my room]* nunca pongo ni quito la mesa *[I never lay nor clear the table]* salgo demasiado *[I go out too much]*

La última vez que *[The last time that]*	discutimos *[we argued]*	fue *[it was]*	porque… *[because…]*

…insulté a mi hermano/hermana *[I insulted my brother/my sister]* …le contesté a mi padre/madre *[I answered back to my father/my mother]* …les robé dinero a mis padres *[I stole some money from my parents]* …llegué muy tarde a casa *[I came back home very late]* …me peleé/tuve una pelea con mi hermano/hermana *[I had a fight with my brother/my sister]* …me vieron fumar *[they saw me smoke]* …no hice mis deberes *[I didn't do my homework]* …no ordené mi cuarto *[I didn't tidy up my bedroom]* …pasé demasiado tiempo metido en Internet *[I spent too much time on Internet]* …saqué muy malas notas *[I got very bad marks/grades]*

1. Match

Discuto	When I go out
Con mis padres	From time to time
En general	My friends
Mi comportamiento	My behaviour
Mis estudios	My grades/marks
De vez en cuando	With my parents
Cuando salgo	Usually
La gente con quien salgo	My clothes
Mis notas	The people I go out with
A causa de	My studies
Mis amigos	As a result of
Mi ropa	I argue

2. Translate into English

a. Mi comportamiento

b. La gente con quien salgo

c. De vez en cuando

d. Discuto con

e. Discutimos a causa de

f. Mis estudios

g. Mi novia

3. Complete the words with the missing letters

a. L__ g _ _ _ _ con quien s_ _ _ _

b. Mi no _ _ _

c. Mis es _ _ _ _ _ _

d. Mi comporta _ _ _ _ _ _

e. Mis am _ _ _ _

f. Nunca saco la b _ _ _ _ _

g. Por lo g _ _ _ _ _ _

4. Spot and correct the wrong translations

a. Discuto con mis padres: *I argue with my parents*

b. …a causa de mi ropa: *because of my behaviour*

c. …porque salgo demasiado: *because I don't take out the rubbish*

d. …porque soy muy ruidosa: *because I am selfish*

e. …porque soy un vago: *because I am lazy*

f. …porque soy sucio: *because I am rude*

g. …porque soy desordenada: *because I am clumsy*

h. …a causa de mi comportamiento: *because of my outings*

5. Complete with the words in the table below

a. Discuto a _____ con mis padres.

b. Es porque _____ demasiado con mis amigos.

c. Discutimos porque saco _____ notas en el colegio.

d. Dicen que _____ su dinero.

e. Dicen que soy muy ruidoso y _____.

f. Se quejan de que _____ y fumo.

g. No _____ mi cuarto.

h. Se quejan porque les _____.

robo	malas	salgo	ordeno
grosero	menudo	bebo	contesto

6. Translate into English

a. gasto mucho dinero

b. saco buenas notas

c. mi ropa

d. soy ruidoso

e. soy maleducado

f. soy sucio

g. de vez en cuando

h. no ordeno mi cuarto

i. contesto a mis padres

7. Gapped translation

a. Discuto con mis padres: [I _____ with my parents]

b. …cuando salgo de fiesta con mis amigos: [...when I _____ with my friends]

c. Mis padres se quejan de mi comportamiento: [My parents complain about my _____]

d. Dicen que soy demasiado vago: [They say I am too _____]

e. Se quejan de que no les ayudo: [They complain that I don't _____ them]

f. Nunca hago las tareas domésticas: [I never do the _____]

g. Nunca pongo la mesa: [I never _____ the table]

h. No estudio bastante: [I don't _____ enough]

8. Translate into Spanish

a. My behaviour

b. The people I go out with

c. My school results

d. I am very rude

e. My clothes

f. My school work

g. I smoke

h. I never tidy up my room

i. I go out too much

j. I am too noisy

k. I am clumsy

9. Spot and correct the spelling or grammar errors

a. Mi comportamiento en la colegio

b. No me estudio bastante

c. Es porque no hago mi deberes

d. Soy demasiada vaga

e. Mis padres me quejan

f. No ordeno a mi cuarto

g. Salgo demasiado mi novia

h. No ayudo bastantes en casa

i. Yo es torpe y sucio

j. Es porque bebo fumo

10. Complete with the missing words

a. Mis padres _____ que soy muy _____: [My parents say I am very noisy]

b. No _____ bastante: [I don't study enough]

c. Discutimos porque _____ demasiado: [We argue because of I go out too much]

d. Saco malas _____ en el colegio: [I get bad grades at school]

e. Mis _____ se quejan de que soy _____: [My parents complain that I am rude]

f. No les _____ bastante en _____: [I don't help them enough at home]

g. Nunca _____ mi _____: [I never tidy up my room]

h. A mis padres no les _____ mi _____: [My parents don't like my clothes]

Normalmente me llevo bien con mis padres, pero de vez en cuando discutimos cuando salgo de fiesta, especialmente con mis amigos franceses, Julián y Ronan. Mis padres dicen que son una mala influencia para mí porque son groseros, perezosos y sucios. Además, mis padres y yo discutimos a causa de las tareas domésticas. Dicen que no les ayudo bastante en casa. La última vez que tuvimos una discusión fue el fin de semana pasado, porque llegué a casa muy tarde y estaba un poco borracho [drunk].
(Álvaro, 17 años)

12. Answer the questions about Álvaro

a. How often does he argue with his parents?

b. What is the first thing that they argue about?

c. What do his parents say about Ronan and Julián?

d. What is the other cause of their arguments?

e. Why did they argue last weekend?
(2 details)

13. Guillermo's text: Gapped translation

I don't get on with my parents. We always argue because of my clothes, my _____ at school, and because I ____ ____ clubbing ____ often. Moreover, they _____ that I am _____, _____, lazy, and rude. Furthermore, they _____ about that I never _____ my room, that I spend too much time on _____ instead of doing my _____ for school. They say that I don't help them enough at _____. I am _____ of them! The last time that we _____ was yesterday, because I _____ with my little brother and I _____ back to my father when he was telling me off.

11. Find the Spanish in Álvaro's text:

a. I get along well with my parents

b. We argue

c. When I go out partying

d. My parents say that

e. They are a bad influence

f. Lazy and dirty

g. I don't help them enough

h. In the house

i. Last time we had an argument

j. It was

k. I came back home very late

No me llevo bien con mis padres. Siempre discutimos a causa de mi ropa, mis notas del instituto y porque salgo demasiado de marcha. Además, dicen que soy egoísta, desordenado, perezoso y grosero. Además, se quejan de que no ordeno mi cuarto y de que paso demasiado tiempo en las redes sociales en lugar de [instead of] hacer mis deberes para el instituto. Dicen que no les ayudo bastante en casa. ¡Estoy hasta las narices de ellos! [I am sick of them] La última vez que discutimos fue ayer, porque me peleé con mi hermano pequeño y le contesté a mi papá cuando me estaba regañando.
(Guillermo, 15 años)

14. Find the Spanish for the following in the text

a. Always: s_____

b. Grades: n_____

c. Clothes: r_____

d. Selfish: e_____

e. Messy: d_____

f. Rude: g_____

g. (I) spend: p_____

h. Social media: l___ r_____ s_____

15. Complete with the words in the grid below

No me _____ bien con mis padres. Discutimos _____ a causa del dinero de bolsillo, de mi _____, de mis estudios y porque no les gusta mi _____. Además, dicen que soy perezosa, grosera y _____. También se _____ de que no ayudo con las tareas _____, que salgo todo el tiempo y que _____ demasiado tiempo con mis amigas en las _____ _____ en lugar de hacer mis deberes. Dicen que no les ayudo bastante y que no paso bastante tiempo con la _____. La _____ vez que discutimos fue el viernes pasado porque me vieron _____ en la calle con mis amigas. **(Sandra, 16 años)**

| novio | quejan | a menudo | redes sociales | familia | fumar |
| ropa | llevo | desordenada | domésticas | paso | última |

16. Sentence puzzle: put the sentences below in the correct order

a. padres discuto a con menudo mis — *[I often argue with my parents]*

b. nunca mi ordeno cuarto — *[I never tidy up my room]*

c. salgo es demasiado de porque fiesta — *[It is because I go out partying too much]*

d. dicen estudio bastante que no — *[They say that I don't study enough]*

e. mis se padres mí todo el quejan de tiempo — *[My parents complain about me all the time]*

f. que dicen muy perezosa soy — *[They say that I am very lazy]*

THE LANGUAGE GYM

USEFUL VOCABULARY

Here you will find additional useful vocabulary that you can use to talk about why you argue with your parents.

Some more useful sentences to say why you argue with your parents

Discuto con ellos a causa de *[I argue with them because of]*	- mi dinero de bolsillo /mi paga *[pocket money]* - mis amigos *[my friends]* - mi ropa *[my clothes]* - mis estudios *[my studies]*
Discutimos porque *[we argue because]*	- me peleo con mi hermano/a *[I fight with my brother/sister]* - les contesto *[I answer back to them]* - digo muchas mentiras *[I tell a lot of lies]* - no ayudo con las tareas domésticas *[I don't help with the house chores]* - nunca saco la basura *[I never take the rubbish out]* - robo su dinero *[I steal their money]*

Key character traits	Some more time markers to express frequency
antipático/a *[mean]*	**a menudo** *[often]*
egoísta *[selfish]*	**a veces** *[sometimes]*
malhumorado/a *[bad-tempered]*	**casi nunca** *[hardly ever]*
mentiroso/a *[liar]*	**casi todos los días** *[nearly every day]*
violento/a *[violent]*	**raramente** *[rarely]*

Some more useful sentences for talking about the last time you argued with your parents

Mis padres y yo discutimos porque… *[My parents and I argued because..]*

…**cambiaron la contraseña del WIFI como castigo** *[they changed the WIFI password as a punishment]*

…**dije palabrotas** *[I said swear words]*

…**me comporté muy mal en el colegio** *[I behaved very badly at school]*

…**no quise ayudar con las tareas domésticas** *[I didn't want to help with the household chores]*

…**no hice mis deberes** *[I didn't do my homework]*

…**no les hice caso** *[I didn't pay attention to them/I disobeyed]*

…**no nos entendemos muy bien** *[we don't understand each other very well]*

…**salí con mis amigos sin pedirles permiso** *[I went out with my friends without asking for their permission]*

…**suspendí mis exámenes** *[I failed my exams]*

Key questions

Háblame de tus padres. ¿Cómo son?	*Tell me about your parents.* *What are they like?*
¿Te llevas bien con ellos?	*Do you get on well with them?*
¿Cómo es tu relación con tus padres?	*What is your relationship with your parents like?*
¿Discutes a menudo con ellos?	*Do you often argue with them?*
¿Con quién te llevas mejor? ¿Por qué?	*Who do you get along best with?* *Why?*
¿Con quién discutes la mayor parte del tiempo?	*Who do you argue with most of the time?*
¿Tus padres se enfadan contigo a menudo? ¿Por qué?	*Do your parents often get angry with you?* *Why?*
¿Te enfadas a menudo con ellos?	*Do you often get angry with them?*
¿Por qué discutes con ellos?	*Why do you argue with them?*
¿Cuál es la causa más común de vuestras discusiones?	*What is the most frequent cause of your arguments?*
¿Qué podrías hacer para mejorar tu relación con ellos?	*What could you do to improve your relationship with them?*
¿Qué podrías hacer para evitar estas discusiones?	*What could you do to avoid these arguments?*
Háblame de la última vez que discutiste con ellos. ¿Por qué discutisteis? ¿Por qué os peleaste?	*Tell me about the last time you argued with them.* *Why did you argue?* *Why did you fight?*

ANSWERS – Unit 13

1. Match: discuto – I argue **con mis padres** – with my parents **en general** – usually **mi comportamiento** – my behaviour **mis estudios** – my studies **de vez en cuando** – from time to time **cuando salgo** – when I go out **la gente con quien salgo** – the people I go out with **mis notas** – my grades/marks **a causa de** – as a result of **mis amigos** – my friends **mi ropa** – my clothes

2. Translate: a) my behaviour b) the people I hang out with c) from time to time d) I argue with e) we argue because of f) my studies g) my girlfriend

3. Complete: a) la **gente** con quien s**algo** b) no**vio/a** c) mis es**tudios** d) mi comporta**miento** e) mis am**igos** f) b**asura** g) **general**

4. Spot and correct the wrong translations: a) - b) clothes c) I go out too much d) noisy e) - f) dirty g) messy h) behaviour

5. Complete: a) menudo b) salgo c) malas d) robo e) grosero f) bebo g) ordeno h) contesto

6. Translate: a) I spend a lot of money b) I get good grades/marks c) my clothes d) I'm noisy e) I'm rude f) I'm dirty g) from time to time h) I do not tidy up my bedroom i) I answer back to my parents

7. Gapped translation: a) argue b) go out partying c) behaviour d) lazy e) help f) house chores g) lay/set h) study

8. Translate: a) mi comportamiento b) mis amistades/la gente con quien salgo c) mis notas d) soy muy grosero/a **or** maleducado/a e) mi ropa f) mi trabajo escolar g) fumo h) nunca ordeno mi habitación/cuarto i) salgo demasiado j) soy demasiado ruidoso/a k) soy torpe

9. Spot and correct the spelling or grammar errors: a) **el** colegio b) no ~~me~~ estudio bastante c) **mis** deberes d) demasiado e) **se** quejan f) no ordeno ~~a~~ mi cuarto g) **con** mi novia h) **bastante** i) yo **soy** torpe y sucio j) bebo **y** fumo

10. Complete: a) dicen/ruidoso b) estudio c) salgo d) notas e) padres/maleducado f) ayudo/casa g) ordeno/habitación (or cuarto) h) gusta/ropa

11. Find the Spanish in Álvaro's text: a) me llevo bien con mis padres b) discutimos c) cuando salgo de fiesta d) mis padres dicen que e) son una mala influencia (para mí) f) perezosos y sucios g) no les ayudo bastante h) en casa i) la última vez que tuvimos una discusión j) fue k) llegué a casa muy tarde

12. Answer the questions about Álvaro: a) from time to time b) when he goes out partying c) they have a bad influence on him, they are rude, lazy and dirty d) he doesn't help enough with the house chores e) he came home late and was a bit drunk

13. Gapped translation: grades ; go out ; too ; say ; selfish ; messy ; complain ; tidy up ; social media ; homework ; home ; sick ; argued ; fought ; answered

14. Find the Spanish: a) siempre b) notas c) ropa d) egoísta e) desordenado f) grosero g) paso h) las redes sociales

15. Complete: llevo ; a menudo ; ropa ; novio ; desordenada ; quejan ; domésticas ; paso ; redes sociales ; familia ; última ; fumar

16. Sentence puzzle: a) discuto a menudo con mis padres b) nunca ordeno mi cuarto c) es porque salgo demasiado de fiesta d) dicen que no estudio bastante e) mis padres se quejan de mí todo el tiempo f) dicen que soy muy perezosa

Unit 14. Discussing why couples break up

A veces [Sometimes] A menudo [Often]	las parejas [couples]	se divorcian [divorce] se separan [separate]	porque… [because]

…dejan de quererse [they stop loving each other]		
…discuten por todo [they argue about everything]		
…les cuesta vivir juntos [they find it difficult to live together]		
…no se sienten valorados por la otra persona [they don't feel valued by the other person]		
…no pueden adaptarse a la vida en pareja [they can't adapt to the new lifestyle]		
…poco a poco se distancian el uno del otro [little by little they grow distant]		
…se aburren juntos [they are bored together]		
…se pierde la atracción [there is no more attraction]		
…se pierde el amor [they fall out of love – literally: love gets lost]		
…se pierde el respeto [they lose respect]		
…se sienten abandonados por el otro [they feel neglected by the other]		
…uno de ellos es violento [one of them is violent]		
…ya no [they no longer]	se apoyan [support each other] se quieren [love each other]		se respetan [respect each other] se soportan [stand each other]
…ya no tienen [they no longer have]	la misma [the same]	forma de ver las cosas [way of seeing things]	
	los mismos	intereses [interests] gustos [tastes]	objetivos en la vida [goals in life]

o [or] y [and]	a causa de [because of] debido a [due to]	la diferencia de edad [age difference] la falta de amor [lack of love] la falta de atracción física [lack of physical attraction] la infidelidad [infidelity] las diferencias culturales [cultural differences] los malos tratos [abusive behaviour] los problemas de dinero [money problems] los problemas en el trabajo [problems at work] los suegros [in-laws]
	Watch out for masculine nouns: **a causa del / debido al aburrimiento** [boredom]	

Un problema común es que la gente se casa… [A common issue is that people get married…]	cuando es demasiado joven [when they are too young]
	demasiado pronto [too soon]
	por las razones equivocadas [for the wrong reasons]
	sin conocerse suficientemente bien [without knowing each other well enough]
	sin estar realmente enamorada [without being really in love]
	sin haber vivido nunca juntos [without having lived together before]

1. Gapped translation

a. Las parejas se divorcian: *Couples _____.*

b. Se pierde la atracción: *There is no more _____.*

c. Dejan de quererse: *They _____ loving each other.*

d. Uno de ellos es violento: *_____ is violent.*

e. Ya no se soportan: *They _____ each other.*

f. Se pierde el respeto: *Respect gets _____.*

g. Discuten por todo: *They _____ about everything.*

h. Les cuesta vivir juntos: *They find it difficult to live _____.*

i. No se sienten valorados por la otra persona: *They don't feel _____ by the other person.*

j. Poco a poco se distancian el uno del otro: *Little by little they grow _____.*

2. Match

Las parejas se separan	They feel neglected by the other person
Discuten a menudo por cosas tontas	They get bored
Se aburren	They do not love each other anymore
Les cuesta vivir juntos	They don't have the same interests anymore
Se sienten abandonados por el otro	They find it difficult to live together
Ya no se quieren	Couples separate
Ya no tienen los mismos gustos	They lose respect for each other
Ya no se respetan	They argue often about silly things
Se distancian el uno del otro	They grow distant from one another
Ya no tienen los mismos intereses	They no longer support each other
Ya no se apoyan	They don't have the same tastes anymore

3. Complete

a. Las parejas se s _ _ _ _ _ _ _ .

b. Ya no tienen los _ _ _ _ _ _ gustos.

c. Se abu _ _ _ _ .

d. Les c _ _ _ _ _ vivir juntos.

e. Uno _ _ ellos _ _ violento.

f. Dejan de qu _ _ _ _ _ _ .

g. D _ _ _ _ _ _ _ _ a menudo.

h. Ya no hay a _ _ _ _ _ _ _ _ física.

i. No se sienten val _ _ _ _ _ _ por el otro.

j. No se ap _ _ _ _ .

k. Se p _ _ _ _ _ el respeto.

l. Les c _ _ _ _ _ vivir juntos.

m. Ya no _ _ _ _ _ _ los mismos intereses.

n. Se s _ _ _ _ _ _ abandonados por el otro.

THE LANGUAGE GYM

4. Sentence puzzle: arrange the sentences below in the correct order

a) ya atracción no hay física

b) a debido infidelidad la

c) no tienen objetivos en la los mismos vida

d) de diferencias a causa las culturales

e) vivir les cuesta juntos

f) se abandonados sienten por otro el

g) no la otra se sienten por valorados persona

h) poco el uno se distancian del a poco otro

5. Complete with the missing words

a. _ _ no se _ _ _ _ _ _ _ _   *[They don't love each other anymore]*

b. Discuten por _ _ _ _ _ tontas   *[They argue about silly things]*

c. Ya no se _ _ _ _ _ _   *[They no longer support each other]*

d. Se _ _ _ _ _ _ _   *[They get bored]*

e. No se _ _ _ _ _ _ _ _ valorados por el otro   *[They don't feel valued by the other]*

f. Uno de ellos es _ _ _ _ _ _ _ _   *[One of them is violent]*

g. Les _ _ _ _ _ _ vivir _ _ _ _ _ _ *[They find it difficult to live together]*

h. Dejan de _ _ _ _ _ _ _ _   *[They don't love each other anymore]*

i. Se pierde la atracción _ _ _ _ _ _ *[Physical attraction between them gets lost]*

j. Ya no _ _ _ _ _ _ los mismos _ _ _ _ _ _ *[They don't have the same tastes anymore]*

6. Match

No sienten	The same interests
No tienen	Little by little
Los mismos gustos	They don't love each other
No hay más	They don't feel
Los mismos intereses	One of them
Ellos no se quieren	Couples
Uno de ellos	They don't have
Poco a poco	They feel valued
Las parejas	By the other (person)
Por el otro	Respect is lost
No se soportan	The same tastes
Se pelean	They can't stand each other
Se pierde el respeto	They fight
Se sienten valorados	There is no more

7. Translate into Spanish

a. They feel

b. They can't stand each other

c. They argue

d. They don't have

e. They divorce

f. They separate

g. There isn't

h. They get bored

8. Translate into Spanish

a. *There is no more attraction between them*: Y_ n_ h__ a_____ f_____ e_____ e_____.

b. *They can't stand each other*: N__ s__ s_____.

c. *They argue about silly things*: D_____ p____ c_____ t_____.

d. *They feel neglected*: S__ s_____ a_____.

e. *They no longer support each other*: Y__ n__ s__ a_____.

f. *They fall out of love (love is lost)*: S__ p_____ e__ a_____.

g. *They find it difficult to live together*: L___ c_____ v_____ j_____.

h. *One of them is violent*: U___ d__ e_____ e__ v_____.

9. Faulty translation: spot and correct the translation errors

a. A causa del aburrimiento: *Because of money*

b. A causa de problemas en el trabajo: *Because of problems at work*

c. A causa de la falta de amor: *Because of lack of understanding*

d. A causa de problemas de dinero: *Because of money problems*

e. A causa de los malos tratos: *Because of abusive behaviour*

f. A causa de las diferencias culturales: *Because of cultural problems*

g. A causa de la falta de atracción física: *Because of lack of physical attraction*

h. A causa de la infidelidad: *Because of lack of communication*

10. Match

El aburrimiento	Unfaithfulness
Las diferencias culturales	Political orientation
La diferencia de edad	Boredom
La falta de amor	In-laws
La infidelidad	Cultural differences
Los problemas en el trabajo	Money problems
Las discusiones	Problems at work
Los problemas de dinero	Abusive behaviour
Las ideas políticas	Age difference
Los suegros	Lack of love
Los malos tratos	Arguments, fights

11. Spot and correct the spelling/grammar mistakes

a. el aburromiento

b. la infidelidud

c. los suegro

d. los malos tratas

e. la falta del amor

f. las diferencia culturales

g. las problemas en el trabajo

h. las ideas políticos

i. la falta atracción física

12. Multiple choice quiz

	a	b	c
Boredom	el aburrimiento	la falta	la alegría
Taste	el interés	el amor	el gusto
Little by little	de vez en cuando	poco a poco	cada vez menos
The lack of	la falta de	más	el exceso de
In-laws	los abuelos	los suegros	los padrastros
One of them	uno de ellos	uno para ellos	ninguno de ellos
They get bored	se quieren	se aburren	se ríen
They feel	se sienten	se sientan	se quieren
Money	el interés	el dinero	las notas
To live	hablar	discutir	vivir
To value	valorar	mejorar	compartir

13. Complete

a. Los probl _ m _ s de d _ _ _ _ _

b. El ab _ _ _ _ _ _ nto

c. La fal _ _ de am _ _

d. Las d _ f _ r _ _ _ i _ _ cultur _ _ _ s

e. Los probl _ m _ _ e _ e _ t _ _ _ _ j _

f. La i _ fi _ _ _ _ d _ _

g. Lo _ m _ _ _ _ tra _ _ _

h. Los s _ _ _ _ s

i. La d _ _ _ _ _ _ _ _ _ de e _ _ _

14. Translate into English

a. Los suegros

b. El aburrimiento

c. Los problemas de dinero

d. Las diferencias culturales

e. Los problemas en el trabajo

f. Las discusiones

g. Los malos tratos

h. La falta de amor

i. La infidelidad

15. Translate into English

a. A menudo las parejas se divorcian a causa de la infidelidad.

b. En mi opinión, las parejas se separan sobre todo a causa de la falta de amor.

c. A veces, la gente se casa sin estar realmente enamorada.

d. El aburrimiento es una de las causas principales de los divorcios.

e. Algunas parejas se separan porque se casan sin conocerse suficientemente bien.

f. Un problema frecuente es que las personas se casan por las razones equivocadas.

a. **Rocío:** En mi opinión, la gente se separa principalmente a causa del aburrimiento.

b. **Alicia:** Creo que las parejas se separan sobre todo por falta de amor.

c. **Pau:** Muchas parejas se separan porque ya no se soportan y les cuesta seguir viviendo juntos.

d. **Clara:** En muchos casos, la mujer se siente abandonada por el hombre.

e. **Casandra:** Mucha gente se separa debido a los malos tratos.

f. **Mateo:** A menudo las personas se separan porque ya no comparten los mismos objetivos en la vida.

g. **María:** Una causa común de la separación es el estrés causado por problemas en el trabajo.

h. **Candela:** Un problema común para las parejas es que se pierde el respeto.

i. **Gonzalo:** Una causa común de las separaciones es la infidelidad.

---

16. Find in the texts above who says the following statements

EXAMPLE: Couples lose respect for each other: *Candela*

a. A common cause of separations is cheating: _____

b. People separate mainly because of boredom: _____

c. Women are often neglected by men: _____

d. Many couples separate because they can't stand each other anymore: _____

e. People often separate because they don't share the same goals in life: _____

f. Problems at work are a common cause of separations: _____

g. Many people separate as a result of abusive behaviour: _____

---

17. Find in the texts above the Spanish equivalent for

a. A common problem

b. Cheating

c. Respect is lost

d. Caused by problems at work

e. The same goals

f. In my opinion

g. Because of boredom

h. They can't stand each other anymore

i. In life

j. Above all

k. They don't share

l. People

m. Often

n. In many cases

o. The woman

p. By the man

18. Match

Un problema común es que	Without having lived together
Demasiado pronto	For the wrong reasons
Por las razones equivocadas	Too soon
La gente se casa	A common issue is that
Sin haber vivido juntos	Without thinking about it seriously
Muy rápido	Very quickly
Sin estar realmente enamorada	People get married
Cuando son demasiado jóvenes	Without really being in love
Sin pensárselo seriamente	Without knowing each other
Sin conocerse	When they are too young

19. Sentence puzzle: rewrite the sentences in the correct order

a. mucha se las casa gente por equivocadas razones *[Many people marry for the wrong reasons]*

b. ya objetivos en la comparten no los mismos vida *[They no longer share the same life goals]*

c. haber vivido se casan sin juntos nunca *[They get married without having lived together before]*

d. a menudo a causa del la separa gente se aburrimiento *[People often separate because of boredom]*

e. problema un demasiado común se pronto casa…es la gente que *[A common problem is that people get married too soon…]*

f. a causa se separa de malos los la gente tratos *[People separate because of abusive behaviour]*

20. Complete the sentences

a. A veces la g _ _ _ _ se separa a c _ _ _ _ del aburrimiento.

b. A menudo las p _ _ _ _ _ _ se divorcian porque ya no se s _ _ _ _ _ _ _ _.

c. Muchas veces la gente se c _ _ _ demasiado p _ _ _ _ _.

d. Mucha gente se d _ _ _ _ _ _ _ porque ya no comparten los m _ _ _ _ objetivos.

e. Un p _ _ _ _ _ _ _ común es la f _ _ _ de amor.

f. A veces la m _ _ _ no se siente v _ _ _ _ _ _ _ por el hombre.

g. A m _ _ _ _ _ se p _ _ _ _ _ la atracción física.

h. Mucha gente _ _ casa por las razones e _ _ _ _ _ _ _ _ _ _ _.

i. Los malos t _ _ _ _ _ son otra c _ _ _ _ importante del divorcio.

Conozco a muchas personas que se han divorciado y a otras que se están divorciando ahora. Todos se divorcian más o menos por las mismas razones. La mayoría de ellos se separan porque ya no se quieren, se aburren juntos y discuten todo el tiempo por cosas tontas. Es decir, ya no se soportan. Otros se separan por cuestiones de dinero o por el estrés del trabajo. Por otro lado, uno de mis mejores amigos, Aitor, se divorció de su esposa debido a su infidelidad. Ella le puso los cuernos con uno de sus compañeros del trabajo. Un problema bastante común es que las personas se casan demasiado pronto y sin conocerse realmente. En otros casos se casan por las razones equivocadas, por ejemplo, por dinero o para escapar de la soledad. Una amiga mía, Natalia, se casó solo porque quería tener un hijo. **(Raúl, 28 años)**

22. Answer the questions below

a. What are the three main reasons why the majority of people Raúl knows divorce?

b. What happened to Aitor?

c. What is a frequent problem with the way people marry?

d. What are the wrong reasons for getting married that Raúl mentions?

e. Why did his friend Natalia get married?

23. Translate into English

a. Conozco a mucha gente

b. Por las mismas razones

c. Ya no se quieren

d. Se aburren

e. No se soportan

f. Otros se separan por cuestiones de dinero

g. Otro problema

h. La gente se casa sin pensárselo seriamente

21. Find the Spanish equivalent for the following in Raúl's text

a. I know a lot of people

b. Who are getting divorced now

c. For the same reasons

d. The majority of them

e. They are bored together

f. Because of money reasons

g. Work stress

h. On the other hand

i. She cheated on him with…

j. Quite a common issue

k. Without really knowing each other

l. In other cases

m. For the wrong reasons

n. To escape loneliness

o. She wanted to have a child

24. Correct the sentences below, taken from Raúl's text (first try without looking at the text)

a. Conozco muchas personas…

b. … que están divorciando ahora.

c. Se separan por los mismos razones.

d. Discuten todo tiempo por cosas tontas.

e. Aitor se divorció su esposa.

f. Ella le puso cuernos con...

g. La gente casa demasiado temprano.

h. Se casan por las razones equivocados.

i. Una amiga mía se casó solo porque quería tener

147

Tengo muchos amigos que están en proceso de divorciarse. Todos se divorcian más o menos por las mismas razones. La mayoría de ellos se separan porque no hay atracción física entre ellos, les cuesta vivir juntos y ya no comparten los mismos objetivos en la vida. Otros se separan a causa de la infidelidad. Algunos porque no se sienten valorados por su pareja. Una de mis mejores amigas, Julieta, se divorció de su marido porque sufría malos tratos. Él era un hombre violento. Un problema bastante común es que las personas se casan demasiado pronto, sin haber vivido juntos antes. En otros casos se casan por las razones equivocadas, por ejemplo, porque se sienten solos o por presión familiar. **(Luisa, 32 años)**

25. Find the Spanish equivalent for the following phrases in Luisa's text

a. I have a lot of friends

b. More or less

c. For the same reasons

d. There is no physical attraction between them

e. They find it difficult to live together

f. They don't share the same goals in life

g. Because of infidelity

h. They don't feel valued

i. One of my best friends

j. Because she was suffering abusive behaviour

k. People marry too soon

l. In other cases

m. They feel lonely

n. Because of family pressure

26. Find the words below in Luisa's text

a. more or less: m _ _ o m _ _ _ _

b. the majority: la m _ _ _ _ _ _

c. them (m): e _ _ _ _

d. attraction: a _ _ _ _ _ _ _ _

e. between: e _ _ _ _

f. to live: v _ _ _ _

g. together: j _ _ _ _ _

h. infidelity: i _ _ _ _ _ _ _ _ _ _

i. partner: p _ _ _ _ _

j. common: c _ _ _ _

k. husband: m _ _ _ _ _

l. too: d _ _ _ _ _ _ _ _

m. soon: p _ _ _ _ _

n. reasons: r _ _ _ _ _ _

o. they feel lonely: s _ s _ _ _ _ _ _ _ s _ _ _ _

p. pressure: p _ _ _ _ _ _

27. Translate into English

a. Por las mismas razones

b. Su mujer

c. La gente se casa demasiado pronto

d. No hay atracción física

e. Los mismos objetivos

f. Vivir juntos

g. Sufría malos tratos

h. La mayoría de ellos

i. Más o menos

j. Las razones equivocadas

ANSWERS – Unit 14

1. Gapped translation: a) divorce b) attraction c) stop d) one of them e) can no longer stand f) lost g) argue h) together i) valued j) distant/apart

2. Match:
las parejas se separan – couples separate   **discuten a menudo por cosas tontas** – they argue often about silly things
se aburren – they are bored   **les cuesta vivir juntos** – they find it difficult to live together
se sienten abandonados por el otro – they feel neglected by the other person
ya no se quieren – they do not love each other anymore
ya no tienen los mismos gustos – they don't have the same tastes anymore
ya no se respetan – they lose respect for each other
se distancian el uno del otro – they grow distant from one another
ya no tienen los mismos intereses – they don't have the same interests anymore
ya no se apoyan – they no longer support each other

3. Complete: a) **separan** b) **mismos** c) **aburren** d) **cuesta** e) **de / es** f) **quererse** g) d**iscuten** h) **atracción** i) val**orados** j) ap**oyan** k) **pierde** l) **cuesta** m) **tienen** n) **sienten**

4. Sentence puzzle: a) ya no hay atracción física b) debido a la infidelidad c) no tienen los mismos objetivos en la vida d) a causa de las diferencias culturales e) les cuesta vivir juntos f) se sienten abandonados por el otro g) no se sienten valorados por la otra persona h) poco a poco se distancian el uno del otro

5. Complete: a) ya/quieren b) cosas c) apoyan d) aburren e) sienten f) violento g) cuesta/juntos h) quererse i) física j) tienen/gustos

6. Match: no sienten – they don't feel   **no tienen** – they don't have   **los mismos gustos** – the same tastes
no hay más – there is no more   **los mismos intereses** – the same interests   **ellos no se quieren** – they don't love each other
uno de ellos – one of them   **poco a poco** – little by little   **las parejas** – couples   **por el otro** – by the other (person)
no se soportan – they can't stand each other   **se pelean** – they fight   **se pierde el respeto** – respect is lost
se sienten valorados – they feel valued

7. Translate: a) se sienten b) no se soportan c) discuten d) no tienen e) se divorcian f) se separan g) no hay h) se aburren

8. Translate: a) ya no hay atracción física entre ellos b) no se soportan c) discuten por cosas tontas d) se sienten abandonados e) ya no se apoyan f) se pierde el amor g) les cuesta vivir juntos h) uno de ellos es violento

9. Faulty translation: a) boredom b) - c) love d) - e) - f) differences g) - h) unfaithfulness/infidelity

10. Match: aburrimiento – boredom   **las diferencias culturales** – cultural differences
la diferencia de edad – age difference   **la falta de amor** – lack of love   **la infidelidad** – unfaithfulness
los problemas en el trabajo – problems at work   **las discusiones** – arguments, fights
los problemas de dinero – money problems   **las ideas políticas** – political orientation   **los suegros** – in-laws
los malos tratos – abusive behaviours

11. Spot and correct the spelling/grammar mistakes: a) aburrimiento b) infidelidad c) los suegros d) malos tratos e) **de** amor f) diferencias g) los problemas h) ideas políticas i) **de** atracción

12. Multiple choice quiz: boredom (a)   taste (c)   little by little (b)   the lack of (a)   in-laws (b)   one of them (a)   they get bored (b)   they feel (a)   money (b)   to live (c)   to value (a)

13. Complete: a) problemas de **di**nero b) ab**urrimi**ento c) falta de amo**r** d) **di**ferencias cultura**les** e) problem**as en el t**rabajo f) **infidelidad** g) **mal**os **t**ratos h) **suegros** i) **di**ferencia de e**dad**

14. Translate: a) in-laws b) boredom c) money problems d) cultural differences e) problems at work f) arguments g) abusive behaviours h) lack of love i) unfaithfulness/infidelity/cheating

15. Translate: a) Often, people divorce because of unfaithfulness/infidelity/cheating.
b) In my opinion, couples separate above all because of a lack of love.
c) Sometimes, people get married without being really in love.
d) Boredom is one of the main causes of divorces.
e) Some couples separate because they get married without knowing each other well enough.
f) A frequent problem is that people get married for the wrong reasons.

16. Find in the texts above the people who says the following: a) Gonzalo b) Rocío c) Clara d) Pau e) Mateo
f) María g) Casandra

17. Find in the texts: a) un problema común b) la infidelidad c) se pierde el respeto
d) causado por problemas en el trabajo e) los mismos objetivos f) en mi opinión g) a causa del aburrimiento
h) ya no se soportan i) en la vida j) sobre todo k) no comparten l) la gente m) a menudo n) en muchos casos
o) la mujer p) por el hombre

18. Match: un problema común es que – a common issue is that   **demasiado pronto** – too soon
por las razones equivocadas – for the wrong reasons   **la gente se casa** – people get married
sin haber vivido juntos – without having lived together   **muy rápido** – very quickly
sin estar realmente enamorada – without being really in love   **cuando son demasiado jóvenes** – when they are too young
sin pensárselo seriamente – without thinking about it seriously   **sin conocerse** – without knowing each other

19. Sentence puzzle: a) mucha gente se casa por las razones equivocadas
b) ya no comparten los mismos objetivos en la vida   c) se casan sin haber vivido nunca juntos (or juntos nunca)
d) a menudo la gente se separa a causa del aburrimiento   e) un problema común es que la gente se casa demasiado pronto…
f) la gente se separa a causa de los malos tratos

20. Complete: a) gente/causa b) parejas/soportan c) casa/pronto d) divorcia/mismos e) problema/falta
f) mujer/valorada g) menudo/pierde h) se/equivocadas i) tratos/causa

21. Find the Spanish equivalent: a) conozco a muchas personas b) que se están divorciando ahora
c) por las mismas razones d) la mayoría de ellos e) se aburren juntos f) por cuestiones de dinero g) el estrés del trabajo
h) por otro lado i) ella le puso los cuernos con j) un problema bastante común k) sin conocerse realmente
l) en otros casos m) por las razones equivocadas n) para escapar de la soledad o) quería tener un hijo

22. Answer: a) no more love, boredom and they argue all the time b) he divorced because his partner cheated on him
c) they marry too early and without really knowing each other d) money or loneliness e) to have a child

23. Translate: a) I know a lot of people b) for the same reasons c) they don't love each other anymore d) they are bored
e) they can't stand each other f) others get separated because of money reasons g) another problem
h) people get married without thinking about it seriously

24. Correct the sentences below: a) conozco **a** muchas personas b) que **se** están c) las mismas d) todo **el** tiempo
e) **de** su esposa f) **los** cuernos g) **se** casa h) equivocadas i) tener **un** hijo

25. Find the Spanish equivalent: a) tengo muchos amigos b) más o menos c) por las mismas razones
d) no hay atracción física entre ellos e) les cuesta vivir juntos f) no comparten los mismos objetivos en la vida
g) a causa de la infidelidad h) no se sienten valorados i) una de mis mejores amigas
j) porque sufría malos tratos k) las personas se casan demasiado pronto l) en otros casos m) se sienten solos
n) por presión familiar

26. Find the words: a) más o menos b) la mayoría c) ellos d) atracción e) entre f) vivir g) juntos h) infidelidad
i) pareja j) común k) marido l) demasiado m) pronto n) razones o) se sienten solos p) presión

27. Translate: a) for the same reasons b) his wife c) people get married too soon d) there is no physical attraction
e) the same goals f) to live together g) suffered abusive behaviour h) most of them i) more or less
j) the wrong reasons

Unit 15. Talking about a person I admire

Algún día, me gustaría ser como [One day, I would like to be like]	mi madre [my mother]	Cristiano Ronaldo
	mi padre [my father]	Greta Thunberg
Una persona a la que admiro es [A person that I admire is]	mi profe de español [my Spanish teacher]	Leo Messi
	Ariana Grande	Selena Gomez
Una persona que me inspira es [A person who inspires me is]	Dwaine "The Rock" Johnson	Taylor Swift

porque es [because he/she is]	carismático/a [charistmatic]	inteligente [very intelligent]
	guay [cool]	optimista [optimistic]
	creativo/a [very creative]	rico/a y famoso/a [rich and famous]
	fuerte [strong]	un genio [a real genius]
	guapo/a [handsome/pretty]	valiente [brave]
porque está de moda [because they are the 'in thing']		

Él [He] / Ella [She]	es un gran [is a great…]	actor/actriz [actor/actress]	
		cantante [singer]	
		jugador/jugadora de fútbol [footballer]	
	es una gran [is a great…]	músico/música [musician]	
		político/política [politician]	
	*es un crack [he/she is a legend]	jugando al fútbol [at playing football]	
		tocando la guitarra [at playing guitar]	
	*Author's note: this is informal but VERY idiomatic ☺		
	es alguien que ha tenido éxito en la vida [is someone who has been successful in life]		
	es querido/querida por todo el mundo [is loved by everyone]		
	es respetado/respetada por todo el mundo [is respected by everyone]		
	baila fenomenal [dances amazingly well]		
	hace mucho voluntariado [does a lot of charity work]		
	juega muy bien al fútbol/baloncesto/golf [plays football/basketball/golf very well]		
	me inspira a ser mejor persona [inspires me to be a better person]		
	no tiene miedo de nada [is not afraid of anything]		
	se ha sacrificado mucho por su familia [has made a lot of sacrifices for his/her family]		
	siempre va bien vestido/vestida [is always very well dressed]		
	tiene el cuerpo perfecto (a mi juicio) [has a perfect body (in my opinion)]		
	lucha por [fights for]	causas importantes [important causes]	
		causas nobles [noble causes]	
		el medioambiente [the environment]	
		la iguadad de género [gender equality]	
		la justicia social [social justice]	
		la paz mundial [world peace]	

THE LANGUAGE GYM

1. Match

Es un crack tocando la guitarra	He/she has succeeded in life
Una persona a la que admiro	One day I would like to be like him/her
Una persona que me inspira	Everyone loves him
Algún dia me gustaría ser como él/ella	He/she is not afraid of anything
No tiene miedo de nada	He/she is a legend at playing guitar
Lucha por la paz mundial	A person that I admire
Él es un gran cantante	He/she fights for gender equality
Ha tenido éxito en la vida	A person who inspires me
Es querido por todo el mundo	He/she fights for world peace
Lucha por la igualdad de género	He is a great singer

2. Translate into English

a. 'The Rock' es una persona a la que admiro.

b. Algún día me gustaría ser como él.

c. Me inspira a ser mejor persona.

d. Se ha sacrificado mucho por su familia.

e. Lucha por causas importantes.

f. Siempre va muy bien vestido.

g. Ella juega muy bien al baloncesto.

h. Él baila muy bien.

i. Es un crack tocando la guitarra (m).

j. Ella lucha por la igualdad de género.

3. Complete the word

a. the 'in thing': de m _ _ _

b. singer (masc): c _ _ _ _ _ _ _

c. equality: ig _ _ _ _ _ _

d. good-looking (masc): g _ _ _ _

e. the environment: el medioa _ _ _ _ _ _

f. a legend: un c _ _ _ _

g. someone: al _ _ _ _ _

h. everyone: todo el m _ _ _ _

i. he/she is cool: es g _ _ _

j. he/she fights for… : lu _ _ _   p _ _

k. a person: una per _ _ _ _

4. Sentence puzzle

a. Messi Leo persona a la es una que admiro *[Leo Messi is a person whom I admire]*

b. Rosalía es cantante del la mejor mundo *[Rosalía is the best singer in the world]*

c. Pau fuerte alto, y Gasol es muy atlético *[Pau Gasol is very tall, strong and athletic]*

d. Una me inspira Juan es persona que mi padre, *[A person who inspires me is my father, John]*

e. Greta porque lucha Admiro a por el medioambiente Thunberg
[I admire Gretha Thunberg because she fights for the environment]

f. Me como mi tío gustaría ser Iván porque un crack es sacando fotos
[I would like to be like my uncle Ivan because he a legend at photography]

5. Gapped translation

a. Es una persona a la que admiro porque es muy **rico**:   *I admire him because he is very _____.*

b. Ella es muy **conocida**:   *She is very _____.*

c. Se ha **sacrificado** mucho por su familia: *He has _____ a lot for his family.*

d. Lo admiro porque ha tenido **éxito** en la vida: *I admire him because she has had _____ in life.*

e. Ella me **inspira** a ser mejor persona: *She _____ me to be a better person.*

f. **Lucha** por causas nobles: *She _____ for noble causes.*

g. Es un **crack** cantando: *He/she's a _____ at singing.*

h. No tiene miedo de **nada**:   *He/she is afraid of _____.*

i. Él hace mucho **voluntariado**:   *He does a lot of _____ work.*

j. Ella tiene un excelente **sentido del humor**:   *She has an excellent _____ __ _____.*

6. Complete with the options provided below

a. Admiro a Usain Bolt porque es el hombre más rápido del _____.

b. Admiro a Leo Messi porque es el _____ jugador de fútbol del mundo.

c. No me gustaría _____ como Kim Kardashian aunque ella sea muy rica y _____.

d. Pau Donés es mi ídolo porque era muy buena persona y _____ muy bien.

e. Admiro mucho a mi padre porque _____ muy duro por nosotros.

f. También admiro a mi madre porque ella se ha _____ mucho por su familia.

g. Me _____ ser como mi profe de español porque _____ muchas lenguas extranjeras.

h. Admiro a Greta Thunberg porque es muy valiente y _____ por causas muy importantes.

i. Admiro a mi novia, Natasha, porque es muy inteligente e _____.

j. Admiro a mi tía Gina porque ella es muy valiente: no tiene _____ de nada (excepto de los gatos).

independiente	mundo	sacrificado	famosa	cantaba	miedo
lucha	habla	mejor	ser	trabaja	gustaría

7. Break the flow: separate the words as shown in the example

EXAMPLE: Me/gustaría/ser/como/él

a) unapersonaalaqueadmiro

b) esfuerteyvaliente

c) notienemiedodenada

d) ellahatenidoéxitoenlavida

e) esguapoyrico

f) sehasacrificadomucho

g) ellaesuncrackcantando

h) eselhombremásgraciosodelmundo

i) unapersonaquemeinspira

j) hacemuchovoluntariado

8. Match

está de moda	brave
guapo	is the 'in thing'
generoso	passionate
valiente	strong
fuerte	the best
gracioso	good-looking
el/la mejor	hard-working
apasionado/a	generous
trabajador/a	rich
rico/a	funny
famoso/a	elegant
elegante	famous

9. Faulty translation: identify and fix the incorrect translations (not all are wrong)

a. Ella está de moda: *she is the 'in thing'*

b. Es el mejor: *he is the worst*

c. Ella es muy graciosa: *she is very funny*

d. Él es valiente: *he is passionate*

e. Ella es trabajadora: *she is lazy*

f. Él es fuerte: *he is clever*

g. Ella es rica: *she is rich*

h. Él es famoso: *he is committed*

i. Ella es generosa: *she is brave*

10. Spot and write the missing word

a. Es el mejor jugador fútbol del mundo   *[He is the best footballer in the world]*

b. Ella lucha causas importantes   *[She fights for important causes]*

c. Hace voluntariado   *[He/she does a lot of charity work]*

d. Ella tenido éxito en la vida   *[She has had success in life]*

e. Es respetada por todo mundo   *[She is respected by everyone]*

f. Se ha sacrificado por nosotros   *[She has sacrificed a lot for us]*

g. Una persona a que admiro es mi tío   *[A person whom I admire is my uncle]*

h. Paco es muy valiente: no tiene miedo de   *[Paco is very brave: he is afraid of nothing]*

i. Una persona que me inspira Leo Messi   *[A person who inspires me is Leo Messi]*

11. Complete with any suitable word. Make sure each sentence makes sense

a. Una persona que me inspira es_____.

b. Es _____, _____ y _____.

c. Se ha sacrificado mucho por _____.

d. Lucha por_____.

e. Es ___ mejor_____ del mundo.

f. Me gustaría ser como_____ porque es_____.

g. Su mejor cualidad es ___ _____.

h. Es un crack _____   (*Hint: your verb should be in the gerund –ando/iendo*).

12. Translate into Spanish

a. *She fights for world peace:* L_____ p____ l_ p_____ m_____.

b. *He is the best singer in the world:* É_ e_ e_ m_____ c_____ d_ m_____.

c. *She works very hard:* E_____ t_____ m____ d_____.

d. *He/she has made a lot of sacrifices:* S_ h__ s_____ m_____.

e. *He/she is afraid of nothing:* N_ t_____ m_____ d_ n_____.

f. *She is very intelligent:* E_____ e__ m____ i_____.

g. *She does a lot of charity work:* E_____ h_____ m_____ v_____.

h. *He is very strong and muscular:* É_ e_ m____ f_____ y m_____.

i. *She fights for important causes:* E_____ l_____ p__ c_____ i_____.

---

a. **Ignacio:** Admiro a Leo Messi. En mi opinión, es el mejor futbolista del mundo. También es humilde, inteligente y hace mucho voluntariado.

b. **Fátima:** Un modelo a seguir para mí es Cameron Diaz. Intenta enseñar a las chicas jóvenes a mantenerse en forma y a respetar su propio cuerpo.

c. **Nuria:** Admiro a Dani Martín porque es un gran cantante y escritor y es muy trabajador y humilde.

d. **Mauro:** Una persona que me inspira es Michelle Obama, porque lucha contra el racismo y por los derechos de las mujeres.

e. **Diana:** Me encanta Taylor Swift porque escribe y canta canciones buenísimas. Ella es optimista y divertida. Es muy hermosa e inteligente también.

f. **Teresa:** Una persona a la que admiro es Reese Witherspoon porque intenta educar a las personas sobre el tema de la marginación social, como los sin techo (las personas sin hogar).

g. **Miguel:** Yo admiro a mi madre porque trabaja muy duro y hace muchos sacrificios por nosotros. Ella también está siempre ahí cuando me hace falta. Ella me apoya en todo lo que hago y me anima cuando estoy deprimido.

13. Find in the text the Spanish for the following

a. In my opinion

b. He does a lot of charity work

c. She tries to teach young women

d. To stay in shape

e. To respect their body

f. A great singer

g. A person who inspires me

h. She fights against racism

i. Women's rights

j. She writes and sings really good songs

k. She is optimistic

l. She is very pretty and intelligent

m. A person I admire

n. She tries to educate people

o. Like homeless people

p. She works very hard

q. Makes a lot of sacrifices for us

r. She is always there for me when I need it

s. She cheers me up when I am down

Una persona a la que admiro mucho es Angelina Jolie. Es una actriz conocida, con un gran corazón y que hace mucho trabajo voluntario. Lucha por las personas que necesitan ayuda.

Ella es Embajadora de buena voluntad de la Agencia de las Naciones Unidas para los Refugiados. Una de sus misiones es concienciar al público sobre las condiciones de vida de los refugiados en los campamentos.

Para ella, la igualdad y la justicia son derechos para todos, y también la oportunidad de vivir una vida plena y segura. Por lo tanto, lucha por los más pobres (necesitados) con la esperanza de poder marcar la diferencia en sus vidas.

Hay mucha gente sufriendo en el mundo y esto es algo que no podemos ignorar. Creo que necesitamos más personas como Angelina Jolie para ayudar a las personas a que puedan sentirse más seguras de sí mismas y tener un nuevo comienzo en la vida. Por eso, ella es la persona que más admiro en el mundo.

(Luna, 17 años)

14. Find the Spanish equivalent

a. A person I admire a lot is…

b. Well-known

c. With a big heart

d. Who does a lot of volunteer work

e. She fights for…

f. People who need help

g. Good-will ambassador

h. Refugees

i. To raise public awareness

j. Living conditions

k. Equality and justice

l. To live a fulfilling and safe life

m. She fights for the poorest

n. To make a difference

o. With the hope

p. There are many people suffering

q. We need more people like Angelina

r. To help people

s. Whom I admire the most

t. In the world

15. Answer the questions on the text

a. How does Luna describe Angelina Jolie in the first paragraph?

b. What is the role the UN agency for refugees gave her? What is one of her missions?

c. What does she believe are rights for all?

d. What does she hope to do for people in need?

e. Why does Luna believe we should have more people like Angelina Jolie?

16. Translate the following phrases/sentences from Luna's text

a. Una actriz conocida

b. Un gran corazón

c. Lucha por las personas

d. Que necesitan ayuda

e. Concienciar al público

f. Derechos para todos

g. Una vida plena y segura

h. Con la esperanza de

i. Hay mucha gente sufriendo

j. Por eso

k. En el mundo

Juan Arborio del Bosque es mi ídolo. Durante mucho tiempo fue el presentador de 'Salvemos el Planeta', un programa de televisión dedicado a la naturaleza y a la protección del medio ambiente. Hizo documentales sobre lugares exóticos, como las islas Galápagos de Ecuador y el glaciar Perito Moreno en el sur de Argentina.

Ahora es un político que lucha por la protección del medio ambiente en todo el mundo. La razón por la que lo admiro es porque es una persona apasionada que tiene principios, lo cual es raro en nuestra sociedad hoy en día.

Admiro mucho a esta persona porque es alguien que lucha siempre por la naturaleza. El medioambiente es mucho más importante para él que la fama y el dinero. Necesitamos más personas como él para salvar nuestro planeta de los peligros de la contaminación del aire y del calentamiento global.

Algún día, a mí también me gustaría luchar por la causa del medio ambiente y marcar la diferencia. En este momento, voy a la universidad en bicicleta todos los días y separo toda la basura en casa. Intento no malgastar agua y luz. ¡Es un comienzo! **(Jaume, 18 años)**

17. Find the Spanish equivalent of the following in the text

a. For a long time

b. He was the presenter

c. A program devoted to nature

d. He made documentaries

e. Who fights for

f. In the whole world

g. The reason why I admire him

h. A passionate person

i. Who has principles

j. Which is rare (*4 words*)

k. In our society nowadays

l. We need

m. More people like him

n. Global warming

o. One day

p. I would also like to fight for

q. To make a difference

r. I separate the rubbish at home

18. Complete the sentences below based on the text above

a. Juan Arborio del Bosque is my _____. For a long time he was the presenter of "Save the Planet", a tv program _____ to nature and the _____ ___ ___ _____. He made _____ about exotic places.

b. Now he is a _____ who _____ for the protection of the environment in the whole _____. I admire him because he is a passionate man who has _____, which is _____ in our _____ nowadays.

c. The environment is more important to him than _____ and _____.

d. We need more people _____ _____ to _____ our planet.

e. At the moment, I _____ _____ _____ on bicycle and separate the _____ at home. It's a _____!

157

Una persona que siempre me ha inspirado es mi madre. Después de la muerte de mi padre, trabajó muy duro para cuidar a mi hermano menor y a mí. Tenía dos trabajos y a veces trabajaba desde las seis de la mañana hasta muy tarde por la noche. A veces ya se hacía de noche cuando volvía a casa.

A pesar de que siempre estaba cansada, siempre estaba sonriendo y nos animaba a trabajar y a tener éxito en la vida. Nos escuchaba cuando teníamos problemas. Ella nunca se enfadaba con nosotros y muy raramente nos regañaba. Era una mujer generosa, de mente abierta y de gran corazón que nunca juzgaba a los otros. Ella nos enseñó respeto, humildad e integridad. También nos enseñó el valor del trabajo para tener éxito y dinero.

Ahora que está muerta, la extrañamos mucho. Pero logró su objetivo: mi hermano es un abogado de renombre y yo soy el director ejecutivo de una compañía de seguros. **(Miquel Martí, 38 años)**

19. Gapped translation

A person who has always _____ me, is my mother. After the death of my father, she _____ very hard to look after my _____ _____ and myself. She had two jobs and _____ she used to _____ from six in the morning until very late _____ _____. Even though she was always _____ she was always _____ and encouraged us to work and to be _____ in _____. She used to listen to us when ___ _____ _____. She never _____ _____ with us and rarely _____ ____ _____. She was a generous woman with an _____ _____ and a big _____ who never _____ others. She taught us respect, humility and _____. She also taught us the value of _____ to be successful and have _____. Now that she is _____, we _____ _____ greatly. But she has succeeded in her goal: my brother is a _____ lawyer and I am an executive director in an _____ company.

20. Find in the text the Spanish equivalent for the following

a. Who has always inspired me	m. She was a generous woman
b. After the death	n. Open-minded
c. She worked very hard	o. With a big heart
d. To look after	p. Never judged others
e. She used to have two jobs	q. She taught us
f. Until very late at night	r. Humility
g. Night would fall (4 words)	s. Now that she is dead
h. She was always smiling	t. We miss her
i. To succeed in life	u. Greatly
j. She listened to us	v. She succeeded in her goal
k. She never got angry	w. A famous lawyer
l. Told us off	x. An insurance company

21. Translate into Spanish

a. *She fights for the protection of the environment*:
E____ l_____ p____ l_ p_____ d___ m_____.

b. *He works very hard*: É__ t_____ m____ d_____.

c. *She isn't afraid of anything*: E_____ n_ t_____ m_____ d_ n_____.

d. *A person I admire is my father*: U__ p_____ a l_ q____ a_____ e_ m_ p_____.

e. *He is someone who has succeeded in life*:
É__ e___ a_____ q____ h_ t_____ é_____ e_ l_ v_____.

f. *He is very handsome, strong and well-known*: É_ e_ m____ g_____, f_____ y c_____.

g. *She does a lot of voluntary work*: E_____ h_____ m_____ v_____.

h. *He fights against poverty*: É__ l_____ c_____ l_ p_____.

22. Translate into Spanish

a. She fights for world peace:

b. She is the best singer in the world:

c. She works very hard:

d. He makes a lot of sacrifices:

e. He is not afraid of anything:

f. She is very intelligent:

g. She does a lot of charity work:

h. He is very strong and muscular:

i. He fights for nature:

j. He is the best singer in the world:

k. I would like to be as rich and successful as him:

l. She has done a lot for women's rights:

m. We miss her a lot:

n. She tries to improve the lives of the most destitute:

23. Translate into Spanish

The person I respect and admire the most in the world is my father. He works very hard for us, sometimes until very late at night. However, he is always there for us when we have a problem, ready to help. He is a very generous, open-minded, positive and intelligent man. He always listens to me and tries to understand my point of view. He never judges me. He respects my choices and opinions. He rarely gets angry. Every Sunday, he does voluntary work. He helps homeless people who need food. He is also very fit. He has taught me and my brother the importance of living a healthy life. My father is my hero!

Key questions

Háblame de una persona a la que admiras.	Tell me about a person you admire.
¿Cuántos años tiene?	How old is he/she?
¿Cómo es físicamente?	What is he/she like physically?
En cuanto a su carácter, ¿cómo es?	In terms of character, what is he/she like?
¿Qué hace para ganarse la vida?	What does he/she do for a living?
¿Por qué quieres ser como él/ella?	Why do you want to be like him/her?
¿De qué lo/la conoces?	How do you know him/her?
¿Por qué lo admiras? **¿Por qué la admiras?**	Why do you admire him? Why do you admire her?
¿Cuál es su mejor cualidad?	What is his/her best quality?
¿Qué no te gusta de él? **¿Qué no te gusta de ella?**	What do you not like about him? What do you not like about her?
¿Qué ha logrado en la vida?	What has he/she achieved in life?

ANSWERS – Unit 15

1. Match: **es un crack tocando la guitarra** – he/she is a legend at playing guitar
una persona a la que admiro – a person that I admire   **una persona que me inspira** – a person who inspires me
algún día me gustaría ser como él/ella – one day I would like to be like him/her
no tiene miedo de nada – he/she is not afraid of anything   **lucha por la paz mundial** – he/she fights for world peace
él es un gran cantante – he is a great singer   **ha tenido éxito en la vida** – he/she has succeeded in life
es querido por todo el mundo – everyone loves him   **lucha por la igualdad de género** – he/she fights for gender equality

2. Translate: a) a person I admire is The Rock   b) one day I would like to be like him
c) he/she inspires me to be a better person   d) he/she has sacrificed a lot for his/her family
e) he/she fights for important causes   f) he is always very well dressed   g) she plays basketball very well
h) he dances very well   i) he is a legend at playing guitar   j) she fights for gender equality

3. Complete: a) de m**o**da   b) **cantante**   c) ig**ualdad**   d) **guapo**   e) medio**ambiente**   f) **crack**   g) al**guien**   h) m**undo**
i) **guay**   j) lu**cha** po**r**   k) per**sona**

4. Sentence puzzle: a) Leo Messi es una persona a la que admiro   b) Rosalía es la mejor cantante del mundo
c) Pau Gasol es muy alto, fuerte y atlético   d) Una persona que me inspira es mi padre, Juan
e) Admiro a Greta Thunberg porque lucha por el medioambiente
f) Me gustaría ser como mi tío Iván porque es un crack sacando fotos

5. Gapped translation: a) rich   b) well-known/famous   c) sacrificed   d) success   e) inspires   f) fights   g) legend
h) nothing   i) voluntary work   j) sense of humour

6. Complete: a) mundo   b) mejor   c) ser/famosa   d) cantaba   e) trabaja   f) sacrificado   g) gustaría/habla   h) lucha
i) independiente   j) miedo

7. Break the flow:
a) una persona a la que admiro   b) es fuerte y valiente   c) no tiene miedo de nada   d) ella ha tenido éxito en la vida
e) es guapo y rico   f) se ha sacrificado mucho   g) ella es un crack cantando   h) es el hombre más gracioso del mundo
i) una persona que me inspira   j) hace mucho voluntariado

8. Match: **está de moda** – is the 'in thing'   **guapo** – good-looking   **generoso** – generous   **valiente** – brave
fuerte – strong   **gracioso** – funny   **el/la mejor** – the best   **apasionado/a** – passionate   **trabajador/a** – hard-working
rico/a – rich   **famoso/a** – famous   **elegante** - elegant

9. Faulty translation: a) -   b) the best   c) -   d) brave   e) hard-working   f) strong   g) -   h) famous   i) generous

10. Spot and write the missing word: a) **de** fútbol   b) **por** causas   c) **mucho** voluntariado   d) **ha** tenido
e) todo **el** mundo   f) sacrificado **mucho**   g) a **la** que   h) de **nada**   i) **es** Leo Messi

11. Complete with a suitable word. Make sure each sentence makes sense
Student chooses from the "Useful Vocabulary" box. Accept any grammatically/semantically correct answer.

12. Translate: a) lucha por la paz mundial   b) él es el mejor cantante del mundo   c) ella trabaja muy duro
d) se ha sacrificado mucho   e) no tiene miedo de nada   f) ella es muy inteligente   g) ella hace mucho voluntariado
h) él es muy fuerte y musculoso   i) ella lucha por causas importantes

13. Find in the Spanish: a) en mi opinión   b) hace mucho voluntariado   c) intenta enseñar a las chicas jóvenes
d) (a) mantenerse en forma   e) (a) respetar su propio cuerpo   f) un gran cantante   g) una persona que me inspira
h) lucha contra el racismo   i) los derechos de las mujeres   j) escribe y canta canciones buenísimas   k) es optimista
l) es muy hermosa e inteligente   m) una persona a la que admiro   n) intenta educar a las personas   o) como los sin techo
p) trabaja muy duro   q) hace muchos sacrificios por nosotros   r) siempre está ahí para mí cuando me hace falta
s) me anima cuando estoy deprimido

14. Find the Spanish equivalent: a) una persona a la que admiro mucho es   b) conocida   c) con un gran corazón
d) que hace mucho voluntariado   e) lucha por   f) las personas que necesitan ayuda   g) Embajadora de buena voluntad
h) refugiados   i) concienciar al público   j) condiciones de vida   k) la igualdad y la justicia
l) de vivir una vida plena y segura   m) lucha por los más pobres   n) marcar la diferencia   o) con la esperanza
p) hay mucha gente sufriendo   q) necesitamos más personas como Angelina   r) para ayudar a las personas
s) que más admiro   t) en el mundo

15. Answer: a) famous actress with a big heart who does a lot of charity work
b) to raise awareness about the difficult living conditions in refugees camps
c) justice, equality and the right to live a fulfilling and safe life   d) to make a difference in their lives
e) to help people regain confidence in themselves and to offer them a new start in life

16. Translate: a) a well-known actress   b) a big heart   c) she fights for people   d) who need help   e) to raise public awareness   f) rights for all   g) a fulfilling and safe life   h) with the hope to   i) there are many people suffering   j) that's why   k) in the world

17. Find the Spanish equivalent: a) durante mucho tiempo   b) fue el presentador
c) un programa de televisión dedicado a la naturaleza   d) hizo documentales   e) que lucha por   f) en todo el mundo
g) la razón por la que lo admiro   h) una persona apasionada   i) que tiene principios   j) lo cual es raro
k) en nuestra sociedad hoy en día   l) necesitamos   m) más personas como él   n) (el) calentamiento global   o) algún día
p) también me gustaría luchar por   q) marcar la diferencia   r) separo toda la basura en casa

18. Complete the sentences: a) idol/dedicated/protection of the environment/documentaries
b) politician/fights/world/principles/rare/society   c) fame/money   d) like him/save
e) go to university/rubbish/start

19. Gapped translation: inspired ; worked ; younger/little ; brother ; sometimes ; work ; at ; night ; tired ; smiling ; successful ; life ; we ; had ; problems ; got ; angry ; told ; us ; off ; open ; mind ; heart ; judged ; integrity ; work ; money ; dead/gone ; miss ; her ; famous/well known ; insurance

20. Find in the text the Spanish equivalent: a) que siempre me ha inspirado   b) después de la muerte
c) trabajó muy duro   d) para cuidar   e) tenía dos trabajos   f) hasta muy tarde por la noche   g) se hacía de noche
h) siempre estaba sonriendo   i) tener éxito en la vida   j) nos escuchaba   k) nunca se enfadaba   l) nos regañaba
m) era una mujer generosa   n) de mente abierta   o) de gran corazón   p) nunca juzgaba a los otros   q) ella nos enseñó
r) humildad   s) ahora que está muerta   t) la extrañamos   u) mucho   v) logró su objetivo   w) un abogado de renombre
x) una compañía de seguros

21. Translate: a) ella lucha por la protección del medioambiente   b) él trabaja muy duro   c) ella no tiene miedo de nada
d) una persona a la que admiro es mi padre   e) él es alguien que ha tenido éxito en la vida
f) él es muy guapo, fuerte y conocido   g) ella hace mucho voluntariado   h) él lucha contra la pobreza

22. Translate: a) ella lucha por la paz mundial   b) ella es la mejor cantante del mundo   c) ella trabaja muy duro
d) él se sacrifica mucho   e) él no tiene miedo de nada   f) ella es muy inteligente   g) ella hace mucho voluntariado
h) él es muy fuerte y musculoso   i) él lucha por la naturaleza   j) él es el mejor cantante del mundo
k) me gustaría ser tan rico y exitoso como él   l) ella ha hecho mucho por los derechos de las mujeres
m) la extrañamos mucho   n) ella intenta mejorar la vida de los más necesitados

23. Translate into Spanish
La persona a la que más respeto y admiro en el mundo es mi padre. Él trabaja muy duro por nosotros, a veces hasta muy tarde por la noche. Sin embargo, siempre está ahí cuando tenemos un problema, dispuesto a ayudar. Él es un hombre muy generoso, de mente abierta, positivo e inteligente. Siempre me escucha e intenta comprender mi punto de vista. Él nunca me juzga. Él respeta mis decisiones y opiniones. Raramente se enfada. Cada domingo hace voluntariado. Él ayuda a las personas sin techo que necesitan comida. Él también está muy en forma. Nos ha enseñado a mí y a mi hermano la importancia de vivir una vida sana. ¡Mi padre es mi héroe!

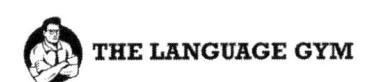

Unit 16. Bringing it all together – Part 1/5

Me llamo Mateo y tengo catorce años. Vivo en Lepe, en el suroeste de España. Soy alto y bastante fuerte. También soy muy divertido y atlético, pero no muy inteligente. Cuando era pequeño, era bastante regordete y muy tímido. En mi familia hay cuatro personas: mi padre, mi madre, mi hermana y yo. Mi padre es bastante alto, pero un poco gordo. Tiene el pelo moreno, corto y liso, y los ojos verdes. Es trabajador y estricto. Mi madre es de estatura media y delgada. Ella es rubia y con los ojos marrones. Además, es amable y habladora. ¡Mi hermana es guapa pero muy pesada! Entre semana me levanto a las seis y cuarto todos los días, luego me lavo, me visto, desayuno y voy al colegio hasta las tres y media. Luego voy a casa y hago mis deberes, leo un libro y ceno a eso de las ocho menos cuarto. Entonces voy a mi habitación y toco la guitarra hasta las diez. Finalmente, me acuesto a eso de las diez y media. Por lo general, los fines de semana juego al fútbol con mis amigos y juego a la Play. Sin embargo, el sábado pasado fui a ver a mis abuelos. Jugamos a cartas y vimos una película juntos. El domingo por la mañana fui al parque a dar un paseo en bicicleta y por la noche hice mis deberes. Me acosté tarde, a las once de la noche. **(Mateo, 14 años)**

1. Find the Spanish equivalent for the following words

a. Fourteen	i. Kind	q. Then	y. Sunday
b. Southwest	j. I dress	r. Normally	z. Late
c. Strong	k. Until	s. However	
d. Chubby	l. Half past	t. We played	
e. Family	m. Homework	u. We saw	
f. But	n. Quarter to	v. I went	
g. Average height	o. After	w. Saturday	
h. Brown eyes	p. At about	x. Together	

2. Faulty translation. Highlight the translation mistakes and correct them

My name is Mateo and I am fourteen years old. I live in Lepe in the southeast of Spain. I am tall and quite strong. I am also very boring, lazy but not very humble. When I was little I was quite chubby and very shy. There are four people in my family: my father, my mother, my sister and me. My father is extremely tall, but a little thin. He has short, straight brown hair, and blue eyes. He is hard-working and strict. My mother is medium height and slim. She is blonde with brown eyes. Moreover, she is shy and mean. My sister is pretty but very annoying! During the week, I get up at quarter past six most days, then I wash, dress, have breakfast and go to school until three thirty. Then I go home and do my homework, write a book, and have lunch at about quarter to eight. Then I go to my living room and play guitar until ten. Finally, I go to bed around ten thirty. I usually play football with my friends on weekends and play on the PlayStation. However, next weekend I will go to see my grandparents on Saturday. We played cards and watched a movie together. On Sunday morning I went to the park for a jog and at night I did my homework. I went to bed late, at 11 at night.

3. Find the following items in the text

a. A verb starting with 'V': ***vivo***

b. A preposition starting with 'e': _____

c. A time word starting with 'l': _____

d. A connective starting with 't': _____

e. A family member starting with 'h': _____

f. An adjective starting with 'r': _____

g. A verb starting with 'c': _____

4. Correct the statements

a. Mateo vive en el noroeste de España.

b. Es divertido, atlético y muy inteligente.

c. Tiene dos hermanas.

d. Su padre es bajo pero delgado.

e. El sábado próximo va a ver a sus abuelos.

f. Se acostó a las nueve y media.

g. Hizo sus deberes por la mañana.

5. Categories: find items in the text and put them in the categories below

Adjectives describing appearance	Adjectives describing character	Adverbs of frequency (Time words)	Preterite tense	Present tense

6. Complete the sentences in Spanish

a. Mateo vive en _____.

b. Su ciudad está en el _____ de España.

c. En cuanto a su carácter, es _____.

d. Su padre tiene el pelo _____.

e. Su madre tiene los ojos _____.

f. Su madre es de _____.

g. Entre semana, se levanta _____.

h. El fin de semana juega al _____ y a la _____.

i. El fin de semana pasado _____ __ _____ a sus abuelos.

j. El _____ se acostó a las once.

7. Arrange the information below in the same order as it is provided in the Spanish text

_____ toco la guitarra
__1__ vivo en el suroeste de España
_____ mi madre es delgada
_____ mi hermana es fea
_____ mi padre tiene el pelo moreno
_____ también soy muy divertido
_____ me levanto a las seis y cuarto
_____ me acuesto a las diez y media
_____ me visto

8. Answer the following questions in English

a. ¿Dónde está Lepe?

b. ¿Cómo es su padre?

c. ¿Cómo es su hermana?

d. ¿Qué hace por la mañana durante la semana?

e. ¿Qué hace antes de cenar?

f. ¿A qué hora cena?

g. ¿Qué hace antes de acostarse?

h. ¿Qué hace normalmente durante el fin de semana?

i. ¿Qué hizo el sábado pasado?

j. ¿Adónde fue a dar un paseo en bici?

k. ¿Qué hizo el domingo por la noche?

l. ¿A qué hora se acostó?

9. Find the Spanish equivalent for the following phrases

a. A bit chubby

b. I read a book (*present tense*)

c. There are

d. Until six o'clock

e. I went to the park

f. I went to see my grandparents

g. We played cards

h. Around 7.45

i. I go home

j. Last weekend

k. During the week

l. When I was little

m. Every day

n. I go to bed

o. Quite strong

p. I did my homework

q. We watched a movie

r. I went to bed

10. Cross out any words which are not in the Spanish text

a. brown

b. grey

c. fun

d. fat

e. boring

f. mean

g. kind

h. homework

11. Definition game: find in the text a word for each of the definitions below

a. Lo contrario de 'bajo':

b. Un deporte:

c. Un instrumento musical:

d. La hija de mi padre:

e. Lo contrario de 'delgado':

f. Un número más grande que diez:

g. Un color de pelo:

h. Los padres de mis padres:

i. El día antes del domingo:

12. Correct the grammar and spelling mistakes:

a. Mi levanto a las seis.

b. Mi padre es un bastante alto.

c. Leo un libro y almorzo.

d. Fui a ver mis abuelos.

e. Vimos película juntos.

f. Por la noche hise mis deberes.

g. A las once de la nocha.

13. Answer the questions in Spanish using THIRD person (él). Write full sentences

a. ¿Dónde vive Mateo, exactamente?

b. ¿Cómo describe a su madre?

c. ¿Qué hace antes de ir al colegio?

d. ¿Qué hace normalmente los fines de semana?

e. ¿Qué hizo el fin de semana pasado?

f. ¿A qué hora se acostó el domingo?

g. ¿Qué hizo con sus abuelos?

h. Entre semana, ¿qué hace antes de dormir?

i. ¿Cuándo fue al parque?

j. ¿Quién es amable y de estatura media?

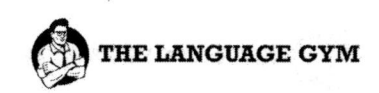

ANSWERS – Unit 16. Bringing it all together – Part 1/5

1. Find the Spanish equivalent: a) catorce b) suroeste c) fuerte d) regordete e) familia f) pero g) de estatura media h) los ojos marrones i) amable j) me visto k) hasta l) y media m) deberes n) menos cuarto o) luego p) a eso de q) entonces r) por lo general s) sin embargo t) jugamos u) vimos v) fui w) sábado x) juntos y) domingo z) tarde

2. Faulty translation: Lepe in the **southwest** of Spain ; he is very **funny, athletic** but not very **smart** ; my father is **quite** tall, but a little **fat** ; and **green** eyes ; she is **kind** and **talkative** ; quarter past six **every day** ; **read** a book ; I have **dinner**; I go to my **room** ; however, **last** weekend **I went** to see ; I went to the park for a **bike ride**

3. Find the following items: a) vivo b) en c) luego d) también e) hermana f) regordete g) ceno

4. Spot and correct the wrong statements: a) en el **suroeste** de España b) **no** muy inteligente c) tiene **una** hermana d) su padre es **bastante alto** pero **un poco gordo** e) el sábado **pasado fue a ver** a sus abuelos f) se acostó a las **once de la noche** g) hizo sus deberes por la **noche**

5. Categories:
Adjectives describing appearance: alto ; fuerte ; atlético ; pequeño ; regordete ; gordo ; moreno; corto; liso; verdes ; estatura media; delgada ; rubia ; marrón/marrones ; fea
Adjectives describing character: divertido ; inteligente ; tímido ; trabajador ; estricto ; amable ; habladora ; pesada
Adverbs of frequency (time words): cuando ; entre semana ; hasta ; todos los días ; luego ; entonces ; finalmente ; por lo general ; los fines de semana ; el sábado ; el domingo ; por la mañana ; por la noche
Preterite tense: fui ; jugamos ; vimos ; hice ; me acosté
Present tense: me llamo ; tengo ; vivo ; soy ; hay ; es ; tiene ; me levanto ; me lavo ; me visto ; desayuno ; voy ; hago ; leo ; almuerzo ; toco ; me acuesto

6. Complete with the missing word: a) Lepe b) suroeste c) divertido d) moreno e) marrones f) estatura media g) a las seis y cuarto h) fútbol / Play i) fue a ver j) domingo

7. Arrange the information: 8 ; 1 ; 4 ; 5 ; 3 ; 2 ; 6 ; 9 ; 7

8. Answer the following questions:
a) in the southwest of Spain b) quite tall, a bit fat, has black, short, straight hair c) pretty but annoying
d) gets up at 6.15 am, washes himself, gets dressed, eats breakfast e) does his homework and reads a book
f) around 7.45 pm g) plays guitar h) plays football with friends and plays on the PlayStation
i) went to see his grandparents j) to the park k) his homework l) at 11 pm

9. Find the Spanish equivalent: a) un poco regordete b) leo un libro c) hay d) hasta las seis e) fui al parque f) fui a ver a mis abuelos g) jugamos a las cartas h) a eso de las ocho menos cuarto i) voy a casa j) el fin de semana pasado k) entre semana l) cuando era pequeño m) todos los días n) me acuesto o) bastante fuerte p) hice mis deberes q) vimos una película r) me acosté

10. Cross out: a) - b) grey c) - d) - e) boring f) mean g) - h) -

11. Definition game: a) alto b) el fútbol c) la guitarra d) mi hermana e) regordete/gordo f) once g) moreno/rubio h) mis abuelos i) sábado

12. Correct the mistakes: a) **me** levanto b) es ~~un~~ bastante c) almuerzo d) **a** mis abuelos e) **una** película f) hice g) noche

13. Answer the questions:
a) Él vive en Lepe, en el suroeste de España
b) Ella es de estatura media y delgada. Ella es rubia y tiene los ojos marrones c) Él se lava, se viste y desayuna
d) Normalmente, los fines de semana juega al fútbol con sus amigos y juega a la Play e) Fue a ver a sus abuelos
f) El domingo se acostó a las once de la noche g) Él jugó a las cartas con sus abuelos y vieron una película
h) Entre semana, antes de dormir toca la guitarra i) Él fue al parque el domingo por la mañana
j) Su madre es amable y de estatura media

Unit 16. Bringing it all together – Part 2/5

¡Buenos días! Me llamo Martina. Tengo dieciséis años y soy de Valencia, en el sureste de España. Físicamente soy bastante baja y un poco regordeta. Tengo el pelo castaño y ondulado. Tengo los ojos color avellana. En cuanto a mi carácter, soy muy agradable y graciosa pero a veces, sobre todo cuando estoy cansada, puedo ser un poco caprichosa. Cuando era más joven era perezosa y no muy atlética. Era mucho más gorda que ahora. En mi familia somos cuatro personas. Mi madre, mi padrastro y mi hermanastro. Mi madre es bastante estricta, pero es justa. Mi padrastro es tranquilo y cariñoso, pero a veces puede perderse un poco en sus pensamientos. Mi hermanastro es un adolescente bastante típico: ¡gruñón, terco y estúpido! Entre semana tengo una rutina bastante regular y bien organizada. Me despierto todos los días a las seis en punto, pero no me levanto hasta las seis y veinte. Me ducho, me visto y desayuno mientras veo la televisión con mi madre. Voy al colegio en bicicleta porque vivo cerca y así hago un poco de deporte. Después del colegio vuelvo a casa bastante tarde, a eso de las cinco y media. Normalmente, cuando llego a casa hablo con mis amigos en Instagram y luego ceno a eso de las ocho menos cuarto. Finalmente, subo a mi habitación y me relajo escuchando música antes de acostarme. Normalmente paso el fin de semana con mi familia, pero el fin de semana pasado no hice nada y me quedé sola en mi cuarto estudiando y jugando a videojuegos en línea. **(Martina, 14 años)**

1. Find the Spanish equivalent for the following words

a. Sixteen	g. I can be	m. Strict	s. I live nearby
b. From	h. Fussy/whimsical	n. Affectionate	t. I return home
c. Light brown	i. Younger	o. To get lost	u. I relax
d. Hazel	j. Lazy	p. Teenager	v. I stayed
e. Chubby	k. Now	q. Grumpy	w. Alone
f. Tired	l. Stepfather	r. Until	

2. Faulty translation. Highlight the translation mistakes and correct them

Good morning! My name is Martina. I am fifteen years old and I am from Valencia, in the southeast of Spain. Physically, I am very short and a bit chubby. I have wavy brown hair. I have green eyes. With regard to my character, I am very nice and funny but sometimes, especially when I am excited, I can be a bit fussy. When I was younger, I was lazy and not very athletic. I was much bigger than I am now. In my family we are four people. My mother, my stepfather and my stepbrother. My mother is quite strict, but she is fair. My stepfather is calm and affectionate, but he can get a little lost in the jungle sometimes. My stepbrother is a pretty typical teenager: grumpy, stubborn, and stupid! During the week, I have a fairly regular and disorganised routine. I wake up every day at six o'clock, but I only get up at twenty past six. I shower, dress, and prepare breakfast while watching TV with my mother. I go to school by bicycle because I live quite close and this way I get a bit of exercise. After school, I return home quite late, around 5:30. Usually when I arrive home, I talk to my friends on Instagram and then have dinner at around quarter past eight. Finally, I go up to my room and relax listening to music before going to bed. I usually spend the weekend with my friends, but last weekend I did nothing and was alone in my room studying and playing video games offline.

THE LANGUAGE GYM

3. Find the following items in the text

a. A verb starting with 'e':

b. A preposition starting with 'd':

c. A time word starting with 'd':

d. A connective starting with 's':

e. A family member starting with 'm':

f. An adjective starting with 'g':

g. A verb starting with 'd':

4. Spot and correct the wrong statements

a. Martina vive en el norte de España.

b. Ella es bastante alta.

c. Ella tiene un padrastro, una madre y un hermanastro.

d. Su hermanastro es un adolescente poco típico.

e. Ella se levanta a las seis y veinte.

f. Ella va al colegio a pie.

g. El fin de semana pasado no hizo nada.

5. Categories: find items in the text and put them in the categories below

Adjectives describing appearance	Adjectives describing character	Adverbs of frequency (time words)	Reflexive verbs	Connectives (e.g. but, and, the, also, however)

6. Complete in Spanish based on the text

a. Martina vive en _____.

b. Esta ciudad está en el _____ de España.

c. Físicamente, ella es _____.

d. Su padrastro es _____.

e. Su madre es _____.

f. Ella tiene una rutina _____.

g. Ella se despierta a _____.

h. Pasa el fin de semana con su _____.

i. El fin de semana pasado no _____.

j. Ella se quedó _____.

7. Arrange the information below in the same order as it is provided in the Spanish text

____ Voy al colegio en bicicleta.

_1_ Vivo en el sureste de España.

____ Vuelvo a casa bastante tarde.

____ No hice nada.

____ Mi padrastro es tranquilo y cariñoso.

____ Hablo con mis amigos en Instagram.

____ Yo era perezosa.

____ Puedo ser un poco caprichosa.

____ Mi hermanastro es un adolescente típico.

8. Answer the following questions in English

a. ¿Dónde está Valencia?

b. ¿Cómo es su padrastro?

c. ¿Cómo es su hermanastro?

d. ¿Cúal es su rutina diaria entre semana?

e. ¿Cómo va al colegio? ¿Por qué?

f. ¿Qué hace cuando vuelve del colegio, antes de cenar?

g. ¿A qué hora suele cenar?

h. ¿Qué hace en su habitación después de cenar?

i. ¿Con quién suele pasar el fin de semana?

j. ¿Qué hizo el fin de semana pasado?

THE LANGUAGE GYM

9. Find the Spanish equivalent for the following phrases

a. Hazel coloured eyes

b. Physically I am

c. Especially when

d. I can be a bit

e. When I was younger

f. I was much fatter

g. Get lost in his thoughts

h. Well organised

i. At six o'clock on the dot

j. I only get up

k. While I watch TV

l. I return home quite late

m. I go up to my room

n. I relax while listening to music

o. I spend the weekend

p. With my family

q. I didn't do anything

r. I stayed alone

10. Cross out any word listed below which is not in the Spanish text

a. blond

b. chubby

c. angry

d. affectionate

e. grumpy

f. chat

g. weak

h. alone

i. penguin

11. Definition game: find in the text a word for each of the definitions below

a. Antónimo de 'desagradable':

b. Un pasatiempo:

c. Una red social:

d. El hijo de mi padrastro:

e. Antónimo de 'viejo':

f. El número después de quince:

g. Un color de pelo:

h. El nuevo marido de mi madre:

i. La comida antes del almuerzo:

12. Correct the grammar and spelling mistakes:

a. Soy dieciséis años.

b. Soy bastante baja y un poco regordete.

c. Cuando era más joven, era un oso perezoso.

d. No hize nada.

e. Mientras veo el television.

f. Voy al colegio a la bicicleta porque vivo cerca.

g. Me quedé sola en mi cuarto estudiar y jugar.

13. Answer the questions in Spanish using THIRD person (ella). Write full sentences

a. ¿Dónde vive Martina, exactamente?

b. ¿Cómo describe a su padrastro?

c. ¿Qué hace antes de ir al colegio?

d. ¿Qué hace normalmente los fines de semana?

e. ¿Qué hizo el fin de semana pasado?

f. ¿A qué hora se levanta entre semana?

g. ¿Qué hace normalmente antes de cenar?

h. ¿Su hermanastro es diferente a otros adolescentes?

i. ¿Cómo era ella cuando era más joven?

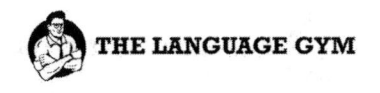

ANSWERS – Unit 16. Bringing it all together – Part 2/5

1. Find the Spanish equivalent: a) dieciséis b) de c) castaño d) avellana e) regordeta f) cansada
g) puedo ser h) caprichosa i) más joven j) perezosa k) ahora l) padrastro m) estricta n) cariñoso
o) perderse p) adolescente q) gruñón r) hasta s) vivo cerca t) vuelvo a casa u) me relajo v) me quedé w) sola

2. Faulty translation: I am **sixteen** years old ; I am **quite** short ; I have **hazel/light brown** eyes ;
when I am **tired**, I can be a bit fussy ; I was much **fatter** than I am now ; lost in **his thoughts** sometimes ; regular and **well-organised** routine ; and **eat** breakfast ; because I live ~~quite~~ close ; dinner at around quarter **to** eight ; weekend with my **family** ; playing video games **online**

3. Find the following items: a) era b) de c) después d) sobre todo e) madre f) gruñón h) desayuno

4. Spot and correct the wrong statements: a) Martina vive en el **sureste** de España   b) ella es bastante **baja**
c) - d) su hermanastro es un adolescente típico e) ella se levanta a las seis **en punto** f) ella va al colegio **en bici** g) -

5. Categories:
Adjectives describing appearance: baja ; regordeta ; castaño ; ondulado ; color avellana ; atlética ; gorda
Adjectives describing character: agradable ; graciosa ; caprichosa ; perezosa ; atlética ; estricta ; justa ; tranquilo ; cariñoso ; gruñón ; terco ; estúpido ;*('estar cansado/a' is a state of physical/mental wellbeing so fits loosely into both categories)*
Adverbs of frequency (time words): a veces ; ahora ; entre semana ; todos los días ; normalmente; después ; finalmente
Reflexive verbs: me despierto ; me levanto ; me ducho ; me visto ; me relajo ; me quedé ; acostarme/acostarse
Connectives: y ; pero; luego ; sobre todo ; cuando ; mientras

6. Complete with the missing word: a) Valencia b) sureste c) baja y un poco regordeta d) tranquilo y cariñoso
e) bastante estricta pero justa f) bastante regular y bien organizada g) las seis en punto h) familia i) hizo nada j) sola

7. Arrange the information: 6 ; 1 ; 7 ; 9 ; 4 ; 8 ; 3 ; 2 ; 5

8. Answer the following questions:
a) in the southeast of Spain b) calm, affectionate but can be lost in his thoughts c) grumpy, stubborn, stupid
d) wakes up at 6, gets up at 6.20, gets showered, gets dressed, has breakfast, brushes her teeth, leaves the house
e) by bicycle because she lives close f) she talks to her friends on Instagram g) around 7.45
h) she relaxes listening to music i) with her family j) nothing

9. Find the Spanish equivalent: a) los ojos color avellana b) físicamente soy c) sobre todo cuando d) puedo ser un poco
e) cuando era más joven f) era mucho más gorda g) perderse (un poco) en sus pensamientos h) bien organizada
i) a las seis en punto j) solo me levanto k) mientras veo la televisión l) vuelvo a casa bastante tarde
m) subo a mi habitación n) me relajo escuchando música o) paso el fin de semana p) con mi familia q) no hice nada
r) me quedé sola

10. Cross out: a) blond b) - c) angry d) - e) - f) - g) weak h) - i) penguin

11. Definition game: a) agradable b) la televisión c) Instagram d) hermanastro e) joven f) dieciséis g) castaño
h) padrastro i) el desayuno

12. Correct the mistakes: a) **tengo** dieciséis años b) un poco regordet**a** c) era ~~un oso~~ perezoso
d) no hice nada e) mientras veo **la** televisión f) **en** bicicleta g) **estudiando** y **jugando**

13. Answer the questions:
a) Ella vive en Valencia, en el sureste de España   b) Su padrastro es tranquilo y cariñoso
c) Antes de ir al colegio se ducha, se viste y desayuna mientras ve la televisión con su madre
d) Normalmente ella pasa el fin de semana con su familia
e) Ella no hizo nada y se quedó sola en su cuarto estudiando y jugando a videojuegos en línea
f) Entre semana, ella se levanta a las seis y veinte   g) Antes de cenar ella habla con sus amigos en Instagram
h) No, su hermanastro es un adolescente bastante típico
i) Ella era perezosa y no muy atlética, y era mucho más gorda que ahora

Unit 16. Bringing it all together – Part 3/5

Hola, soy Pau. En mi familia somos tres personas y normalmente nos llevamos bastante bien. Soy hijo único. Me llevo muy bien con mi padre porque es super simpático y de mente abierta. Siempre hacemos muchas cosas juntos, como jugar al baloncesto todos los sábados. Con mi madre es un poco más complicado, porque tiene un carácter bastante fuerte y me regaña muy a menudo, especialmente cuando no hago mis deberes o si no ayudo en casa. A veces me castiga y no me deja salir con mis amigos. Cuando yo era pequeño mi madre era menos severa y mucho más tranquila, pero ahora está muy estresada por mis notas del colegio. Me llevo bastante bien con mis amigos, pero a veces mi amigo Felipe puede ser bastante pesado. A menudo es impaciente y siempre quiere tener razón. Por otro lado, mi amigo Manu es muy simpático, atento, encantador, divertido e inteligente, así que nos llevamos muy bien. También es un crack tocando la guitarra y cantando. El colegio es otra historia. No soy un buen estudiante y me llevo muy mal con mis profes, especialmente con mi profe de matemáticas. Es arrogante, terco, explica las cosas muy mal y siempre me critica. La mayoría de mis profes me regañan a menudo y se enfadan por todo. Por otro lado, mi profe de educación física es genial. Hace todo lo posible para tratar de entenderme y siempre me apoya. **(Pau, 16 años)**

1. Find the Spanish equivalent for the following

a. In my family we are three people

b. We get along quite well

c. We always do many things together

d. She has quite a strong character

e. Sometimes she punishes me

f. My friend Felipe can be quite annoying

g. He always wants to be right

h. He is very nice, caring, charming, fun and smart

i. He is a legend at playing guitar and singing

j. School is another story

k. He always criticises me

l. Most of my teachers tell me off often

m. On the other hand, my PE teacher is great

n. He always supports me

2. Faulty translation. Highlight the translation mistakes and correct them

Hi, my name is Pau. In my family there are four people and we usually get along quite well. I am an only child. I get along very badly with my father because he is super nice and closed-minded. We always do a lot of things together, like playing basketball every Saturday. With my mother, it is a bit more complicated because she has quite a strong character and tells me jokes very often, especially when I do not do my homework or if I do not help at home. Sometimes they punish me and don't let me play with my friends. When I was little, my mother was less strict and much calmer; but now she is very relaxed about my grades at school. I get along quite well with my friends, but sometimes my friend Felipe can be quite annoying. He is often patient and he always wants to be right. On the other hand, my cousin Manu is very nice, attentive, charming, funny and intelligent, so we get along very well. He is also rubbish at playing guitar and singing. At school, that's another story. I am not a good student and I get on very badly with my teachers, apart from my maths teacher. He is arrogant, stubborn, he explains things very badly and always supports me. Most of my teachers scold me often and are happy about everything. On the other hand, my sports teacher is great. He goes out of his way to try to understand me and shouts at me all the time.

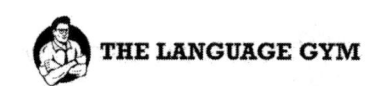

THE LANGUAGE GYM

3. Find the following items in the text

a. A verb starting with 'h':

b. A preposition starting with 'c':

c. A time word starting with 'a':

d. A connective starting with 'a':

e. A member of school starting with 'p':

f. An adjective starting with 'e':

g. A verb in the gerund starting with 'c':

4. Spot and correct the wrong statements

a. Hay cuatro personas en mi familia.

b. Soy hijo único.

c. Con mi padre, es un poco más complicado.

d. Mi amigo Manu es muy antipático.

e. Me llevo muy bien con todos mis profesores.

f. Mis maestros me regañan a menudo.

g. Mi profesor de educación física es terrible.

5. Categories: find items in the text and put them in the categories below

Adjectives describing character	Adverbs of frequency (Time words)	Hobbies	Connectives (e.g. but, and, the, also, however)

6. Complete in Spanish

a. Hay _____ personas en mi familia.

b. No tengo hermanos, soy _____ _____.

c. Hacemos muchas cosas _____.

d. Mi madre tiene un carácter _____.

e. Me _____ muy a menudo.

f. Por mis notas del _____.

g. Es un crack _____ la guitarra.

h. Me _____ muy mal con mis profesores.

i. Cuando se _____ también me chilla.

j. Hace todo lo _____ para ayudarme.

7. Arrange the information below in the same order as it is provided in the Spanish text

___ Me regaña muy a menudo.

_1_ Soy hijo único.

___ A menudo es impaciente y quiere tener razón.

___ Es un poco más complicado.

___ Explica las cosas muy mal.

___ Especialmente cuando no hago mis deberes.

___ Es un crack tocando la guitarra y cantando.

___ Debido a mis notas del colegio.

___ Hacemos muchas cosas juntos.

8. Answer the following questions in English

a. ¿Cuántas personas hay en su familia?

b. ¿Cómo es su padre?

c. ¿Cómo es su madre?

d. ¿Por qué está estresada su madre?

e. ¿Cómo se lleva con sus amigos?

f. ¿Cómo es Felipe?

g. ¿Cómo es Manu?

h. ¿Por qué se lleva mal con sus profesores?

i. ¿Cómo es su profesor de matemáticas?

j. ¿Se lleva bien con su profe de educación física? ¿Por qué?

9. Find the Spanish equivalent for the following phrases

a. Usually

b. I am an only child (son)

c. I get on very well

d. To play basketball every Saturday

e. A bit more complicated

f. Especially when

g. She punishes me

h. She doesn't let me go out

i. When I was little

j. She was less

k. Now she is very stressed

l. I get on quite well

m. He is often impatient

n. He always wants to be right

o. It's another story

p. I am not a good student

q. He always criticises me

r. He always supports me

10. Cross out any word listed below which is not in the Spanish text

a. open-minded

b. easy

c. stressed

d. complicated

e. dancing

f. teacher

g. badly

h. stubborn

11. Definition game: find in the text a word for each of the definitions below

a. Lo contrario de 'raramente':

b. Un popular deporte de equipo:

c. 'Cuando soy pequeño' en pasado:

d. Lo contrario de 'tolerante':

e. Lo contrario de 'menos':

f. 'Ella me castigaba' en presente:

g. Un adjetivo para alguien que te hace reír:

h. Lo contrario de 'nunca':

i. Un sinónimo de 'se enoja':

12. Correct the grammar and spelling mistakes:

a. Normalmente nos llevemos bueno

b. Hacemos muchos cosas junto

c. Cuando yo soy pequeño

d. A vece mi amigo Felipe puede es pesado

e. Siempre kiere tener rasón

f. El colejio es otra historya

g. No soy un bueno estudiante

13. Answer the questions in Spanish using THIRD person (él). Write full sentences

a. ¿Cómo se lleva con su familia?

b. ¿Cómo describe a su padre?

c. ¿Cómo era su madre cuando él era más pequeño?

d. ¿Cón quién se lleva mejor, con Felipe o con Manu?

e. ¿Es un buen estudiante?

f. ¿Qué opina de su profesor de matemáticas?

g. ¿Cómo describe a su profesor de educación física?

h. ¿Qué cosas hace bien su amigo Manu?

i. ¿Por qué le regaña su madre?

ANSWERS – Unit 16. Bringing it all together – Part 3/5

1. Find the Spanish equivalent: a) en mi familia somos tres personas   b) nos llevamos bastante bien
c) siempre hacemos muchas cosas juntos   d) tiene un carácter bastante fuerte   e) a veces me castiga
f) mi amigo Felipe puede ser bastante pesado   g) siempre quiere tener razón
h) es muy simpático, atento, encantador, divertido e inteligente   i) es un crack tocando la guitarra y cantanto
j) el colegio es otra historia   k) siempre me critica   l) la mayoría de mis profes me regañan a menudo
m) por otro lado, mi profe de educación física es genial   n) siempre me apoya

2. Faulty translation: I am **Pau** ; there are **three** people ; I get along very **well** with my father ;
super nice and **open**-minded ;   a strong character and **tells me off** very often ; sometimes **she** punishes me and **she doesn't** let me **go out** with my friends ; she is very **stressed** ; he is often **impatient** ; **my friend** Manu ; he is also **a legend** ; **especially** my maths teacher ; always **criticises me** ; **get angry** about everything ; **supports me** all the time

3. Find the following items: a) hacemos   b) con   c) a veces/ahora   d) así que   e) profesor   f) encantador   g) cantando

4. Spot and correct the wrong statements: a) **tres** personas   b) -   c) con mi **madre**   d) Manu es muy **simpático**
e) muy **mal**   f) mis **profesores** *(Author's note: 'maestro' refers to a Primary school teacher)*   g) es **genial**

5. Categories:
Adjectives describing character: simpático ; de mente abierta ; severo ; tranquila ; estresada ; pesado ; impaciente ; simpático ; atento ; encantador ; divertido ; inteligente ; arrogante ; terco ; genial
Adverbs of frequency (time words): normalmente ; siempre ; todos los sábados ; a veces ; ahora ; a menudo
Hobbies: jugar al baloncesto ; tocando la guitarra ; cantando
Connectives: y ; porque ; como ; o ; pero ; también ; por otro lado ; así que

6. Complete with the missing word: a) tres   b) hijo único   c) juntos   d) fuerte   e) regaña   f) colegio   g) tocando   h) llevo   i) enfada   j) posible

7. Arrange the information: 4 ; 1 ; 7 ; 3 ; 9 ; 5 ; 8 ; 6 ; 2

8. Answer the following questions: a) three people   b) very nice and open-minded
c) quite strict (strong character) and stressed   d) because of his school results   e) quite well
f) he can be annoying, impatient and he always wants to be right   g) nice, caring, charming, funny and intelligent
h) because he is not a good student OR they get angry about everything   i) arrogant and stubborn   j) yes, because he's great, tries to understand him and always supports him

9. Find the Spanish equivalent: a) normalmente   b) soy hijo único   c) me llevo muy bien
d) jugar al baloncesto todos los sábados   e) un poco más complicado   f) especialmente cuando   g) me castiga
h) no me deja salir   i) cuando yo era pequeño   j) (ella) era menos   k) ahora está muy estresada
l) me llevo bastante bien   m) a menudo es impaciente   n) siempre quiere tener razón   o) es otra historia
p) no soy un buen estudiante   q) siempre me critica   r) siempre me apoya

10. Cross out: a) -   b) easy   c) -   d) -   e) dancing   f) -   g) -   h) -

11. Definition game: a) a menudo   b) baloncesto   c) cuando era pequeño   d) severa   e) más   f) ella me castiga
g) gracioso   h) siempre   i) se enfada

12. Correct the mistakes: a) nos **llevamos bien**   b) hacemos **muchas** cosas **juntos**
c) cuando yo **era** pequeño   d) **a veces** mi amigo Felipe puede **ser** pesado   e) siempre **quiere** tener **razón**
f) el **colegio** es otra **historia**   g) no soy un **buen** estudiante

13. Answer the questions:
a) Él se lleva bastante bien con su familia   b) Su padre es super simpático y de mente abierta
c) Cuando él era pequeño, su madre era menos severa y mucho más tranquila   d) Él se lleva mejor con Manu
e) No es un buen estudiante   f) Es arrogante, terco, explica las cosas muy mal y siempre lo critica
g) Es genial, hace todo lo posible para entenderlo y lo apoya todo el tiempo
h) Manu es un crack tocando la guitarra y cantando   i) Su madre lo regaña si no hace los deberes o si no ayuda en casa

THE LANGUAGE GYM

Unit 16. Bringing it all together – Part 4/5

Hola, soy Clara. Para mí una buena amiga es una persona cariñosa que nunca te juzga. Siempre está ahí, incluso en los peores momentos. En mi opinión, la cualidad más importante de una mejor amiga es su lealtad y generosidad. Le tiene que gustar ir al cine y salir a comer contigo. Ella te escucha y respeta tus decisiones y opiniones. Cuando tienes buenas noticias, ella se alegra por ti, y también se alegra cuando tienes éxito. En cuanto a mi hombre ideal, es alto, guapo, cariñoso, romántico y bastante maduro. Tiene los mismos gustos que yo y trata de hacerme feliz todo el tiempo. Me apoya en todo lo que hago. Nunca discutimos y nos divertimos mucho juntos. Me trata con respeto y me anima cuando estoy triste. Creo que la gente se separa o se divorcia porque ya no hay amor entre ellos y discuten muy a menudo, y por cosas tontas. A veces, también, ya no hay atracción y las personas tampoco comparten los mismos objetivos en la vida. Tengo una amiga, Antonia, que rompió con su novio a causa de la diferencia de edad y porque él era terco y se enfadaba por todo. En mi opinión, mucha gente se casa demasiado joven, sin haber intentado vivir juntos y con demasiada frecuencia por las razones equivocadas. Por eso no funciona. **(Clara, 17 años)**

1. Find the Spanish equivalent for the following

a. For me, a good friend is...

b. (She) never judges you

c. (She) is always there for you

d. Even in your worst moments

e. A best friend

f. When you have good news

g. Tries to make me happy

h. He supports me in everything I do

i. He treats me with respect

j. There is no more love between them

k. Because of the age difference

l. He got angry about everything

m. Many people marry too young

n. For the wrong reasons

2. Faulty translation. Highlight the translation mistakes and correct them

Hi, I'm Clara. For me, a good friend is an evil person who never judges you. He/she is always there for you, even in the boring moments. In my opinion, the most important quality of a best friend is her loyalty and love of penguins. She has to like going to the cinema and going out to eat with you. She listens to you and respects your decisions and opinions. If you have good news, she is happy for you, and she is also happy when you are successful. With regard to my ideal man, he is tall, handsome, funny, romantic and quite mature. He has the same tastes as me and tries to make me laugh all the time. He supports me in everything I do. We never argue and we have a lot of fun together. He treats me with respect and listens to me when I am down. I think people get separated or divorced because there is no love between them anymore and they argue too little, and about silly things. Sometimes, too, there is no longer any emotional attraction and people no longer share the same goals in life. I have a friend, Antonia, who broke up with her husband because of the age difference and because he was stubborn and got angry about everything. In my opinion, many people marry too quickly, without trying to live together, and too often for the wrong reasons. That's why it never works.

THE LANGUAGE GYM

3. Find the following items in the text

a. A verb starting with 'g':

b. A noun starting with 'é':

c. A time word starting with 'n':

d. A connective starting with 'e':

e. An adjective starting with 'r':

f. An adjective starting with 'm':

g. A verb starting with 'c':

4. Spot and correct the wrong statements

a. Una buena amiga es una persona terca

b. La cualidad menos importante es la generosidad

c. Se alegra cuando tienes malas noticias

d. Me anima cuando estoy contenta

e. Se separan porque hay demasiado amor entre ellos

f. Él era terco y malhumorado, y no se enfadaba por nada

g. En mi opinión mucha gente se casa demasiado viejo

5. Categories: find the items in the text and put them in the categories below

Adjectives describing appearance	Adjectives describing character	Adverbs of frequency (Time words)	Hobbies	Connectives (e.g. but, and, the, also, however)

6. Complete with the missing Spanish words

a. Es una persona _____.
b. Siempre está _____ cuando estás triste.
c. Se _____ por ti cuando tienes éxito.
d. Mi pareja _____ es inteligente y gracioso/a.
e. Nos _____ mucho juntos.
f. La gente se _____ demasiado joven.
g. Algunas parejas discuten muy a _____.
h. Ya no hay _____ física.
i. Tengo una amiga que _____ con su novio.
j. Se casan por las razones _____.

7. Arrange the information below in the same order as it is provided in the Spanish text

___ Su lealtad y generosidad.
_1_ Nunca te juzga.
___ Nunca discutimos.
___ Por eso no funciona.
___ Ella se alegra por ti.
___ Me anima cuando estoy triste.
___ Trata de hacerme feliz todo el tiempo.
___ No comparten los mismos objetivos en la vida.
___ Mi hombre ideal es alto.

8. Answer the following questions in English

a. Según ella, ¿cómo es una buena amiga?

b. ¿Cuáles son las cualidades más importantes?

c. ¿Cuándo se alegra una buena amiga por ti?

d. ¿Cómo es su pareja ideal?

e. ¿Cómo tiene que tratarla?

f. ¿Qué debe hacer cuando ella está triste?

g. ¿Por qué cree que la gente se separa?

h. ¿Por qué rompió su amiga, Antonia, con el novio?

i. En su opinión, ¿la gente se casa muy joven?

j. ¿Cuál es el peligro de casarse muy joven?

9. Find the Spanish equivalent for the following phrases

a. For me

b. Never judges you

c. She is always there for you

d. In the worst moments

e. The most important quality

f. She listens to you

g. When you have good news

h. She is happy for you

i. He has the same tastes as me

j. Everything that I do

k. We never argue

l. We have a lot of fun together

m. I think that

n. No more love between them

o. No more attraction

p. A friend who broke up with...

q. People get married too young

r. It doesn't work

10. Cross out any word listed below which is not in the Spanish text

a. always

b. opinion

c. immature

d. happy

e. argue

f. old

g. boyfriend

h. reasons

11. Definition game: find in the text a word for each of the definitions below

a. Lo contrario de 'viejo':

b. Lugar público donde ponen películas:

c. Otra forma de decir 'en mi opinión':

d. Lo contrario de 'siempre':

e. Lo contrario de 'triste':

f. Lo contrario de 'muy raramente discuten':

g. Un adjetivo para describir a una persona altruista:

h. Lo contrario de 'inmaduro':

i. Un sinónimo de 'atractivo':

12. Correct the grammar and spelling mistakes:

a. Un persono que nunca te juzga

b. Es su lealdad y generosismo

c. Respecta tus decisiónes y opiniónes

d. Me anima cuando estoy depresado

e. Tengo una amiga que rompió con mi novio

f. En mi opinion, la gente se casan muy pronto

g. Por esso no functiona

13. Answer the questions in Spanish. Write full sentences

a. ¿Qué hace un buen amigo en los peores momentos?

b. ¿Cuándo se alegra por ti un buen amigo?

c. ¿Cuáles son los primeros tres adjetivos que usa para describir a su pareja ideal?

d. Su pareja ideal, ¿qué intenta hacer todo el tiempo?

e. ¿Cuáles son las dos razones principales que menciona para las separaciones?

f. ¿Qué otros problemas pueden surgir *(arise)* en una relación?

g. ¿Por qué rompió su amiga con su novio?

h. ¿Cuáles son algunos de los errores que la gente comete cuando se casa?

ANSWERS – Unit 16. Bringing it all together – Part 4/5

1. Find the Spanish equivalent: a) para mí una buena amiga es   b) nunca te juzga   c) siempre está ahí
d) incluso en los peores momentos   e) una mejor amiga   f) cuando tienes buenas noticias   g) trata de hacerme feliz
h) me apoya en todo lo que hago   i) me trata con respeto   j) ya no hay amor entre ellos   k) a causa de la diferencia de edad
l) se enfadaba por todo   m) mucha gente se casa demasiado joven   n) por las razones equivocadas

2. Faulty translation: an **affectionate** person ; he/she is always there in the **worst** moments ; is her loyalty and **generosity** ;
when you have good news ; handsome, **affectionate**, romantic ; to make me **happy** all the time ;
and **encourages me** when I am down ; they argue too **often** ; no longer any **emotional** attraction ; broke up with her
boyfriend ;   many people marry too **young** ; l) that's why it **doesn't work**

3. Find the following items: a) gustar   b) éxito   c) nunca   d) en cuanto a   e) romántico   f) maduro   g) comparten

4. Spot and correct the wrong statements: a) es una persona **cariñosa**   b) la cualidad **más** importante
c) cuando tienes **buenas** noticias   d) cuando estoy **triste/deprimida**   e) **ya no** hay amor entre ellos
f) se enfadaba por **todo**   g) mucha gente se casa demasiado **joven**

5. Categories:
Adjectives describing appearance: alto ; guapo
Adjectives describing character: cariñosa ; romántico ; feliz ; maduro ; triste ; terco
Adverbs of frequency (time words): nunca ; siempre; a menudo ; a veces
Hobbies: ir al cine ; salir a comer
Connectives: incluso ; y ; también ; a causa de ; porque ; en cuanto a

6. Complete with the missing word: a) cariñosa   b) ahí   c) alegra   d) ideal   e) divertimos   f) casa
g) menudo   h) atracción   i) rompió   j) equivocadas

7. Arrange the information: 2 ; 1 ; 6 ; 9 ; 3 ; 7 ; 5 ; 8 ; 4

8. Answer the following questions: a) someone affectionate who never judges you   b) loyalty and generosity
c) when you are successful and you have good news   d) tall, handsome, affectionate, romantic and quite mature   e) with
respect   f) cheer her up   g) because there is no more love between them, they argue, there's no more attraction
h) because of the age difference and because he was stubborn and got angry about everything   i) yes, many people do
j) people may get married without having tried to live together and for the wrong reasons

9. Find the Spanish equivalent: a) para mí   b) nunca te juzga   c) siempre está ahí   d) en los peores momentos
e) la cualidad más importante   f) ella te escucha   g) cuando tienes buenas noticias   h) ella se alegra por ti
i) tiene los mismos gustos que yo   j) todo lo que hago   k) nunca discutimos   l) nos divertimos mucho juntos   m) creo que
n) ya no hay amor entre ellos   o) ya no hay atracción   p) una amiga que rompió con...   q) la gente se casa demasiado joven
r) no funciona

10. Cross out: a) -   b) -   c) immature   d) -   e) -   f) old   g) -   h) -

11. Definition game: a) joven   b) cine   c) para mí/creo que   d) nunca   e) feliz o contento/a
f) discuten muy a menudo   g) generoso/a   h) maduro/a   i) guapo/a

12. Correct the mistakes: a) **una persona** que nunca te juzga   b) es su **lealtad** y **generosidad**
c) **respeta** tus **decisiones** y **opiniones**   d) me anima cuando estoy **deprimido**   e) tengo una amiga que rompió con **su** novio
f) en mi **opinión**, la gente se **casa** muy pronto   g) por **eso** no **funciona**

13. Answer the questions: a) él/ella está ahí   b) cuando tienes buenas noticias y cuando tienes éxito
c) alto, guapo y cariñoso   d) tratar de hacerla feliz   e) porque ya no hay amor entre ellos y discuten a menudo
f) ya no hay atracción y no comparten los mismos objetivos en la vida
g) a causa de la diferencia de edad y porque él era terco y se enfadaba por todo
h) se casan demasiado pronto, sin haber intentado vivir juntos, y por las razones equivocadas

Unit 16. Bringing it all together – Part 5/5

Hola, soy Aarón. Algún día me gustaría ser como mi actor favorito, Morgan Freeman. En mi opinión, es el mejor actor del mundo. Es muy inteligente y carismático, y tiene una voz inconfundible. Además, lucha por la protección del medio ambiente y por la paz mundial. En cuanto a mi pareja ideal, sería amante de los animales, tendría un buen sentido del humor y sería una cantante famosa. Le interesaría la política y lucharía por causas justas. Sería querida y respetada por todo el mundo. Mi mejor amigo Cristóbal Santos es un poco así. Es un campeón de windsurf, ¡el héroe de mi pueblo! Es super famoso en el pueblo de Tarifa y también lo conocen en el pueblo de al lado, y hasta en Cádiz. Está patrocinado por Billabong. No le dan dinero, pero le regalan camisetas de neopreno cuando participa en concursos. Una vez le dieron una camiseta con diseño de pingüinos muy guay. Además, es valiente, guapo y muy fuerte. Me llevo muy bien con él porque siempre está dispuesto a ayudarme y se preocupa por mí. Realmente puedo confiar en él. Otra persona a la que admiro es mi madre porque se sacrifica mucho por su familia y trabaja duro para mantenernos. Es alguien que tiene éxito en la vida. Ella siempre está ahí cuando hace falta y no le tiene miedo a nada. Si algún día pudiera llegar a ser tan fuerte como ella, entonces yo también habré tenido éxito en la vida. **(Aarón, 15 años)**

1. Find the Spanish equivalent for the following

a. One day I would like to be like...

b. He is the best actor in the world

c. With regard to my ideal partner

d. She would be a famous singer

e. She would be loved and respected

f. He is a windsurfing champion

g. My town's hero!

h. He is sponsored by Billabong

i. They don't give him money

j. I get along well with him because...

k. He cares about me

l. Another person whom I admire is my mother

m. She is always there for us

n. She is not scared of anything

2. Faulty translation. Highlight the translation mistakes and correct them

Hi, I'm Aarón. Someday I'd like to be like my favourite singer, Morgan Freeman. In my opinion, he is the best actor in the world. He is very funny and charismatic, and has an unmistakable face. In addition, he fights for the protection of the environment and for world peace. As for my ideal partner, she would be an animal lover, have a good sense of humour, and would be a powerful singer. She would be interested in politics and fight for just causes. She would be loved and respected by everyone. My best friend Cristóbal Santos is totally like that. He is a windsurfing champion, my town's hero! He is super famous in the town of Gibraltar and is also known in the next town, and even in Cádiz. He is sponsored by Billabong. They don't take his money, but they give him neoprene shirts when he enters contests. He was once given a really ugly penguin t-shirt. In addition, he is brave, handsome and very curious. I get along very well with him because he is never willing to help me and cares about me. I can really trust him. Another person I admire is my mother because she sacrifices a lot for herself and works hard to support us. She is someone who is successful in life. She is always there for us and is not afraid of anything. If one day I could become as strong as her, then I too will have been happy in life.

3. Find the following items in the text

a. A verb starting with 'l':

b. A job starting with 'a':

c. A sport starting with 'w':

d. A connective starting with 'a':

e. A place starting with 'p':

f. A job starting with 'c':

g. A verb starting with 'r':

4. Spot the errors and correct the statements

a. Me gustaría ser como mi cantante favorita

b. Es carismático y tiene una voz normal y corriente

c. Sería querida y respetada solo por su abuela

d. Es malísimo haciendo windsurf

e. Además, es valiente, feo y débil

f. Otra persona a la que admiro es mi padre

g. Entonces yo también habré fracasado en la vida

5. Categories: find the items in the text and put them in the categories below

Adjectives describing appearance	Adjectives describing character	Connectives	Verbs in the present tense	Verbs in the conditional tense

6. Complete with the missing Spanish words

a. Me _____ ser como mi actor favorito.

b. Es muy _____ y carismático.

c. Tendría un buen sentido del _____.

d. Lucharía por _____ justas.

e. Sería querida y _____ por todo el mundo.

f. ¡Cristóbal Santos es el _____ de mi pueblo!

g. Siempre está _____ a ayudarme.

h. Realmente puedo _____ en él.

i. Mi madre se _____ mucho por su familia.

j. No le tiene _____ a nada.

7. Arrange the information below in the same order as it is provided in the Spanish text

____ Le interesaría la política.

_1_ Me gustaría ser como mi actor favorito.

____ Yo también habré tenido éxito en la vida.

____ Siempre está ahí para nosotros.

____ En cuanto a mi pareja ideal.

____ Es muy inteligente y carismático.

____ Es valiente, guapo y muy fuerte.

____ Sería querida y respetada por todo el mundo.

____ Realmente puedo confiar en él.

8. Answer the following questions in English

a. ¿Cómo quién quiere ser algún día?

b. ¿Cómo describe a Morgan Freeman?

c. ¿Qué está haciendo por el planeta?

d. ¿Cuál sería el trabajo de su pareja ideal?

e. ¿Qué le interesaría?

f. ¿Por qué causas lucharía?

g. ¿Por qué su amigo es el héroe del pueblo?

h. ¿Quién lo patrocina?

i. ¿Por qué se lleva bien con él?

j. ¿Por qué admira a su madre?

k. ¿De qué tiene miedo su madre?

l. ¿Cómo sabrá Aarón si ha tenido éxito en la vida?

THE LANGUAGE GYM

9. Find the Spanish equivalent for the following phrases

a. One day

b. I would like to be like

c. He is the best

d. He fights for

e. World peace

f. My ideal partner

g. Just causes

h. Everybody

i. He is a bit like that

j. He is a windsurfing champion

k. He is really famous

l. He is brave

m. I get on very well with him

n. Always ready to help me

o. I can really trust him

p. She sacrifices herself a lot

q. She works hard to support us

r. She isn't scared of anything

10. Cross out any word listed below which is not in the Spanish text

a. best

b. planet

c. penguin

d. weak

e. money

f. eats

g. sacrifices

h. life

11. Definition game: find in the text a word for each of the definitions below

a. Lo contrario de 'débil':

b. Trabajo relacionado con el cine:

c. 'Ella tiene' en condicional:

d. Lo contrario de 'fácil de confundir'

e. Lo contrario de 'todo':

f. Un sinónimo de 'pelear por':

g. Alguien que gana concursos:

h. Lo contrario de 'detestada/odiada':

i. Lo contrario de 'fracasar' (dos palabras):

12. Correct the grammar and spelling mistakes:

a. Es el mejor actriz del mundo

b. Lucha por la protection del medio ambiente

c. Serría querida y respetado por todo el mundo

d. Es un campéon de windsmürf!

e. Realmente es puedo confia en él

f. Es algun que tiene exito en la vida

g. Siempre esta ahi cando me ace falta

13. Answer the questions in Spanish. Write full sentences:

a. ¿Quién es su actor favorito?

b. ¿Cómo es este actor?

c. ¿Qué hace para ayudar?

d. ¿Qué trabajo haría su pareja ideal?

e. ¿Cuál es el talento de su mejor amigo?

f. ¿Cómo es Cristóbal Santos?

g. ¿Por qué es un buen amigo?

h. ¿Quién es la otra persona a la que admira y por qué?

i. ¿Cómo sabrá si ha tenido éxito en la vida?

THE LANGUAGE GYM

ANSWERS – Unit 16. Bringing it all together – Part 5/5

1. Find the Spanish equivalent: a) algún día me gustaría ser como   b) es el mejor actor del mundo
c) en cuanto a mi pareja ideal   d) sería una cantante famosa   e) sería querida y respetada   f) es un campeón de windsurf
g) ¡el héroe de mi pueblo!   h) está patrocinado por Billabong   i) no le dan dinero   j) me llevo muy bien con él
k) se preocupa por mí   l) otra persona a la que admiro es mi madre   m) ella siempre está ahí   n) no le tiene miedo a nada

2. Faulty translation: like my favourite **actor** ; he is very **intelligent** and charismatic ; has an unmistakable **voice** ;
and would be **a famous** singer ; Cristóbal is **a bit** like that ; in the town of **Tarifa** ; they don't **give him** money ;
a **very** cool penguin t-shirt ; he is brave, handsome and very **strong** ; he is **always** willing to help me ;
j) she sacrifices a lot for **her family** ; I too would have been **successful** in life

3. Find the following items: a) lucha   b) actor   c) windsurf   d) además   e) pueblo   f) cantante   g) regalan

4. Spot and correct the wrong statements: a) como mi **actor favorito**   b) tiene una voz **inconfundible**
c) sería querida y respetada **por todo el mundo**   d) es **buenísimo** haciendo windsurf   e) es valiente, **guapo** y **muy fuerte**
f) mi **madre**   g) habré **tenido éxito** en la vida

5. Categories:
Adjectives describing appearance: guapo ; fuerte
Adjectives describing character: inteligente ; carismático ; valiente ; fuerte
Connectives: como ; y ; en cuanto a ; también ; hasta ; pero ; además ; porque ; entonces
Verbs in the present tense: es ; lucha ; lo conocen ; está ; le dan ; le regalan ; participa ; me llevo ; se preocupa ;
puedo (confiar) ; admiro ; se sacrifica ; trabaja ; tiene éxito
Verbs in the conditional tense: me gustaría ; tendría ; sería ; le interesaría ; lucharía

6. Complete with the missing word: a) gustaría   b) inteligente   c) humor   d) causas   e) respetada   f) héroe
g) dispuesto   h) confiar   i) sacrifica   j) miedo

7. Arrange the information: 4 ; 1 ; 9 ; 8 ; 3 ; 2 ; 6 ; 5 ; 7

8. Answer the following questions: a) Morgan Freeman   b) he is intelligent and charismatic
c) he is fighting for its protection and world peace   d) singer   e) politics   f) for just causes   g) because he is a great windsurfer
h) Billabong   i) because he is always ready to help him and he cares about him
j) because she makes a lot of sacrifices for her family   k) she doesn't fear anything   l) if he becomes as strong as her

9. Find the Spanish equivalent: a) algún día   b) me gustaría ser   c) es el mejor   d) lucha por   e) la paz mundial
f) mi pareja ideal   g) causas justas   h) todo el mundo   i) es un poco así   j) es un campeón de windsurf   k) es super famoso
l) es valiente   m) me llevo muy bien con él   n) siempre está dispuesto a ayudarme   o) realmente puedo confiar en él
p) (ella) se sacrifica mucho   q) trabaja duro para mantenernos   r) no le tiene miedo a nada

10. Cross out: a) -   b) planet   c) -   d) weak   e) -   f) eats   g) -   h) -

11. Definition game: a) fuerte   b) actor   c) tendría   d) inconfundible   e) nada   f) luchar por   g) campeón   h) querida
i) tener éxito

12. Correct the mistakes: a) el mejor **actor**   b) por la **protección**   c) **sería** querida y **respetada** por todo el mundo
d) **campeón** de **windsurf**   e) realmente puedo **confiar** en él   f) es **alguien** que tiene **éxito**
g) siempre **está ahí cuando** me **hace** falta

13. Answer the questions: a) Su actor favorito es Morgan Freeman   b) Es muy inteligente y carismático
c) Él lucha por la protección del medio ambiente y por la paz mundial   d) Su pareja ideal sería una cantante famosa
e) Su mejor amigo es un campeón de windsurf   f) Cristóbal es valiente, guapo y muy fuerte
g) Es un buen amigo porque siempre está dispuesto a ayudarle y se preocupa por él
h) Su madre, porque se sacrifica mucho por su familia y trabaja duro para mantenerles
i) Habrá tenido éxito en la vida si puede llegar a ser tan fuerte como su madre

Printed in Great Britain
by Amazon